L'ABBÉ A. GILBERT

ÉTUDE

SUR

L'ÉCOLE MODERNE

BALAN-SEDAN. — IMPRIMERIE OVIDE PRIN

1910

AVERTISSEMENT

Lorsque parut la Lettre des Evêques de France, condamnant 14 manuels scolaires, j'appris que dans nos écoles les enfants étudiaient l'Histoire d'Aulard et Debidour. Je ne connaissais pas ces Messieurs. J'avais seulement entendu parler de M. Aulard, comme d'un homme portant au cœur la haine de la religion catholique...

Je me suis procuré ce livre : *les trois Cours*. Je l'ai lu. J'en demeure écœuré, épouvanté. Il paraît que dans les autres ouvrages condamnés, on trouve encore quelques données *bonnes* ou *passables*. Ici, **tout est exécrable.** C'est une charge à fond contre l'Eglise. On l'attaque *directement*, ou bien on la met *en parallèle avec la religion protestante*, qui a toujours le beau rôle. C'est une **œuvre infâme...**

... Il fallait montrer le *danger* aux *parents*. Il fallait donner la *vérité* aux *enfants*, **le contre-poison.**

C'est pourquoi j'ai pris la plume. J'ai écrit au jet de la pensée, sans me préoccuper de la **forme.**

Quand la bataille est engagée, ce n'est pas l'heure, pour le soldat, d'examiner si ses armes sont astiquées. Il se jette en avant, et tue. La lutte aujourd'hui est ouverte. Fonçons sur l'ennemi, qui empoisonne l'âme des enfants. Donnons des coups rudes, sans chercher la manière de les porter élégamment.

... J'*ignore* personnellement M. Aulard. Je ne connais que l'**auteur.** Il appartient à la **critique.** En le combattant, je remplis un devoir de ma charge pastorale.

A. GILBERT.

I

CE QUE DOIT ÊTRE LÉGALEMENT L'ÉCOLE[1]

M. Devinat, directeur de l'Ecole normale des instituteurs de la Seine, membre du Conseil supérieur de l'Instruction publique, est l'un des auteurs condamnés par la Lettre collective des Evêques. Or, dans la revue qu'il dirige, et que l'on appelle *l'Ecole Nouvelle*, M. Devinat ouvre près des instituteurs une sorte d'enquête pour savoir quelle conduite il faut tenir à l'école vis-à-vis de Dieu. Peut-on en parler ? Si l'on en parle, comment faut-il le faire? En d'autres termes, la *neutralité* de l'école exige-t-elle que l'on écarte toute idée de Dieu ?...

* * *

Nous ne sommes pas instituteur. Nous nous en félicitons à l'heure qu'il est ; car, hélas ! les instituteurs n'ont plus guère de liberté religieuse. Cependant, que l'on nous permette de répondre à M. Devinat.

Jules Ferry, le promoteur de la loi de 1882, voulait une neutralité exclusivement **confessionnelle**, et non une neutralité **philosophique**.

Remarquez bien que je ne me porte pas garant de la **sincérité** de Jules Ferry (2). Je ne suis pas de ceux qui croient aux paroles données, même officielles. Nous avons tant vu de charlatanisme... de déclarations à grand fracas de libéralisme... qui aboutissaient à des mesures vexatoires !!! Mais je dis que les documents de cette époque prouvent, d'une façon péremptoire, que Jules Ferry ne demandait *officiellement* que la neutralité **confessionnelle**. En d'autres termes, il exigeait seulement que l'école fût neutre par rapport aux *divers cultes pratiqués en France*, mais cette neutralité s'arrêtait devant les notions fondamentales *communes à tous ces cultes*, par exemple à **l'idée de Dieu**. La loi de 1882 était **a-cultuelle**, mais elle restait **spiritualiste**.

(1) Par l'étude des manuels scolaires, nous montrerons combien l'école est peu restée dans cette neutralité promise par le législateur.

(2) Qu'importe l'arrière-pensée de Jules Ferry ? Au regard de la loi, à laquelle on nous ramène sans cesse, nous n'avons qu'à tenir compte des *déclarations officielles* du président du Conseil.

Les déclarations de Jules Ferry sont formelles. Quand M. Dessoye, rapporteur des projets Doumergue, vient affirmer le contraire, il se trompe ou il ment (1).

Il n'y a qu'à lire les comptes-rendus des séances. C'est dans les débats parlementaires de cette époque, dans les textes officiels qu'il faut trouver le vrai sens de la neutralité scolaire.

Le 23 décembre 1880, dans un discours à la Chambre, Jules Ferry prononçait les paroles suivantes : « Il y a deux espèces de « neutralité, ou, si vous le voulez, deux manières de comprendre « la neutralité dont il s'agit : la neutralité *confessionnelle* et la « neutralité *philosophique*. Et c'est résolument que je dis : *Il ne* « *s'agit dans cette loi que de neutralité confessionnelle.* »

M. Dessoye dénature ce texte pour prétendre que Jules Ferry, en repoussant la *neutralité philosophique,* affirmait que le promoteur de la loi revendiquait pour l'Etat le droit d'enseigner sa philosophie a-religieuse, impie, athée, destructive de toute croyance (3).

C'est faux. Les paroles de Jules Ferry avaient un autre but et un autre sens. Il avait à lutter, pour faire voter sa loi, contre la *droite* et contre le *centre*, et en particulier contre Jules Simon, qui, *au nom de la philosophie,* protestait contre cette expulsion *légale* de Dieu hors de l'école.

C'est pourquoi, pour pallier l'impiété de sa loi, pour endormir les opposants, Jules Ferry s'écriait : « Il y aura dans l'école la « neutralité *confessionnelle,* c'est-à-dire qu'on y fera abstraction « des dogmes particuliers et spécifiques de chaque confession « religieuse, par exemple du protestantisme et du catholicisme. « Mais il n'y aura pas dans l'école *la neutralité philosophique,* « car l'Etat continuera à y enseigner, par ses programmes, les « principes de la philosophie spiritualiste et théiste, les devoirs « de l'homme envers Dieu, cause première et Etre parfait (3). »

* * *

Il est vrai que, dans **le texte** de la loi, Jules Ferry refusa de

(1) Voir ces deux rapports sur les deux projets de loi scolaire.

(2) Rapport Dessoye, n° 2259, page 3.

Ce rapport a été déposé sur le bureau de la Chambre le 21 janvier 1909. M. Dessoye est député de la Haute-Marne, président de la *Ligue de l'Enseignement.* Cette œuvre est mauvaise. Il n'est pas permis aux catholiques d'en faire partie ou de la soutenir par des cotisations. Plusieurs se sont laissé duper. Il est temps qu'ils voient clair.

(3) Voir séance du Sénat, 12 mars 1882. *Journal Officiel,* p. 170.

parler « *des devoirs envers Dieu,* » comme le demandait Jules Simon. Mais il faut retenir la raison qu'il donnait de ce refus. Il repoussait la formule de Jules Simon « comme étant essentiellement la formule *d'une religion positive.* Elle avait des rapports trop étroits avec les *Credos* des religions positives. »

Quant à l'hostilité contre Dieu même, il s'en défendait énergiquement. « *L'irréligion d'Etat,* s'écriait-il, *ne doit pas prendre la place de la religion d'Etat.* »

Et, publiquement, officiellement, il déclara que si on ne maintenait pas Dieu dans le **texte de la loi,** on le maintiendrait dans les **programmes scolaires.**

« Nos programmes, disait-il, sur ce point particulier de la « morale religieuse, sont *spiritualistes*... Parce que l'immense « majorité de la population française se rattache aux croyances « spiritualistes. »

Et l'orateur citait le programme de M. Janet, « qu'il n'est pas permis de regarder comme le *programme d'une école sans Dieu.* »

De fait, dans les programmes scolaires, parus dans le *Journal Officiel* du 2 août 1882, il y a place pour « **les devoirs envers Dieu.** »

Ecoutez : « L'instituteur n'est pas chargé de faire un cours « *ex-professo* sur la nature et les attributs de Dieu : l'enseigne- « ment qu'il doit donner à tous indistinctement se borne à deux « points :

« D'abord, il leur apprend à ne pas prononcer légèrement le « nom de Dieu. Il associe étroitement, dans leur esprit, à l'idée « de la cause première et de l'Etre parfait un sentiment de res- « pect et de vénération ; et il habitue chacun d'eux à environner « du même respect cette notion de Dieu, alors même qu'elle se « présenterait à lui sous des formes différentes de celles de sa « propre religion.

« Ensuite, et sans s'occuper des prescriptions spéciales aux « diverses communions, l'instituteur s'attache à faire compren- « dre et sentir à l'enfant que le premier hommage qu'il doit à la « divinité, c'est l'obéissance aux lois de Dieu, telles que les lui « révèlent sa conscience et sa raison. »

Je sais bien que nous, catholiques, nous ne pouvons admettre cette *laïcisation* de Dieu. Mais la question pour le moment n'est pas là. Il s'agit de constater que le programme scolaire officiel de 1882, contresigné : Jules Ferry, enseigne : 1° *l'existence de Dieu ; 2° les devoirs envers Lui.*

Or, **ce programme est encore aujourd'hui en vigueur.**

Quand, dans la fameuse séance du 17 janvier, M. Grousseau a carrément posé la question au ministre : « Le programme de 1882 est-il toujours en vigueur, oui ou non ? » Le ministre a dit : « *Je vous répondrai.* » Il n'a pas osé dire : Non.

* * *

Je pourrais citer bien d'autres déclarations officielles. Il faudrait rapporter tout au long ce qu'écrivait Ferdinand Buisson, le confident de Jules Ferry (1), répondant, en 1892, au P. Lallemand, de l'Oratoire, coupable d'avoir appelé l'école laïque : « **Ecole sans Dieu.** »

« Comment le P. Lallemand a-t-il osé écrire ce gros mot : « **l'Ecole sans Dieu ?** Il connaît l'Université, il connaît nos « programmes publiquement sanctionnés. En est-il un seul d'où « l'idée de Dieu soit absente ? En est-il un qui, de près ou de « loin, par omission ou autrement, permette à un honnête homme « de dire que l'école laïque est « **l'école sans Dieu ?** » et « qu'elle reflète « l'athéisme impudent de la France officielle ? » « Nous avons deux grandes écoles normales où se forment nos « professeurs d'écoles normales des deux sexes : sont-ce des « séminaires d'impiété ?... »

C'est un témoignage d'une importance capitale, qui nous prouve la pensée foncièrement spiritualiste de la loi scolaire de 1882, *du moins officiellement.*

Nous pourrions citer encore toutes les paroles de Paul Bert, que M. Poincaré nous rapporte dans une Etude sur la « neutralité scolaire » qu'il vient de donner au *Temps.* La lecture en est très suggestive.

« Qui se refuserait à comprendre combien il est indipensable, « pour que la loi puisse, sans froisser la conscience du père de « famille, l'obliger à envoyer son enfant à l'école, qu'elle pro- « clame en même temps que toute liberté lui sera laissée dans « le domaine religieux ? »

Sur cette idée, Jules Ferry renchérit encore en disant : « Le vœu du père de famille, la conscience du père de famille doivent être avant tout respectées... » La citation est de M. Poincaré.

Il cite encore ce passage de la lettre de Jules Ferry aux instituteurs :

(1) Il s'est donné lui-même comme tel, dans la séance du 18 janvier.

« Transmettre aux enfants, avec les connaissances scolaires « proprement dites, les principes mêmes de la morale, j'entends « simplement cette bonne et antique morale que nous avons « reçue de nos pères et mères et que nous nous honorons de « suivre dans les relations de la vie, sans vous mettre en peine « d'en discuter les bases philosophiques.

« Au moment de proposer aux élèves un précepte, une maxime « quelconque, demandez-vous s'il se trouve à votre connaissance « un seul honnête homme qui puisse être froissé de ce que vous « allez dire. Demandez-vous si un père de famille, je dis un seul « présent à votre classe et vous écoutant, pourrait de bonne foi « refuser son assentiment à ce qu'il vous entendrait dire... Si « oui, abstenez-vous de le dire... »

Retenons bien ces préceptes de l'auteur de la loi ; quand nous étudierons l'Ecole moderne, nous pourrons constater, hélas ! combien, aujourd'hui, tout cela est lettre morte...

***

Il y a un **fait,** datant de 1884, qui corrobore singulièrement tout ce que nous venons de dire sur la « **neutralité** » telle qu'on la *promettait* dans la loi de 1882, et telle *qu'on l'appliquait primitivement.* Il faut rappeler brièvement ce fait. Il nous est fourni par le *Bulletin de la Semaine* (1).

Le 26 décembre 1882, plusieurs pères de famille de Langres (Haute-Marne) intentaient à l'instituteur Renault et au maire un procès en dommages-intérêts (en vertu de l'article 1382 du Code civil). L'instituteur, en effet, avait exclu les enfants de l'école, parce qu'ils refusaient de se servir du manuel *Compayré.* Le maître déclarait que ce livre était *nécessaire,* et qu'il ne recevrait pas les enfants tant qu'ils n'auraient pas ce manuel. Le maire avait notifié cette décision aux parents.

Le juge de paix débouta les plaignants. Naturellement, il voulait donner raison au maire et à l'instituteur.

Les pères de famille en appelèrent au tribunal de Langres, qui envoya les plaignants se pourvoir devant la juridiction *administrative,* tout en reconnaissant sa propre compétence dont il usait en réformant le jugement de la justice de paix.

La question étant ainsi mal posée par le tribunal de Langres, le Conseil d'Etat déclara qu'il n'y avait pas lieu à statuer (2).

(1) Mercredi 8 décembre 1909. (2) Voir *Recueil des Arrêts du Conseil d'Etat.* (Tome LIV. 2me série 1884, pp. 700 à 708).

Mais les débats devant le Conseil administratif suprême avait donné à M. Marguerie, actuellement président de la Section du Contentieux, alors commissaire du gouvernement, l'occasion de donner, *sur le fond de la question, son avis, ainsi que celui de Jules Ferry,* promoteur de la loi (1).

Il rappelle, dans son rapport, une dépêche du ministre Ferry au préfet de la Haute-Marne (19 juin 1883), où il dit expressément : « **L'école est obligatoire, non le livre...** Il est inad-
« missible que les parents aient été condamnés, parce que leurs
« enfants n'avaient pas fréquenté la classe, son entrée leur étant
« refusée. De pareils faits sont très regrettables... (2). »

Le rapporteur montre que l'instituteur Renault viole les droits des pères de famille, par un manifeste *détournement de pouvoirs.*

« La loi du 28 mars 1882 déclare l'enseignement primaire obli-
« gatoire sous des sanctions pénales. Elle contient le droit pour
« les parents d'exiger que leurs enfants aient un libre accès aux
« écoles publiques. *Mais aucune loi ni aucun règlement n'obli-*
« *gent les parents à fournir aux enfants des livres de classe*
« *déterminés.* Il y a là une lacune qui ne peut être comblée par
« l'usage du pouvoir disciplinaire sur les enfants. L'instituteur
« a violé un droit au moyen d'un détournement de pouvoirs. »

Ces déclarations ne nous montrent-elles pas avec évidence le vrai sens de la neutralité ? Hélas ! aujourd'hui, nous en sommes loin, bien loin. Nous le montrerons. Les faits sont là... Les manuels ne sont pas neutres. Ils sont impies, athées... Et ce sont ces livres que l'instituteur *impose,* malgré les justes réclamations des pères de famille catholiques !!!...

Il oublie le mot de Jules Ferry : « **L'école est obligatoire, non le livre.** »

N. B. — Cet article était écrit quand nous avons lu la superbe protestation de M. Grousseau, à la Chambre des députés. (Il y avait **21** présents !!.. Et ils *sont payés* pour faire des lois !!..)

Les déclarations de l'éminent orateur n'ont fait que confirmer notre manière de voir. *Officiellement,* Jules Ferry demande la neutralité *confessionnelle* ; effectivement et dans sa pensée, il *prépare « l'école sans Dieu. »*

(1) Ce rapport de M. Marguerie, au Conseil d'Etat, sur cette affaire de Langres, mériterait d'être cité tout entier.

(2) Dans ses observations sur le recours au Conseil d'Etat, le ministre conclut au rejet de la requête, *dans un but de pacification de la commune.* (Rapport de M. Marguerie).

— Quel a été votre but en élaborant cette loi ? lui demande un jour Jaurès.

— Mon but, répond Jules Ferry, **a été d'organiser l'humanité sans Dieu...** (1).

D'ailleurs, c'est logique. Le franc-maçon Jules Ferry, faisait l'œuvre des Loges, et les Loges, *dès 1875*, avaient résolu de laïciser et de déchristianiser l'enseignement, pour atteindre plus sûrement l'Eglise (2)

Mais il reste vrai que les documents *officiels* sont là ; que les *paroles* du ministre sont enregistrées ; que son *programme* d'éducation morale du 27 juillet 1882 reste toujours en vigueur (3) ; que ce programme comporte les « *devoirs envers Dieu.* »

Cela nous suffit pour être en droit de dire à l'école moderne : « *Vous êtes un mensonge,* parce que vous ne tenez pas les pro-« messes **officiellement faites** par le promoteur de la loi. »

II. CE QU'EST EFFECTIVEMEMT L'ÉCOLE

Nous vivons aujourd'hui sous la législation scolaire de 1882, complétée par les déclarations officielles de Jules Ferry, le promoteur de la loi.

Or, nous l'avons montré dans l'étude précédente, Jules Ferry *promettait* dans les écoles une neutralité, respectant les croyances de tous. C'est en vain que M. Dessoye, député de la Haute-Marne et rapporteur des nouveaux projets Doumergue, en vain que M. Aulard lui-même, dans une lettre adressée à *L'Estafette* (4), viennent expliquer les paroles de Jules Ferry, il n'en reste pas moins vrai, qu'officiellement, le ministre promettait qu'à l'école aucune confession religieuse ne serait attaquée.

Il disait à la tribune française (5) : « Si un instituteur public

(1) Cité par M. Grousseau.

(2) Article de *La Franc-Maçonnerie démasquée*. Numéro du 25 avril 1908, p. 132.

(3) A une enquête ouverte sur le conflit scolaire, F. Buisson répondait (10 décembre 1900) : « Je demeure exactement au point fixé par Jules Ferry. Je ne vois rien à changer dans sa lettre aux instituteurs....... » Cf. *Bulletin de la Semaine*, N° 51, p. 610.

(4) 18 décembre 1909

(5) Il faudrait recueillir toutes ses déclarations officielles.

« s'oubliait assez pour instituer dans son école un enseignement « hostile, outrageant, contre les croyances religieuses de n'im- « porte qui, il serait aussi sévèrement et aussi rapidement « réprimé que s'il avait commis cet autre méfait de battre ses « élèves ou de se livrer contre leur personne à des sévices cou- « pables (1). »

D'ailleurs, pour se rendre compte des prescriptions légales, en matière d'enseignement, il suffit de relire le *programme officiel* de 1882 (2).

« L'enseignement moral laïque se distingue donc de l'ensei- « gnement religieux *sans le contredire*....

« Le maître devra éviter comme une mauvaise action, tout ce « qui, dans son langage ou dans son attitude, blesserait les « croyances religieuses des enfants confiés à ses soins, tout ce « qui porterait le trouble dans leur esprit, tout ce qui trahirait « de sa part, envers une opinion quelconque, un manque de « respect ou de réserve. »

Or, ce programme a-t-il été suivi ??

L'école est-elle restée neutre ?

Non certes. Les évêques disent dans leur lettre si ferme et si digne : « Il est de notoriété que ces solennelles promesses sont étrangement méconnues en beaucoup d'écoles. »

C'est vrai.

Nous pourrions, pour le prouver, citer toutes les *déclarations publiques* faites par les instituteurs dans leurs réunions d'*Amicales*, dans leurs revues pédagogiques (3). Il suffirait encore de rapporter les *propos* tenus devant leurs élèves, les devoirs, dictées, rédactions que l'on impose aux enfants. J'ai là, sous mes yeux, toute une série de découpures faites dans les journaux.

(1) Discours au Sénat (16 mars 1882). Journal officiel du 17 mars, p. 227).

(2) Journal officiel du 2 août 1882, pages 4.169 et suivantes.

(3) Il y a à peine deux ans, un curé ayant dénoncé un de ces manuels pernicieux, l'instituteur écrivait dans une feuille maçonnique : « Oui, les « livres actuellement en usage dans les écoles laïques sont *mauvais*, « comme tu dis (il s'adresse au curé). Mais entendons-nous. Ils sont mau- « vais pour toi et pour ta clique, pour le parti de l'éteignoir et des « ténèbres que tu représentes, pour la bande romaine dont tu fais partie. « Nos enfants y voient que ton Eglise catholique, apostolique et surtout « romaine, n'est qu'une immense entreprise d'escroquerie dont l'histoire, « pleine de toutes les saletés, pourrait s'écrire avec du sang. » Du moins, il avouait franchement la valeur des manuels. (*Croix*, 16 décembre 1909).

C'est très suggestif. Mais mon but ici est uniquement de montrer que la neutralité légale a été audacieusement violée dans les *Manuels scolaires que l'on impose* aux enfants.

* * *

Par une lettre colective, les évêques en ont condamné quatorze. Quelques autres ont été condamnés par certains évêques pour leur diocèse respectif.

Aussitôt, nous l'avons dit précédemment, les journaux du Bloc sont partis en campagne contre la Lettre épiscopale. Les auteurs des livres condamnés, pour obtenir réparation du dommage moral et matériel qu'ils estiment leur être causé, les instituteurs et institutrices — par la Fédération des Amicales — ont poursuivi quelques évêques devant les tribunaux civils.

Un ancien Ministre de la Justice, M. Chaumié, a dit de ces procès qu'ils sont « *antijuridiques* (1). » Mais cette question nous importe peu. Il ne nous importe même pas de savoir si finalement la Justice donnera raison aux Evêques. Ce qu'il y a de sûr, c'est qu'ils ont raison. En condamnant ces manuels *qui violent la neutralité*, les Evêques n'ont fait qu'user de leur droit et remplir un devoir.

Le Christ ne leur a-t-il pas confié le soin des âmes *catholiques ?* Or, à l'heure qu'il est, plus de quatre millions d'enfants français, baptisés, *catholiques*, sont empoisonnés journellement par toutes sortes de mensonges et d'erreurs, et les Evêques ne parleraient pas ? ils n'auraient pas le droit de protester ? cela n'est pas admissible. En outre, leur protestation est basée sur la *théorie elle-même de la neutralité scolaire*, inscrite dans les programmes de 1882, c'est le *respect de cette législation* qu'ils réclament et que nous réclamons avec eux.

D'ailleurs, tout livre jeté dans la publicité est par là même justiciable de la *critique*. Et l'on voudrait nous faire admettre que seuls les ouvrages sortis du cerveau d'un instituteur ou d'un recteur d'Académie sont au-dessus de toute critique !! Défense de trouver mauvais ces livres !! Mais ceux qui déblatèrent, aujourd'hui, avec tant de violence, contre les *privilégiés*

(1) Ils se plaignent d'être « *diffamés*. » Ils sont donc attaqués comme « *fonctionnaires*. » Par conséquent, ils ne peuvent recourir qu'à « *la Cour d'Assises*. » Voir les articles 30, 31 et 46 de la loi de 1881, sur la Presse.

De plus, la *Fédération des Amicales* n'ayant pas de personnalité civile, n'a pas le droit de faire des procès. (Cf. Delmont, p. 2).

de l'*Ancien Régime*, prétendent-ils donc rétablir en leur faveur les **« privilèges ? »**

Feront-ils parmi nous une *caste* à qui il sera tout permis et contre qui on ne pourra plus se défendre ? Il le semblerait d'après leurs prétentions. D'ailleurs, dans les projets Doumergue, on en fait une sorte de **tabous**, *d'invulnérables, d'irresponsables* (1).

Remarquons ensuite que l'Université de l'Etat a mis elle-même à l'index 18 manuels — pour toutes les écoles — même pour les **écoles libres...** Pourquoi ? Parce que ces manuels étaient pour la pluplart, écris par des abbés.....

Or, j'ai suivi les cours de l'abbé Courval, un de ceux que l'Université a mis, à l'index. Eh bien ! j'affirme que l'histoire y était sérieusement faite, quoiqu'en pense un écrivain du nom de Démoutier dans un article : *Comment on écrit l'Histoire* (2), à propos d'un certain *Précis* qu'il ne nomme pas. Evidemment, l'Eglise n'y est pas attaquée à chaque page, à chaque ligne, mais on y dit la vérité...

Et pourtant l'ouvrage de l'abbé Courval a été interdit, *même pour les écoles libres*. En même temps, on refuse à l'Eglise le droit de critiquer et de condamner des livres foncièrement et manifestement mauvais, mais c'est d'une injustice criante ! ! !

Ce qu'il y a de plus fort encore, c'est que parmi ces ouvrages condamnés par l'Episcopat, il y en a deux qui furent interdits en 1902, dans les Ecoles de l'Etat, *par une circulaire du directeur de l'enseignement primaire.*

Les ouvrages condamnés par l'Académie sont : *Morale de Bayet, Instruction civique d'Aulard*. Celui qui les a condamnés est M. Bayet père lui-même, alors directeur.

Il fallait donc qu'ils fussent reconnus bien mauvais, pour que le père condamnât un ouvrage de son fils. C'est toute une histoire, une bien bonne qui nous a été racontée par Gustave Téry. Plus tard, Albert Bayet, l'auteur de la *morale*, a épousé la fille de M. Aulard, l'auteur de l'*Instruction civique*... Ils se valent. Dans la suite, M. Bayet père essaya de justifier son interdit dans une interwiev au Rédacteur du *Temps*. Tout cela, c'est *de la fumisterie...*

(1) Il vient de paraître de nouveaux projets Doumergue qui tendent ni plus ni moins au monopole de l'enseignement, en étranglant le peu qui nous reste de *liberté...*

(2) Les Hautes-Vosges, 6 février 1910.

*
* *

Nous étudierons parmi ces ouvrages condamnés l'Histoire de France, cours moyen, d'Aulard et Debidour, *la Morale* de Payot. Peut-être plus tard, y joindrons-nous l'histoire de Rogie et Despiques (1).

*
* *

Le *but* de cette histoire (2) est certainement de donner aux enfants des idées de haine contre l'Eglise catholique. Ses tendances sont *protestantes.* Il n'y a rien de si beau, de si parfait que cette confession religieuse. Au contraire, rien de plus horrible que la religion chrétienne. *Il faut bien souligner ces tendances protestantes.*

Pour arriver à son but, Aulard **omet** tout ce qui montre l'action bienfaisante de l'Eglise. Il **généralise, grossit** les quelques faits qui peuvent prêter à la critique.

Il a des *insinuations malveillantes* qui laissent supposer des choses épouvantables, atroces — des *sous-entendus,* des *réticences* perfides — à côté de cela, il y a des faits **absolument faux,** qu'il présente comme vrais et authentiques, parce qu'ils sont capables de laisser dans l'âme des enfants de la France, des impressions mauvaises contre l'Eglise.

C'est surtout de ce manuel que l'on peut dire, avec les évêques : « *Ces livres contiennent une foule de pernicieuses erreurs.* »

Le *Temps* lui-même qui tout d'abord avait critiqué la Lettre des Evêques, reconnaît, après avoir lu les manuels, « qu'un certain nombre, le petit nombre, sont sans contredit tendancieux « et dissimulent mal, dans l'exposition des idées, la rédaction « des sommaires ou des questionnaires, le choix des textes ou « des lectures, un dessein d'exercer sur des cerveaux malléables, « une vigoureuse pesée au profit d'un parti ou d'une secte (3). »

Parmi ces manuels, Le *Temps* cite MM. Bayet et Aulard.

(1) Ce sont les ouvrages qui se trouvent dans nos écoles.

(2) Cours moyen, 26me édition. M. Aulard a rédigé de la page 102 à 204. M. Debidour, de la page 5 à la page 101 et de la page 205 à 286. Nous désignerons tout le volume sous le nom : d'*histoire d'Aulard.*

(3) Le *Temps* ajoute : « Pour ne distinguer pas la partialité concertée « de quelques-uns de ces manuels, il faudrait être un *aveugle volontaire.* « Il faut avoir lu cette littérature scolaire, pour s'aviser combien il était « temps de réagir... »

La *Revue des Deux-Mondes* concluait : « Eh bien ! la cause est entendue : « *Les Evêques ont raison.* » (15 novembre 1909).

* * *

D'ailleurs, Aulard ne pouvait faire autrement.

C'est lui, professeur de Sorbonne, qui, en mars 1904, recevait avec M. Bayet, son complice, les félicitations du Conseil de l'ordre des Francs-Maçons, à l'occasion du soixantième mille de leur *Cours de morale et d'Instruction civique.*

C'est lui qui, en août 1904, écrivait dans les annales de *la Jeunesse laïque* les lignes suivantes : « Point d'équivoque. Ne disons « plus : nous ne voulons pas détruire la religion. *Disons au contraire :* **Nous voulons détruire la religion.** »

C'est lui qui déclare dans le *Siècle* « qu'il reçut avec un grand « éclat de rire, la foudre pontificale... » La Congrégation de l'Index venait de condamner son Histoire, par un décret du 9 septembre 1897.

Il reconnaît même que l'Eglise avait raison.

« Certes, alors, nous nous serions bien gardés de nous plaindre.

« Après tout, ces gens-là avaient raison. L'esprit de nos livres « n'est nullement catholique, et il est tout naturel qu'ils déclarent que nos doctrines sont opposées aux leurs. »

Voilà bien un aveu de **non-neutralité.** Le décret de l'Index l'avait fait rire. La Lettre des Evêques l'exaspéra. C'est lui qui l'affirme.

« Les évêques, sur une impulsion (1) venue de Rome, ont « passé des paroles aux actes. Ils ont commencé contre l'école « laïque une guerre à laquelle il est temps, plus que temps, « d'opposer autre chose que le dédain... (2) »

Pour défendre ses livres, il a publié lettre sur lettre, il a recueilli et publié avec tendresse les Déclarations de M. Doumergue aux Amicales de la Seine.

Le ministre, nous dit-il, les a lus « ligne par ligne, sans y « trouver le moindre écart, la plus petite imprudence. Au con- « traire, il a admiré la modération des auteurs, leur prudence « infinie. Il se demande même comment des hommes aux con- « victions ardentes, ont pu faire pour se contenir à ce point, « pour respecter ainsi des croyances opposées aux leurs, et il a « vanté avec émotion ce civique et heureux effort d'impartialité,

(1) Absolument comme moi, qui ai attaqué l'école de Gérardmer, pour obéir aux ordres venus de Rome... Quelle hantise !...

(2) Tout son article serait à citer.

« couvrant ainsi en sa qualité de ministre de l'Instruction publi-
« que, les livres et les auteurs dénoncés... (1) »

Voyez-vous, M. Aulard, qui riait du décret de l'Index, reconnaissant que son livre n'était pas neutre, et qui aujourd'hui, se met à couvert sous l'autorité du Ministre, se fait décerner un brevet d'honnêteté... On a peine à croire à un pareil cynisme.

* * *

L'auteur, ainsi connu, il nous sera facile de montrer la manière perfide et antichrétienne, avec laquelle il écrit l'histoire. Nous le suivrons page par page, relevant d'une facon sommaire, ses principales erreurs. Ainsi, nous vengerons cette religion, qui fut, au dire de M. Buisson, lui-même, l'inspiratrice de tous les progrès réalisés jusqu'ici.

III. L'HISTOIRE A L'ÉCOLE

A. Aulard et A. Debidour

OUVRAGE CONDAMNÉ PAR L'INDEX LE 9 SEPTEMBRE 1897

De tous les Manuels d'Histoire condamnés, celui-ci est le plus mauvais. L'auteur y accumule tous les procédés possibles pour ruiner la foi dans l'âme des enfants, ainsi que le respect pour l'Eglise (2).

I. MENSONGES EFFRONTÉS, alternant avec des *insinuations mensongères,* car il y a des choses qu'il ne *dit pas,* qu'il *n'imprime pas,* mais qu'il **suggère.** Il pose des prémisses, laissant au maître le soin d'en tirer, pour les enfants, les conclusions menteuses.

II. OMISSIONS. Ne disant pas un seul mot de la physionomie chrétienne de la France, pas un mot des bienfaits de l'Eglise, ce silence est tendancieux. Il y a certains silences qui font autant de mal que des calomnies.

(1) *La Croix,* 11 décembre 1909. De fait, M. Doumergue a dit cela. Mais enfin, parle-t-il pour tromper ou bien est-il un incapable ? C'est ce qu'il faudrait savoir.

(2) Je l'ai dit plus haut déjà.

III. Médisances, s'étendant avec complaisance sur certains faits regrettables de notre histoire religieuse, sans dire un mot des misères bien plus nombreuses et bien plus grandes de la religion protestante.

IV. Calomnies *directes*. **Il ment... cyniquement!...** ou bien, il **affirme** le mal, quand l'histoire lui impose l'obligation de rester au moins dans le **doute.**

V. Calomnies *indirectes*, par la *réticence perfide*, les *gravures*, les *tours de phrase ambigus*, les *sous-entendus*, *la généralisation*, C'est l'arme la plus facile, la moins compromettante, la plus employée. Peut-être est-ce la plus meurtrière?

* * *

Je vais le montrer. Il faut dévoiler au grand jour ces mensonges, purger l'histoire de ces immondices. Je voudrais le faire avec calme. Mais quand je vois l'Eglise, ma mère, audacieusement outragée, l'âme de nos enfants empoisonnée, il y a en moi un sursaut d'écœurement... Il pourra se faire ainsi, qu'avec l'éponge il se trouve parfois un peu d'acide... Après tout, ils l'ont bien mérité... ceux qui ont juré la perte des âmes.

En avant donc pour la **Vérité.**

I. LES MARTYRS

« *Le gouvernement romain résista d'abord aux chrétiens qui bravaient ses lois...* » (1) (page 12).

C'est ainsi qu'en deux lignes, l'auteur résume trois siècles. Deux lignes qui constituent une impudente *calomnie*. L'enfant qui les étudiera, conservera dans son esprit l'impression que les premiers chrétiens furent des *révoltés*, et que les persécutions, par conséquent, furent *légitimes*. Les victimes avaient tort. Les bourreaux sanguinaires, dont l'histoire nous redit les atroces cruautés, avaient raison. Ils étaient en légitime défense. Tout cela d'ailleurs est dit expressément dans le Cours supérieur (2), p. 59.

(1) Aulard et Debidour. Histoire de France. Cours moyen. Certificat d'études. 26e édition. Comme les deux auteurs sont solidaires, dans notre réponse, nous ne nous adresserons qu'à M. Aulard.

(2) 7e édition. Dans cet ouvrage, destiné sans doute aux Maîtres, l'auteur accumule les *insinuations*. (Voir p. 59 « La persécution des chrétiens eut « pour effet la mort *d'un certain nombre* d'entre eux,... etc. » On veut faire croire que les persécutions n'ont pas été terribles, qu'il n'y eut que peu

Mais l'impartialité vous obligeait, Monsieur, de dire aux enfants, quelles lois ont bravées les premiers chrétiens.

Refusaient-ils l'impôt ? Non.

Refusaient-ils de servir dans les armées ? Non.

Soulevaient-ils les provinces contre Rome ? Non.

Que faisaient-ils donc enfin ? Quelles lois bravaient-ils ?

Ils refusaient de renier leur foi, en se mêlant aux pratiques païennes.

« Ils refusaient aux empereurs les honneurs religieux qui leur « étaient dus d'après la loi... (1) »

Oui, ces lois, ils les ont bravées, *jusqu'à la mort.*

Ils n'ont pas voulu reconnaître la *divinité* des empereurs, « qui était la base de tout le système politique romain... »

Mais, en agissant ainsi, ils n'ont fait que leur devoir.

Il y a des lois injustes et tyranniques qui n'obligent pas. Leur résister, est un *droit* et un *devoir*. Quand la résistance va jusqu'à la mort, c'est de l'héroïsme. Il ne faut donc pas accuser les martyrs, il faut les admirer. Ce furent des « *révoltés sublimes.* »

En face de vos lignes, laissez-moi écrire, Monsieur, celles d'un homme qui est vôtre, de l'apostat Renan : « *Le monde païen ne « connaissait pas la tolérance, et cette intolérance a imprimé aux « plus beaux siècles une hideuse tache de sang...* » (2).

Voilà la vérité.

* * *

Après le *fanatisme* des chrétiens, voici leur *intolérance :*

« *Mais quand les empereurs eurent adopté la nouvelle religion « (au IVme siècle après Jésus-Christ), l'Eglise s'attacha à détruire, « non-seulement par la persuasion, mais par la force, ce qui restait des anciennes religions.* » (p. 12).

Quel art satanique de mêler le faux au vrai. L'auteur confond à dessein, dans la même phrase, le rôle de l'Eglise qui fut toujours le *prosélytisme par l'apostolat*, la *persuasion*, avec celui du

de victimes... *un certain nombre*. Dans le *Cours Elémentaire*, on dit : « *Quelques chrétiens.* » Nous savons que pendant les quatre premiers siècles, il y en eut des *milliers*. (Voir Paul Allard).

(1) Aulard, Cours Supérieur, p. 59. « A Rome, la loi ordonnait *d'adorer* les empereurs. » Arsenal N° 48, p. 360.

(2) L'Eglise chrétienne, p. 314. Cité par « un professeur d'histoire, » feuilleton de *La Croix*, 14 déc. 1909.

pouvoir civil, qui parfois employa la *force*. Il ne demandait pas toujours conseil à l'Eglise.

Voici mieux encore.

« *Le clergé catholique persécuta aussi les sectes même chrétien-* « *nes, qui s'écartaient de ses croyances, notamment celle des* « *Ariens qui était alors répandue dans notre pays...* » *p. 12.*

Dans le Cours supérieur il dit : « Le christianisme vainqueur « devint à son tour violemment persécuteur... » *p. 59.*

Ici, l'accusation est brutale, insolente ; là, elle est sournoise, délayée, *insinuée*. Elle est aussi mauvaise.

Mais, en accusant tout le clergé catholique de s'être fait « *violent persécuteur,* » vous devez, Monsieur, citer au moins une preuve. Votre système d'entasser les *affirmations* pures et simples, sans rien prouver, est celui d'un faussaire en histoire.

— Quant aux *Ariens*, pourquoi ne dites-vous pas que pendant longtemps ils jouirent des faveurs impériales ? Pourquoi ne pas rappeler les traitements indignes, qu'ils firent subir à ceux qui restaient fidèles à l'orthodoxie ? L'histoire, impartiale pourtant, raconte les persécutions endurées par saint Athanase, évêque d'Alexandrie, saint Hilaire, évêque de Poitiers, et combien d'autres ? Mais l'histoire faite par vous, *la vôtre* n'en dira rien. Est-ce la neutralité ?...

II. LES RAPPORTS DE L'EGLISE AVEC LES PREMIERS ROIS

Le *but* de l'auteur est de discréditer l'Eglise catholique, de la faire détester par les enfants de la France. Aussi, quand il parle de ses rapports avec les premiers rois, il la représente avec des vues *d'égoïsme, d'accaparement*. Son rôle fut rempli de fourberie et de duplicité. Elle « *convertissait* » uniquement pour acquérir l'or et la puissance.

C'est l'idée qui se dégage de tout le chapitre III.

Et puis, remarquez avec quel art infernal, des phrases courtes, venimeuses, sont jetées pour produire dans l'esprit des enfants un effet déplorable.

« *Les évêques l'aidèrent* (Clovis) *à faire ces conquêtes, dans* « *l'espoir (1) de le convertir au catholicisme et lui firent épouser*

(1) Il faut étudier les faits dans des histoires impartiales et documentées. Godefroid Kurth a traité parfaitement ce sujet dans le volume : « *La* « *France chrétienne devant l'Histoire,* » p. 21, ainsi que dans « *la vie de* « *sainte Clotilde* » ou dans « *l'Eglise au tournant de l'Histoire.* » L'auteur

« *la catholique Clotilde. Vainqueur à Tolbiac des Alamans, Clo-*
« *vis se fit baptiser avec plusieurs milliers de ses soldats; dès lor*
« *le clergé le soutint sans réserve.*

« *Il conquit presque tout le pays entre la Loire et les Pyrénées.*
« *Puis, par le meurtre, il se débarrassa de tous les autres rois*
« *francs...* » p. 16.

Il résulte de cet agencement tendancieux, que l'Eglise est responsable de tous les crimes que l'histoire reproche à Clovis (1). Il est *converti, baptisé... aidé par l'Eglise dans ses conquêtes*, protégé par les évêques... PUIS, *par le meurtre*, il se débarrasse de tous les autres rois francs...

Dans le paragraphe suivant, l'auteur dira que « *ses fils ambi-*
« *tieux, cruels et perfides..., comme leur père, n'hésiteront pas*
« *au besoin à assassiner leurs parents.* »

Je ne veux pas me faire l'apologiste de Clovis. L'histoire lui impute des crimes (2). Toutefois, le protestant Guizot nous fait remarquer que « dans la loi salique, il y avait le droit à chaque « homme de se faire justice à soi-même, de se venger par la force. « C'est la guerre entre l'offenseur et l'offensé... » (3). Ce droit cruel persista jusqu'au VIIIme siècle. Or, nous sommes au VIme, et le savant abbé Gorini prouve que « Clovis ne faisait qu'user « de ce droit, même vis-à-vis de ses parents *qui étaient ses enne-* « *mis...* » (4).

montre que les évêques, traqués par l'arianisme, devaient naturellement, *sans autre but égoïste*, désirer la conversion de Clovis. Surtout saint Remy, évêque de Reims, qui était « *un apôtre doublé d'un diplomate.* »

(1) Michelet, où s'inspire souvent l'auteur, le dit expressément : « L'Eglise, préoccupée de l'idée d'unité, *applaudit à leur mort.* » (Hist. de France, t. I, p. 205).

Quant au mariage de Clovis avec sainte Clotilde, il n'est pas du tout prouvé qu'il fut l'effet de « *la politique des évêques.* » Cette assertion se trouve dans Augustin Thiéry (Histoire de la Conquête d'Angleterre, t. I, p. 34, dans H. Martin, Histoire de France, t. I, p. 430. Le savant abbé Gorini les réfute avec preuves à l'appui (t. I, p. 236).

(2) Beaucoup ne sont pas prouvés (P. Lorris, p. 9).

(3) Histoire de la civilisation en France, t. I, Leçon 9, p. 254.

(4) T. I, p. 291. On peut voir aussi ce que dit Chateaubriand à ce sujet. *Mœurs des barbares*. Première partie.

L'auteur dira simplement : « Clovis fit assassiner tous les rois francs, « ses parents, pour s'emparer de leurs domaines et de leurs trésors... » p. 20. Il ne faudrait pas être aussi affirmatif.

Pourquoi donc ne pas replacer les faits dans leur cadre naturel ? Pourquoi ne pas les juger d'après les mœurs d'une époque ? L'histoire impartiale le demande.

Quoiqu'il en soit, ce que je reproche à l'auteur, c'est le résumé subtil, l'agencement tendancieux des idées et des phrases, pour produire l'effet déplorable qu'il veut obtenir. Le poison n'est pas seulement dans les choses *dites,* mais dans les choses qu'on laisse *supposer,* comme dans les choses *omises.*

Ainsi, dans le cas particulier, l'auteur laisse *supposer* que l'Eglise approuvait les meurtres de Clovis, en même temps, il *omet* de dire un mot, un seul, de son action vraiment civilisatrice. Les historiens impartiaux reconnaîtront que l'Eglise a civilisé les barbares. Ici, pas une ligne. L'auteur veut laisser cette impression que l'Eglise fut *cruelle* et que son action bienfaisante sur les Barbares fut *nulle.*

III. EXCOMMUNICATION. — INTERDIT

« *Au dehors, les rois avaient affaire... aux évêques, qui possé-*
« *daient des biens considérables, et qui, soit en les excommuniant,*
« *ou les faisant excommunier par le Pape (c'est-à-dire en les*
« *déclarant exclus de l'Eglise), soit en frappant leurs sujets d'in-*
« *terdit, pouvaient amener ceux-ci à se révolter...* » p. 27.

Nous voici au moyen âge. C'est maintenant surtout que la haine de l'auteur va se donner satisfaction pleine. En quelques mots rapides, qu'il jette dans une phrase, comme on lance un dard empoisonné, il va redire à l'enfant toutes les vieilles objections, toutes les vieilles accusations, auxquelles cent fois on a répondu, mais qu'il **ressasse** avec une perfidie cynique.

Evidemment, je ne conteste pas qu'il y ait eu des abus au moyen âge et sous l'ancien régime : les hommes sont des hommes. Rien n'est parfait ici-bas. Je ne sache que la troisième République, objet des tendresses de M. Aulard, soit parfaite elle-même. Plus tard, dans la suite des siècles, nos arrière-neveux comparant leur civilisation avec la nôtre, nous traiteront peut-être de barbares...

Seulement, *l'indélicatesse* de l'historien consiste à *généraliser,* et à faire retomber sur toute une époque, les fautes de quelques-uns.

Elle consiste encore — nous l'avons fait remarquer déjà — à *juger les vieux siècles,* d'après les *mœurs du XX*[me].

C'est ainsi, qu'en parlant de l'*excommunication* (1) et de l'*interdit*, l'auteur aurait dû dire *qu'alors*, le Pape était regardé par tous, par les princes et les peuples, comme le père de toute la chrétienté.

On lui reconnaissait le droit d'intervenir dans les affaires politiques. On sollicitait même son intervention. Ce n'était donc pas un impiètement abusif.

D'ailleurs, l'*excommunication* n'était pas, comme le veut l'auteur, un *instrument de domination*, c'était parfois la seule sauvegarde des petits et des humbles, contre la tyrannie des puissants et des forts, c'était le seul moyen que pût employer l'Eglise pour faire respecter par les princes les lois de la morale violée, et leur rappeler que les droits de Dieu les atteignaient tout autant que leurs sujets.

Pourquoi Urbain II excommuniait-il Philippe Ier, roi de France? Pour cause d'adultère public. Pourquoi Innocent III excommunia-t-il Philippe Auguste? Parce que le roi avait chassé sa femme Ingelberge, pour épouser Agnès de Méranie, sa concubine? Boleslas de Pologne fut excommunié pour avoir fait mourir l'évêque Stanislas. Henri VI d'Allemagne encourut l'anathème promulgué par Célestin III, pour avoir fait massacrer les Siciliens., etc., etc.

C'était donc une question purement *pénitentiaire*, et comme le disait Innocent III, « *le Pape s'occupe du péché et non de la souveraineté.* »

Il faut être bien mal intentionné pour faire un grief à l'Eglise d'avoir usé de l'excommunication, et d'*insinuer* surtout que c'était par esprit dominateur.

L'autre arme spirituelle, employée alors par l'Eglise, c'est l'*interdit*. Pour bien frapper l'imagination de l'enfant, et laisser dans son esprit une forte impression de *cruauté*, l'auteur donne ici l'une de ces « *illustrations très nouvelles et très vivantes* » qui doivent « *attirer et retenir l'attention des écoliers* » (2). Elle représente l'*Interdit*. Les croix sont renversées. Les morts sans sépulture. C'est lugubre. C'est barbare. Comme devise : « *Durant l'inter-*

(1) Pour que l'enfant de l'école ne craigne jamais l'excommunication, l'auteur, dans son *Cours Elémentaire*, dit : « Les évêques *effrayaient les* « *âmes simples, des barons féodaux, par les excommunications,* » p. 42. Vous avez bien compris. Il n'y a que les « *âmes simples* » pour craindre l'excommunication.

(2) Préface.

« *dit, les services religieux étaient suspendus, les morts restaient sans « sépulture...* » p. 27. Tout ce cela n'est pas très juste. Digard (1) affirme qu'on ne renversait pas les croix, qu'on ne défendait pas *d'enterrer les morts...* (2). Mais l'effet est produit. Cela suffit à l'auteur. La vérité, il s'en moque.

Augustin Thiéry était plus impartial, quand il écrivait : « L'Eglise, placée à la tête des Etats européens, par la confiance « universelle des peuples, n'a rien usurpé... Jamais puissance « ne fut plus légitime et ne produisit de plus heureux résul- « tats... » (3).

Ecoutez encore le protestant Guizot : « L'action temporelle de « l'Eglise au moyen âge, a été le plus grand bienfait que le Ciel « ait accordé au monde... Elle sauva la civilisation et la liberté, « en sauvant l'indépendance de l'Eglise et des consciences » (4).

Faisons une remarque en terminant. L'auteur *omet* fort habilement de parler des *bienfaits de l'Eglise*. Il est certain pourtant que seuls ces bienfaits expliquent son influence incontestable au moyen âge. Il ne dit que deux mots vagues. « *Il n'y avait que « l'Eglise qui obtînt d'eux* (les fils de Clovis) *un peu de respect,* » p. 16. Mais il a eu soin d'insinuer que c'était par crainte.

« *Au IX*me *siècle, l'Eglise voulut, sans succès, entraver les guer- « res féodales par la trêve de Dieu...* » p. 28 (5).

C'est tout.

En lisant Aulard, on ne soupçonnerait guère que « *ce sont les « évêques qui ont fait la France,* » selon le mot du protestant Guizot.

On ne croirait pas non plus que « *l'Eglise a été la providence « de ces âges barbares* » et que « *le monde moderne a commencé*

(1) *Les registres de Boniface VIII.*

Cette gravure rappelle le tableau de Laurens (salon 1875). Mais l'imagination ou le génie des peintres ne fait pas l'histoire. Dans le cours supérieur, tableau du même auteur, l'*Excommunication*.

(2) La sépulture **ecclésiastique** était interdite, comme tout exercice du culte. Cela ne veut pas dire qu'on ne les enterrait pas. C'est pure imagination que de les représenter *pourrissant* devant l'église fermée...

(3) *Le Monde*, 17 janvier 1872.

(4) Histoire de la Civilisation, cinquième leçon.

(5) *Dans le Cours Elémentaire,* l'auteur a soin d'ajouter : « *Et ils agis- « saient ainsi par charité, mais trop souvent par ambition,* » p. 42.

« *dans le giron de l'Eglise*. C'est M. Ferdinand Buisson, qui a écrit cela (1). Ce n'est pas précisément un clérical.

Mais, remarquez que M. Aulard n'écrit pas l'histoire pour dire la vérité, mais uniquement pour satisfaire sa haine antireligieuse, et travailler à la formation de « *citoyens de la République, par* « *un esprit franchement démocratique et laïque...* » C'est lui-même qui le déclare (2).

IV. LES CROISADES

Le sujet des Croisades est encore traité par Aulard et Debidour, de manière à jeter le discrédit sur l'Eglise.

« *Les Croisades furent des guerres de religion entreprises par* « *les nations chrétiennes d'Europe, sur l'ordre des Papes, pour* « *reconquérir Jérusalem et la Palestine que les musulmans* « *avaient conquises...* » p. 28.

L'auteur *omet* de dire que les hordes musulmanes, massacraient les chrétiens, et constituaient une menace permanente pour l'Occident.

Ce danger, s'ajoutant à l'indignation que faisaient naître dans les cœurs chrétiens, les profanations sacrilèges des Lieux Saints, souleva l'ardeur des peuples, et les entraîna contre le profanateur et l'envahisseur. C'était grand et juste.

Quant aux résultats, selon Aulard, ils furent nuls. « *Les Croi-* « *sades d'Orient échouèrent*, » p. 28.

Ils furent même funestes. « *Elles rendirent plus violente cette* « *haine des musulmans contre les chrétiens, encore aujourd'hui* « *si regrettable.* »

Ainsi, ce n'est rien que d'avoir, pendant quatre siècles, arraché l'Europe chrétienne à la barbarie musulmane?

Il eût même mieux valu ne pas contrarier ces bons musulmans et ne pas exciter leur haine?

Ce serait risible, si ce n'était odieux. Voilà bien l'erreur de nos libéraux modernes. Ne dites rien. Laissez-vous dévorer. Vous pourriez exciter la *colère* de ceux qui ont résolu de vous manger.

Citons, en terminant, ces lignes de M. Zeller de l'Institut (3) : « Les grands Papes du moyen âge avaient avec raison saisi ce levier

(1) Revue politique et parlementaire, 10 octobre 1903, p. 12. « *La crise* « *de l'anticléricalisme.* »

(2) Cours *supérieur*. Préface, 7e édition.

(3) Entretiens sur l'Histoire du moyen âge. Deuxième partie, p. 109.

« de la croix pour précipiter l'Europe au devant de l'Asie. C'est une « de leurs gloires, d'avoir usé sur les pointes de l'enthousiasme « chrétien, la barbarie asiatique qui revenait de temps à autre « sur l'Europe, sous un Gengis ou un Tamerlan, d'avoir retardé « de quatre cents ans la prise de Constantinople et commencé « une lutte qui a éclairé les esprits, adouci les cœurs, élargi « l'horizon des hommes, et, à la suite, assuré pour quelque « temps, même malgré la perte des colonies chrétiennes en Asie, « un commerce inattendu et immense entre l'Orient et l'Occident « sur la Méditerrannée. »

A propos de ces relations commerciales, données comme résultat secondaire aux croisades, l'auteur fait cette remarque : « On a dit que les croisades avaient étendu le commerce de « l'Europe, et fait connaître à l'Occident des cultures, des arts, « des inventions qui devaient l'éclairer et l'enrichir. Mais les « peuples seraient devenus plus riches et plus éclairés en vivant « en paix les uns avec les autres qu'en s'entr'égorgeant pour « cause de religion... » p. 29. Mais, avec M. Aulard, il faut à tout prix que l'Eglise ait tort.

V. LES ALBIGEOIS

L'auteur, avec une dextérité merveilleuse, passe au fait du moyen âge, qui a été le plus exploité contre l'Eglise : *la Guerre des Albigeois*. Ecoutez :

... « *D'ailleurs, les Papes après avoir prêché des croisades « contre les musulmans, en ordonnèrent aussi contre des chrétiens. « Les Albigeois, population du Midi de la France, qui ne compre- « naient pas la religion chrétienne de la même manière que les « catholiques, furent exterminés au XIII*me *siècle, par la volonté « du Pape Innocent III* » p. 29 (1).

Et l'on appelle cela de la **neutralité !** Mais il n'est pas possible d'accumuler en moins de lignes, plus d'insinuations malveillantes, de sous-entendus criminels, et de mensonges historiques.

Plus loin, à la page 32, dans la *Lecture,* nous retrouverons encore un tissu d'erreurs et de calomnies.

(1) Dans l'édition de 1895, l'auteur disait : « Les Albigeois furent exter- « minés par la volonté d'Innocent III, à la suite d'une guerre abominable « où les Croisés se comportèrent en sauvages et en bêtes féroces... » p. 22. Cf. Ami du Clergé, p. 156.

On le voit, la formule aujourd'hui est un peu édulcorée... Faut-il espérer que les prochaines éditions ??...

Ce que l'auteur nous a dit des croisades, ne faisait donc que préparer le portrait perfide qu'il lance contre la Papauté.

Etudions-le.

* * *

Remarquons d'abord les bonnes intentions et la complaisance de l'auteur pour les Albigeois. C'étaient de bien braves gens, sans doute, ils n'avaient qu'un tort, celui « *de ne pas comprendre la religion chrétienne de la même manière que les catholiques.* » Dans le Cours supérieur, il en fait des saints qui « *réprouvaient la corruption et les excès de l'Eglise, et voulaient,* « *tout en simplifiant le culte, ramener la morale chrétienne à* « *une parfaite pureté.* » p. 91.

On croit difficilement à une pareille impudeur en histoire.

Mais vous êtes-vous donné la peine d'étudier la doctrine des Albigeois? Savez-vous comment ils comprenaient la religion chrétienne? (1).

Les Albigeois appartenaient à la secte des Manichéens. Ils rejetaient l'Incarnation. Ils reconnaissaient deux principes: l'un bon, l'autre mauvais, deux sortes de divinités. Ils rejetaient l'Incarnation, l'Eucharistie, les images des Saints, la Croix. Ils niaient la Résurrection des corps, admettaient la migration des âmes d'un corps à l'autre, etc... Leur manière de comprendre la religion chrétienne était tout de même étrange, vous l'avouerez.

Ils propageaient en outre des erreurs *sociales*, qui mettaient en péril tout pouvoir et toute société.

Ils regardaient le mariage comme un crime et le prohibaient (2). Pour être parfaite, toute femme devait être inféconde, et celle qui devenait mère, tuait son enfant. Ils condamnaient la propriété, le serment (3), le pouvoir pour tout gouvernement de punir les coupables.

(1) Luchaire, qui n'est pas précisément un clérical, nous dit: « L'albi« géisme condamne en théorie le mariage, la famille... Poussé à ses con« séquences extrêmes, un pareil système affaiblissait plutôt le lien social... » Innocent III et la Croisade des Albigeois, p. 13.

C'est un professeur de l'Université de Paris.

(2) » Tous les crimes que la secte pouvait commettre contre la propa« gation de l'espèce n'étaient que la conséquence de sa doctrine. » (Vacandard, Hérésie albigeoise au temps d'Innocent III, p. 204).

(3) « Les Albigeois niaient la valeur du serment; or, nier la valeur du « serment, n'est-ce pas briser le lien qui rattachait les sujets aux suze« rains... » Ibid.

En somme, ces gens-là étaient de vrais anarchistes. Le pouvoir civil fai-

Il y a loin, n'est-il pas vrai, du portrait flatteur que vous en faites dans votre histoire : « *La secte des Cathares (ou purs) « réprouvait la corruption et les excès de l'Eglise...* » p. 91.

*
* *

Tous les historiens, même protestants, ne sont pas si tendres pour les Albigeois qu'Aulard et Debidour. Ils sont plus justes.

Voici le portrait qu'en fait Michelet. Ce n'est pas un clérical. Il n'est pas suspect de partialité en faveur de l'Eglise.

« Ce n'étaient point des sectaires isolés, mais une Eglise tout « entière qui s'était formée contre l'Eglise. Les biens du clergé « étaient partout envahis. Le nom même de prêtre était une « injure. Les ecclésiastiques n'osaient laisser voir leur tonsure « en public. Ceux qui se résignaient à porter la robe cléricale, « c'étaient quelques serviteurs de nobles auxquels ceux-ci la fai- « saient prendre pour envahir sous leur nom, quelque béné- « fice... » (1).

Dans le même volume : « Les Albigeois maltraitaient les prê- « tres tout comme les paysans, habillaient leurs femmes de « vêtements consacrés, battaient les clercs et leur faisaient « chanter la messe par dérision. C'était encore un de leurs plai- « sirs de salir, de briser les images du Christ...

« Impies et farouches, ils pesaient cruellement sur le pays, « volant, rançonnant, égorgeant au hasard, faisant une guerre « effroyable... Enfin, cette Judée de France avait aussi Sodome « et Gomorrhe !... (2). »

Et dire qu'Aulard nous fait des Albigeois de doux et purs agneaux !!!

D'ailleurs, déjà en 1147, plus de soixante ans avant que fut prêchée contre eux la croisade, Pierre le Vénérable, abbé de Cluny, écrivait aux évêques d'Embrun, de Die et de Gap : « On « a vu, par un crime inouï chez les chrétiens, rebaptiser les « peuples, profaner les églises, renverser les autels, brûler les « croix, fouetter les prêtres, emprisonner les moines... »

Qu'en pensez-vous, Monsieur Aulard ?

sait bien de marcher contre eux. M. Thiers et l'Assemblée Nationale, en 1871, arrêtèrent aussi, par les armes, les projets révolutionnaires de la *Commune*. Personne ne leur en fait un reproche.

(1) Histoire de France, t. II, p. 469.

(2) *Histoire de France*, t. II.

*
* *

Une autre malhonnêteté historique, commise par l'auteur, c'est d'**omettre** la vraie cause de la guerre des Albigeois. **Ce fut l'assassinat du légat du Pape.**

Avant que Simon de Montfort se présentât devant Béziers (1208), il y avait plus de cent ans que se propageait dans le Midi de la France cette hérésie funeste à l'Eglise et aux pouvoirs civils.

Pendant ce temps, l'Eglise avait employé les moyens de persuasion. Elle avait fait prêcher des missions. En 1101, c'est Raoul Ardent. En 1153, c'est le grand saint Bernard. L'endurcissement des hérétiques résistait à tout.

Ce que voyant, le comte Raymond écrivait à l'abbé de Citeaux (1177) : « *Le glaive qui frappe le corps donnera seul aux hérétiques un salutaire avertissement.* »

C'était donc le pouvoir séculier qui faisait appel à la force.

Toutefois, pendant trente ans encore, l'Eglise chercha à procurer la conversion des Albigeois par des moyens pacifiques. Le Pape Innocent III exhortait sans cesse les prêtres à travailler à cette grande œuvre. Il envoya des religieux de Citeaux parcourir toutes les contrées infestées d'hérésie, pour y prêcher la vraie doctrine. A leur tête étaient ses légats, Arnaud et Pierre de Castelnau. Tout était inutile. Sept ans après, saint Dominique vint les rejoindre. On vit alors, sous la parole ardente du grand serviteur de Dieu, des conversions s'opérer. Les hérétiques devinrent furieux. Ici se place ce crime atroce qui détermina la Croisade.

Le 8 janvier 1208, le légat du Pape, Pierre de Castelnau, venait de Saint-Gilles. Il s'apprêtait à passer le Rhône, après avoir excommunié le comte de Toulouse, qui avait trahi toutes ses promesses, lorsqu'il fut assassiné par l'écuyer même du comte.

L'assassin ne fut pas inquiété, il trouva même un asile près d'un ami de Raymond.

C'était un *casus belli*. Pierre de Castelnau était légat du Pape, son ambassadeur. Porter la main sur lui, c'était un crime *public* qui forcément devait être vengé. Que ferait la France si notre ambassadeur près d'une puissance venait à être assassiné par les ordres du roi ou de l'empereur ? Elle déclarerait la guerre.

Ne savez-vous pas que la conquête de l'Algérie est due à un coup d'éventail donné à notre ambassadeur par le bey d'Alger ?

Le meurtre du légat Pierre de Castelnau fut donc la cause

déterminante de la Croisade des Albigeois. Ne pas le dire, c'est malhonnête. Il y a des silences qui sont pires que des mensonges. *Insinuer* que les responsabilités pèsent sur l'Eglise, c'est plus malhonnête encore.

* * *

La Croisade fut prêchée. « *Elle dura plus de vingt ans et ne fut qu'un long brigandage* (1). » Le mot est dur, Monsieur Aulard. Disons que la répresssion fut cruelle.

Mais vous mentez en faisant retomber les responsabilités sur l'Eglise. Il ne faut pas dire « *qu'ils furent exterminés par la volonté du Pape Innocent III...* (2), » que « *des populations entières furent égorgées par des armées que conduisaient les légats du Pape* (sic) *et au nom d'une religion de paix et d'amour* (3). » Tout cela est **calomnie**.

1° En raison même des erreurs *antisociales* professées par ces hérétiques, la guerre eut un caractère politique autant que religieux. C'est ce que fait remarquer M. Tamezey de Larroque : « Si, pour la papauté personnifiée dans Innocent III, la guerre « contre les Albigeois était une Croisade contre les hérétiques, « c'était pour la royauté, représentée par Philippe-Auguste, une « expédition contre les provinces indépendantes » qui aspiraient alors à se détacher de la couronne.

Autant que les intérêts politiques, autant que les croyances religieuses, l'antagonisme des races joua un rôle dans cette guerre. Lutte du Nord contre le Midi. La preuve, c'est qu'à Béziers les catholiques firent cause commune, contre les croisés du Nord, avec les hérétiques du Midi.

2° Innocent III ne cessa de rappeler les croisés à la modération. Il prévenait les cruautés et les spoliations. C'est Achille Luchaire qui nous l'apprend. Le même auteur nous dit encore que le légat et Simon de Montfort étaient en opposition formelle avec le Saint-Siège, lorsque les massacres eurent lieu à Béziers, et que Raymond VIII était dépouillé au profit de Simon de Montfort (4). Or, nous le répétons, Luchaire est peu suspect de cléricalisme, et s'il parle ainsi, c'est qu'il veut rester un loyal historien.

C'est lui encore qui écrit, en parlant des nombreuses missions

(1) Cours supérieur, p. 91.
(2) Cours moyen, p. 29.
(3) *Id.*, p. 33.
(4) Cf. Pernoud, p. 21.

ordonnées par le Pape, avant la Croisade : « Il ne faudrait pas que l'histoire oubliât cette partie de son œuvre, qui fut, à ses yeux, capitale. »

Plus loin : « La Papauté fut la dernière à poursuivre l'hérésie ; « les masses populaires, les royautés, les clergés locaux, l'avaient « devancée dans cette voie. Elle n'y entra qu'à leur suite, et « comme poussée par les violents. »

M. Havet, qui n'est pas non plus un clérical, écrit de son côté : « C'est une justice à rendre à Innocent III que, s'il a mis « une grande opiniâtreté à poursuivre les hérétiques et à les « proscrire partout, jamais il n'a réclamé contre eux l'applica- « tion de la peine de mort (1). »

O vous qui sabotez l'histoire, qui mentez effrontément pour tuer dans l'âme des enfants le respect de l'Eglise, que penserez-vous de ces témoignages impartiaux ??...

Ecoutez encore le témoignage du protestant Léa (2) : « Si cette « croyance avait recruté une majorité de fidèles, elle aurait eu « pour effet de ramener l'Europe à la sauvagerie des temps « primitifs... »

Pareto, professeur à l'Université de Lausanne, nous dit de son côté : « Si les cathares avaient vaincu, ils auraient fait rétro- « grader considérablement la civilisation. Même s'ils avaient « modifié leurs principes, l'Europe serait devenue une sorte de « Thibet boudhiste. Rome prévint le danger... »

Je pourrais indéfiniment vous citer des auteurs protestants et anticléricaux qui louent l'Eglise d'avoir fait ce dont vous la blâmez atrocement (3).

VI. LE MOT DU LÉGAT ARNAUD

La Croisades des Albigeois donne à M. Aulard et Debidour, l'occasion de rééditer une légende calomnieuse. Il n'en veut perdre aucune.

« *A Béziers, on demandait au légat comment on pourrait distinguer des hérétiques, ceux qui ne l'étaient pas :* « *Tuez-les tous,* « dit-il, *Dieu reconnaîtra les siens.* » page 33.

Comment s'expliquer la bêtise d'un historien qui colporte une

(1) *L'hérésie et le bras séculier*, p. 165. Cité par Paul Lorris, p. 12.

(2) Historien protestant américain. Traduction Salomon Reinach, pas clérical.

(3) Cf. *Arsenal*, n° 25, janvier 1905, et année 1904, p. 166.

pareille légende. La seule explication, c'est le besoin de mentir à tout propos, pour satisfaire ses haines religieuses.

Il paraît, Monsieur, que ce mot se trouve dans *Michelet*, c'est du moins ce qu'affirme Devinat, l'un de vos complices, dans une discussion soulevée à ce sujet. Cela ne prouve rien. Le protestant Michelet est un sectaire. C'est pourquoi ses aveux en faveur de l'Eglise sont si précieux.

Mais, n'en déplaise à Michelet, ne vous en déplaise à vous, Monsieur, ce mot n'a *jamais été prononcé*. L'étude des documents authentiques le rejette absolument.

Nous avons sur cette guerre cinq récits *contemporains*. Ils ont été écrits par des hommes graves et dignes de foi. Ils étaient sur les lieux mêmes de la lutte, par conséquent les témoins des choses qu'ils racontent.

Ce sont : Arnaud et Milon, légats du Saint-Siège; Pierre, le moine de l'abbaye du Vaux-de-Cernay (1), venu dans le Midi pour travailler à la conversion des Albigeois, l'auteur du poème provençal sur la Croisade, enfin le chroniqueur Guillaume, né à Puy-Laurens, près de Castres, qui fut aumônier du Comte de Toulouse, Raymond VII (2).

Ces historiens, à part un seul, étaient *ennemis des Croisés*, et cependant, **pas un** ne rapporte le mot fameux, attribué par vous au légat.

On trouve seulement ce mot dans le récit d'un moine de Cologne, Césaire d'Heisterbach, intercalé dans son *Dialogus miraculorum*.

Le voici textuellement traduit du latin (3).

« L'an du Seigneur 1210, une Croisade fut prêchée contre les « Albigeois dans toute l'Allemagne et la France... Le promoteur « et le chef de ce mouvement fut Arnauld, abbé de Citeaux, qui « devint ensuite archevêque de Narbonne. Arrivés devant « une grande ville appelée *Biders* (Béziers) et qui passait pour « avoir plus de cent mille habitants *(sic)*, ils en formèrent le « siège.

« A leur vue, les hérétiques urinèrent sur le livre des Evangi-

(1) Seine-et-Oise.

(2) M. Ph. van der Hœghen, un des érudits qui a le mieux étudié la question, dit qu'il y a peu de faits dont toutes les circonstances puissent être plus exactement fixées que ce fameux siège de Béziers, en 1209. Cf. *Idéal*. N° 12, p. 562.

(3) Cité par l'Idéal, p. 562.

« lés et le jettèrent du haut des murailles aux chrétiens, en l'ac-
« compagnant d'une grêle de flèches et s'écriant : Voilà votre « loi, misérables ! (1) Mais Jésus-Christ, auteur de l'Evangile, ne « laissa pas impunie l'injure qui venait de lui être faite. A « l'exemple des guerriers dont il est parlé dans le livre des « Machabées, quelques soldats, enflammés de zèle pour la foi et « semblables à des lions, s'emparèrent d'échelles et escaladèrent « intrépidement les murs de la ville.

« Les hérétiques, que le Ciel avait remplis de terreurs, reculè- « rent, et les assaillants, ouvrant les portes à ceux qui les sui- « vaient, s'emparèrent de la place. Ayant appris, par les décla- « rations des assiégés, que les catholiques étaient confondus « avec les hérétiques, ils dirent à l'abbé : « Que ferons-nous, « Monseigneur ? Nous ne pouvons pas distinguer les bons des « méchants. » L'abbé, DIT-ON, **(fertur dixisse)**, craignant « comme ceux qui l'accompagnaient, que les assiégés ne se « disent catholiques par crainte de la mort, et ne retour- « nassent à leur erreur, après le départ des Croisés, AURAIT « répondu : « Tue-les, Dieu connaît ceux qui sont à lui. » C'est « ainsi qu'une quantité innombrable d'habitants furent tués dans « la ville (2). »

Or, je vous ferai remarquer, Monsieur, que :

1° Césaire d'Heisterbach est **le seul** pour citer cette anecdote.

2° Il vit à plus de deux cents lieues du théâtre de la guerre. Il n'a rien vu par lui-même, rien entendu.

3° Il écrit d'après des **on-dit. Fertur dixisse.** « *On rapporte qu'il aurait dit.* »

L'auteur fait plutôt de l'imagination que de l'histoire.

4° D'ailleurs, tout son livre sur les miracles n'est qu'un tissu de légendes que le bon moine allemand avait glanées partout pour édifier les novices de son monastère. C'est dans cet ouvrage qu'il raconte qu'un jour le soleil se partagea en trois morceaux. Il y narre aussi les aventures crimimelles des démons incubes...

Vraiment, peut-on le croire ?...

5° Aussi, Moreri disait de Césaire : « Il n'est pas excusable « d'avoir cru trop légèrement des gens peu dignes de foi, et « d'avoir, sur leur rapport, recueilli quantité de fables et d'his- « toires supposées... »

(1) Les doux agneaux ! ! n'est-ce pas, Monsieur Aulard ?

(2) *Dialogus miraculorum*, éd. J. Strange, Cologne, 1851, t. 1, p. 301-302. Cf. Idéal, p. 563.

6° Il est tellement peu au courant de la vérité, qu'il affirme que Béziers avait 100.000 habitants, tandis que des érudits locaux (1), par des études topographiques et archéologiques ont établi que jamais Béziers n'avait pu dépasser 12 à 15.000 habitants. Nous sommes loin du chiffre fantastique de 100.000, donné par Césaire. Quelle créance peut-on donner à un pareil récit !!!

7° Enfin, ce mot barbare n'a pu être prononcé par le légat. Il détonne avec son caractère. Il était sévère, mais il reste toujours juste, toujours humain. L'histoire l'affirme.

Dans une autre circonstance, Pierre de Vaux-Cernay nous rapporte que le légat, consulté sur le sort des habitants de Minerve, répondit « qu'il souhaitait extrêmement la mort des « ennemis de Jésus-Christ, mais qu'étant prêtre et religieux, il « n'osait opiner à faire mourir les habitants de cette place... » Et ce serait lui qui aurait donné l'ordre de massacrer les catholiques aves les hérétiques ? Cela n'est pas possible.

Conclusion : Donner à des enfants, comme un fait authentique, une fausse légende, parce qu'elle pourra laisser en leur esprit une pensée de haine pour l'Eglise, ce n'est plus faire œuvre d'historien, mais de pamphlétaire... C'EST IGNOBLE !!!

VII. LA LÉGENDE DES EMMURÉS

Voici encore, à propos de cette guerre contre les Albigeois, une légende absolument fausse et que l'on accompagne d'une gravure *bien vivante* (2).

On représente un pauvre malheureux, dont la tête émerge encore, triste et suppliante, au-dessus d'un mur qui va s'achever, ne laissant plus qu'une petite ouverture. Il y a naturellement des moines portant la croix et venant réciter sans doute les dernières oraisons sur cet enseveli vivant.

Comme devise : « *Les emmurés* ne devaient *plus avoir de com-* « *munication avec l'extérieur. Seule une ouverture pratiquée* « *dans le mur à hauteur du visage permettait de leur faire* « *passer quelques maigres aliments.* »

Et encore, cette ouverture n'était-elle là que pour augmenter

(1) MM. Demairons et E. Sabathier, auteurs d'une Histoire de Béziers. Cf. Idéal, p. 563.

(2) Il y a au Luxembourg un tableau de Jean-Paul Laurens qui porte pour titre : *Les Emmurés de Carcassonne (1879)*. C'est plutôt la *Délivrance des Emmurés*. L'auteur s'est inspiré de la *légende* albigeoise.

le supplice de ces malheureux, car l'auteur dit plus bas : « *En* « *1328, plusieurs centaines d'autres (des hérétiques), furent emmu-* « *rés dans une grotte, près de Foix, où on les fit périr de faim,* » p. 33. A moins que ce ne soit une grotte naturelle que l'on aurait murée sur les victimes. Cela ferait *deux emmurements.* On ne sait jamais avec M. Aulard et Debidour.

Quoiqu'il en soit, **l'emmurement** n'est qu'une pure légende et l'on ne comprend pas qu'un *historien* ose présenter comme *historique* un pareil mensonge aux enfants, ou plutôt, on le comprend, lorsqu'on se rend compte de ses perverses intentions. Mais vraiment, c'est *une indignité,* et il faut que le sens moral soit descendu bien bas en France, pour permettre à des empoisonneurs d'âmes de perpétrer ainsi impunément leur triste besogne.

Etudions le fait, dénonçons le mensonge. Pour cela, résumons un article fort documenté paru dans l'Idéal (1).

*
* *

L'emmurement, tel qu'on vient de le décrire et tel qu'il est représenté dans la gravure d'Aulard, n'a JAMAIS existé comme peine infligée par les tribunaux d'église.

Quand, dans les procédures ecclésiastiques, on parle *d'emmurement,* il s'agit simplement **d'emprisonnement ordinaire.**

On trouve cette expression dans les statuts des synodes de Toulouse (1229), de Carcassonne (1235), de Béziers (1246). C'est le synonyme de PRISON.

1° Dans le synode de Béziers, il est dit, en effet, que « *l'accès* « *doit être libre pour la femme de l'emmuré, et vice versâ...* »

Or, je vous le demande, y aurait-il liberté d'accès pour l'un et l'autre, si *l'entrée de la cellule avait été murée.* Pensez-vous qu'on démolissait le mur pour fournir la liberté de l'accès, toutes les fois qu'il prenait envie à l'un ou à l'autre des époux de se visiter.

2° Cette *synonymie* est expressément reconnue dans le *Directoire des Inquisiteurs* d'Emeric (2). On y lit, en effet : « Dans quelques régions, Toulouse ou Carcassonne, par exemple, les inquisiteurs ont dans leur maison des PRISONS qu'ils nomment MURS (muros). »

(1) Année 1908. Supplément p. 86.

(2) Rome, 1578, p. 587.

De même dans une instruction de Philippe le Bel (1302) aux sénéchaux de Toulouse et Carcassonne : « Nous vous ordonnons, « quant à nos **prisons,** VULGAIREMENT APPELÉES MURS. » etc...

J'ai consulté pour toutes ces preuves le *Glossarium Mediæ et infimæ latinitatis* de du Cange (1). *Murus* **(mur)** se traduit simplement par *carcer* **(prison)** *Immurare, in carcere includere,* dit-il. *Emmurer,* c'est-à-dire *emprisonner.* Nous disons de même de celui que l'on emprisonne : « *Le mettre entre quatre* « *murs.* » C'est la réflexion de du Gange.

Tous les auteurs modernes qui se sont occupés de l'Inquisition dans le Midi de la France, sont de cet avis. Tanon nous dit en effet (2) : « Toutes ces prisons étaient désignées sous le nom « particulier du MUR (murus) la *mure,* la *meure,* et les prison- « niers sous le nom **d'emmurés** (immurati), en langue vul- « gaire : **emmurats.** »

* * *

Rien d'étonnant que cette *appellation* soit passée dans les rescrits des papes. Mais on y voit expressément qu'il s'agit simplement de *l'emprisonnement ordinaire. Carcere vel muro* (prison ou meure). Rescrit de Boniface VIII — « les prisons qui sont « appelées *meures* dans certaines régions — *qui muri nuncupantur* (Lettre de Clément V).

* * *

Nous ne voulons pas entrer dans les polémiques soulevées à ce sujet par des esprits malintentionnés. Pour cela, nous renvoyons le lecteur à l'article de l'Idéal.

Ce que nous avons dit suffit largement pour montrer au grand jour la fausseté d'une légende dont se sert Aulard, après l'avoir *renforcée* par une gravure suggestive, pour laisser à l'enfant une impression de dégoût et de haine pour une Eglise aussi cruelle.

VIII. RÉPRESSION DE L'HÉRÉSIE

Avant de parler de l'*Inquisition,* il faut relever brièvement une *insinuation* que l'auteur jette habilement, selon son habitude.

(1) Tome second. Art. *Murus.* Nous y trouvons les vieux textes cités plus haut.

(2) Histoire des tribunaux de l'Inquisition en France, Paris, 1893, p. 185.

« *Au XIII*^me *siècle, les papes devenus très puissants, entrepri-* « *rent en grand, dans notre pays, l'extermination de quiconque* « *ne se soumettait pas à leur foi,* » p. 32, dans la Lecture : **Intolérance religieuse.**

Posons quelques principes nets et précis :

1° Pour juger les faits d'une époque, l'historien qui veut être impartial, doit se placer dans les conditions de cette époque. Ces faits doivent être mis dans leur cadre naturel. On ne doit pas juger le XIIIme siècle, d'après la mentalité du XXme. « *Faisons-* « *nous donc une âme d'ancêtre...* » dit M. Vacandard.

2° Or, à cette époque, le catholicisme était la *religion d'état*, la religion officielle. Par conséquent, quiconque s'attaquait au principe religieux, par l'hérésie surtout, quand cette attaque se manifestait par des signes extérieurs, s'attaquait par là même à l'Etat, et devenait justiciable des *lois civiles* (1).

« Dans le droit public de cette époque, dit fort bien M. Van « der Hœghen, l'hérésie n'était pas, comme aujourd'hui, une « simple révolte contre l'Eglise, c'était une rébellion contre « l'Etat ; et comme le catholicisme était la religion de l'Etat, « quiconque s'élevait contre le principe religieux s'attaquait au « gouvernement, c'est ce qui explique le terrible dilemme posé « aux hérétiques, ou de se convertir pour respecter la religion, « ou de mourir pour expier leur double culpabilité religieuse et « politique. »

3° D'où il suit, que l'Eglise en **condamnant** l'hérésie n'a fait qu'user du droit de légitime défense, contre celui qui veut dilapider son trésor doctrinal, et perdre les âmes qui lui sont confiées.

Quand elle n'a point réussi à procurer la conversion des hérétiques, par la persuasion, elle a pu *les livrer au bras séculier*, dont ils relevaient en tant que « *criminels d'Etat* (2). » Ceux-ci pouvaient juger les obstinés selon les lois existantes.

Ces distinctions sont absolument nécessaires, pour juger sainement et d'une façon impartiale, tous les faits qui concernent la répression des hérétiques au moyen âge. Il faut bien comprendre quel était alors l'état de la société chrétienne.

(1) Cf. Jaugey. Dictionnaire apologétique, colonne 616 et colonne 1384, au mot *Hérésie.*

(2) Voir Balmès : *De la tolérance en matière de religion,* c'est le chapitre 34e du tome II de son grand ouvrage : le *Protestantisme comparé au Catholicisme.*

Lire aussi l'article de l'Arsenal, 1905, p. 308. *La Punition des Hérétiques.*

Mais l'auteur se garde bien de les faire. Il affirme en quelques mots et n'explique rien, de sorte que l'enfant qui étudiera ces leçons dans une école soi-disant neutre sera forcément saisi par cette accusation d'intolérance jetée à la face de l'Eglise catholique

* * *

Pour bien comprendre cette répression de l'hérésie par la force — de l'hérésie albigeoise au XIIIme siècle, comme de l'hérésie protestante, au XVIme — il faut lire le chapitre VII du bel ouvrage de Mgr Baudrillart, Recteur de l'Université catholique de Paris (1).

Il donne quelques passages de la conférence de Mgr d'Hulst, *l'Eglise et l'Etat,* où l'orateur de Notre-Dame jette sur cette question les clartés de sa lumineuse intelligence.

Nous n'entreprendrons pas ici l'étude de cette question, elle nous conduirait trop loin. Nous renvoyons à l'auteur cité.

IX. L'INQUISITION

Ces principes posés, nous aideront à porter sur ce grand fait historique une appréciation impartiale, plus impartiale et plus vraie que celle de M. Aulard et Debidour.

« *Un tribunal abominable, nommé l'Inquisition, fut organisé* « *par les papes pour juger quiconque était dénoncé comme héré-* « *tique. Les accusés tenus au secret, privés de défenseurs, non* « *confrontés avec les témoins, mis à la torture, étaient condamnés* « *à la réclusion perpétuelle, au supplice du feu. En 1244, on en* « *brûla 205 à la fois dans la petite ville de Monségur... L'Inqui-* « *sition répandant partout la terreur, et empêchant les hommes* « *de penser, fonctionna plusieurs siècles dans les pays catholi-* « *ques (Espagne, France).* » p. 33.

Tout cela, c'est l'histoire à la façon de la *Lanterne.* L'auteur émet des assertions, il *affirme, sans rien prouver,* comme toujours. Chacun de ses mots demanderait un correctif, une distinction, *pour être de l'histoire vraie.*

* * *

Je ne veux pas, certes, justifier les excès de l'Inquisition. Je ne cherche pas à la rétablir. Que M. Aulard se tranquillise ! Autres temps, autres mœurs.

(1) *L'Eglise catholique, la Renaissance et le Protestantisme.*

Mais enfin, pourquoi donc ne pas remettre les choses dans leur *cadre naturel?* Pourquoi refaire devant des enfants du XXme siècle, un horrible portrait des mœurs cruelles du XIIIme, *sans un mot d'explication,* avec le parti-pris de représenter l'Eglise comme barbare ?

On remarquera dans cette manière d'agir tout le fiel de l'auteur.

Il est certain que la *prison préventive* est une peine absolument effrayante. On a vu des accusés, des calomniés, gémir pendant plusieurs mois dans les cachots, exposés à toutes les tortures morales, pour être dans la suite déclarés innocents. Pourtant la prison préventive est admise dans notre législation et dans nos mœurs. Qui sait si elle ne sera pas supprimée plus tard ? On en parle déjà. Mais nos arrière-neveux, en apprenant qu'au XXme siècle, on appliquait la prison préventive, auront-ils pour cela le droit de nous qualifier de monstres ?...

D'ailleurs, les hérétiques n'étaient pas les gens *paisibles, tranquilles,* respectueux des lois de leur pays, ne demandant qu'à croire « *leurs dogmes.* » C'étaient au contraire des perturbateurs de l'ordre public, des révolutionnaires. Edgar Quinet, qui ne sera pas suspect de tendresse pour l'Eglise catholique, nous dit lui-même : « Partout où la Réforme a éclaté au « XVIme siècle, ses premiers actes ont été le brisement des « images, le sac des églises et des monastères, l'aliénation des « biens ecclésiastiques, etc... » On peut en dire autant de toutes les hérésies.

Il était donc nécessaire que ces perturbateurs de l'ordre public fussent réprimés.

Est-ce qu'un jour (le 21 janvier 1901), M. Waldeck-Rousseau, parlant de la fameuse Loi sur les Associations, n'a pas clamé, du haut de la tribune française, cette parole, grosse de conséquences : **« On m'objecte la liberté, comme s'il pouvait y avoir une liberté contre l'ordre public... »**

La salle a retenti des applaudissements de la gauche. Vous entendez bien : au XXme siècle, on a pu dire officiellement, publiquement, qu'il ne peut y avoir de liberté contre l'ordre public...

C'est là le **principe même de l'Inquisition**. Il ne pouvait y avoir de liberté pour les hérétiques contre l'ordre public.

C'est par là, d'ailleurs, qu'un historien de valeur, professeur à l'Université de Besançon, terminait ses Etudes sur cette questien : « La répression de l'hérésie s'imposait, sinon au point de vue religieux, du moins au point de vue social... (1). »

* * *

Un tribunal de défense religieuse et sociale fut donc institué par le Pape Innocent III.

Il était établi pour connaître des actes et des doctrines subversives de la religion et de la société. On examinait la doctrine de l'accusé. Si elle n'était pas répréhensible, il était renvoyé. Si la doctrine n'était pas conforme à celle de l'Eglise, on demandait à l'accusé une rétractation publique. S'il ne voulait pas se rétracter, on le déclarait hérétique opiniâtre, et on le livrait au bras séculier. « A dater de ce moment, dit César Cantu, un des « plus grands historiens de l'Italie, **l'accusé devenait un « criminel d'Etat** (2). »

* * *

Que les répressions exercées par le pouvoir civil aient été cruelles et exagérées, je ne le contesterai pas.

Mais ce qu'il faut dire, c'est que l'Eglise a protesté contre ces abus et ces cruautès. Michelet, l'historien protestant, constate lui-même que Sixte IV, Innocent VIII, Léon X et bien d'autres, rappelèrent aux Inquisiteurs d'Espagne la parabole du bon pasteur. « Sixte IV institua même un **tribunal d'appel papal** « auquel pouvaient recourir ceux qui avaient eu à souffrir de « l'Inquisition (3). »

Les princes le savaient bien. Aussi, lorsqu'ils voulaient édicter des peines cruelles, en matière religieuse, ils avaient soin de ne pas avertir l'Eglise (4).

Philippe le Bel fit mettre à mort les *Templiers,* sans les avoir déférés à l'Inquisition, et quand les Anglais voulurent faire mourir Jeanne d'Arc, ils se gardèrent bien de tenir compte de son appel au Pape.

C'est une malhonnêteté historique de ne pas constater ces

(1) *Questions d'histoire,* p. 44. Cité par J. Pernoud, p. 44.

(2) J. Pernoud, p. 47.

(3) Sabotage historique, p. 6.

(4) Le fameux apostat Llorente cité même des cas nombreux où les Papes firent absoudre secrètement des hérétiques et défendirent de leur imposer aucune peine civile. Léon X entra en lutte avec les Inquisiteurs de Tolède (1519) et les excommunia. Jaugey, col. 1552.

choses, ne fût-ce que par un mot, dans un manuel destiné aux enfants.

L'historien protestant Lea, traduit par Salomon Reinach (1), qui n'est pas suspect de cléricalisme, constate cette action *bienfaisante* de l'Eglise, quand, à propos des 80 hérétiques brûlés en 1248, près d'Agen, par Raymond de Toulouse, il fait la remarque suivante : « Si ces infortunés avaient été jugés par l'Inquisiteur, aucun d'eux n'aurait été condamné au bûcher. »

* * *

Une autre malhonnêteté, c'est de comprendre dans le terme générique *Inquisition* le tribunal d'Espagne, qui fut surtout politique. Ce fut une *Inquisition d'Etat* (2).

« Les Inquisiteurs étaient nommés par le roi, qui les révo-
« quait à son gré (3). L'Inquisition se mêlait de tout : du com-
« merce, des impôts, de la marine, des arts. Toutes les confis-
« cations prononcées par le tribunal allaient grossir le trésor
« royal... (4). »

L'Eglise n'y avait aucun contrôle. Le tribunal se moquait même des remontrances de l'Eglise. Sous Philippe II, on vit un Dominicain, Barthélemy Caranza, archevêque de Tolède, déféré au tribunal comme hérétique. Il venait de publier des *Commentaires sur le catéchisme*. L'archevêque est saisi et jeté dans les prisons de l'Inquisition.

Le Concile de Trente, qui était alors assemblé, examine et approuve les *commentaires* de l'Archevêque. Philippe II refuse de le remettre en liberté. Les Pères du Concile protestent. On s'en moque. Le Pape envoie en Espagne trois cardinaux pour examiner l'affaire. On conteste leur autorité. Pie V menace

(1) Henri-Charles Lea, historien protestant américain, *Histoire de l'Inquisition au moyen âge*, traduction française par Salomon Reinach. Je répète cela pour bien montrer qu'il n'a rien de clérical. D'ailleurs, j'ai presque toujours choisi mes témoignages parmi les « *insoupçonnés de cléricalisme.* »

(2) J. Pernoud, p. 44.

(3) Les rois d'Espagne ont révoqué douze Grands Inquisiteurs.

(4) Est-ce l'Eglise ou bien Philippe II qui chargeait les tribunaux de l'Inquisition de juger les contrebandiers qui faisaient passer en temps de guerre des chevaux et des munitions ?... Jaugey, col. 1552.

Est-ce l'Eglise qui faisait poursuivre les faux monnayeurs ? Est-ce l'Eglise ou Philippe II qui déféra à l'Inquisition Antonio Perez, coupable de relations criminelles avec la princesse d'Eboli, concubine du roi ?...

Philippe II de l'excommunication, s'il n'envoit l'archevêque à Rome. Caranza y vient pour y mourrir. Or, il y avait dix-sept ans qu'il avait été arrêté... Admettez-vous que ce tribunal, qui se moquait ainsi du Pape et d'un Concile général, était un *tribunal d'Eglise?* Certes, non. D'ailleurs, vers la même époque, il poursuivait 32 archevêques et évêques (1).

L'Eglise elle-même était la victime de cette Institution. Il est ridicule de l'identifier avec elle. Il est indigne surtout de rejeter sur l'Eglise, les atrocités que ce tribunal a pu commettre.

Ces atrocités, d'ailleurs, sont-elles bien celles qu'enregistrent complaisamment les historiens qui en veulent à l'Eglise ? Qui le saura jamais ? Celui qui fut l'historien de l'Inquisition, qui écrivit l'ouvrage fameux où vont s'approvisionner les sectaires, est un prêtre apostat, *Llorente.* Les documents nous manquent pour contrôler ses récits, car, chargé des archives de l'Inquisition, **il brûla** *toutes les pièces,* après avoir écrit son histoire, *sauf quelques-unes.*

Par conséquent, ses affirmations ne peuvent être contrôlées. Il affirme que pendant trois siècles, l'Inquisition d'Espagne fit 30.000 victimes. Sur quoi s'appuie-t-il ?

Un historien protestant nous avertit qu'il faut nous méfier de la sincérité de Llorente.

« On doit se méfier de ses indications, écrit Prescott, car il a,
« en d'autres circonstances, admis avec légèreté, les estimations
« les plus invraisemblables. Par exemple, pour les juifs bannis,
« dont il porte le nombre à 800.000, tandis que les documents
« contemporains prouvent que ce nombre est tout au plus de
« 170.000. »

Il a donc donné un chiffre au moins cinq fois trop fort. On peut croire que pour arriver à 30.000 victimes de l'Inquisition, il a de même multiplié par 5. Sans grande erreur, on peut fixer à 5 ou 6.000, le nombre des condamnés, non seulement pour hérésie, mais encore pour tous les crimes de droit commun dont connaissait ce tribunal, bigamie, usure, homicide, etc. (2).

* * *

(1) Cf. J. Pernoud, p. 45.

(2) Cf. J. Pernoud, p. 46. Voir aussi Jaugey, col. 1554. Le protestant Oscar Peschel et Gams ont démontré que le calcul de Llorente est faux. Jusqu'à la mort d'Isabelle (1504), il y eut environ 2.000 victimes. De cette époque, jusqu'à l'abolition de la peine de mort, Gams pense qu'il y en eut encore 2.000.

M. Aulard, lui, se contente d'un mot très vague, mais qui dit beaucoup plus.

« *Elle fit au* XIIIme *siècle,* **d'innombrables** *victimes, dans le Midi de la France* (1). »

* * *

Quant à la *constitution* du tribunal, il fait, à dessein, une *confession* : « *L'inquisition, juridiction* **purement ecclésiastique,** *qu'instituèrent les papes et qui eut pour but de rechercher* « *et de punir les hérétiques, c'est-à-dire ceux dont la croyance* « *s'écartait de la doctrine prescrite par le Saint-Siège (2).* »

Nous ne relèverons pas la remarque idiote « *l'inquisition empêchant les hommes de penser...* » Voyez-vous, du fait de l'Inquisition, il n'y eut dans toute l'Europe aucun penseur !... C'est absolument idiot...

De même, remarquez la structure de la phrase, arrangée pour faire croire que **tous** les accusés étaient condamnés..

« *Les accusés, tenus au secret, privés de défenseurs, non con-* « *frontés avec les témoins, mis à la torture, étaient condamnés à* « *la réclusion perpétuelle, au supplice du feu...* »

J'ai dit plus haut comment se faisait le jugement. On ne condamnait que les hérétiques « *avérés* » et « *réfractaires.* ». Il a pu se glisser quelques erreurs « *judiciaires.* » Où n'en trouve-t-on pas ? Que les passions politiques se soient glissées parfois dans ces jugements ! Je ne le nie pas, mais, même au XXme siècle, pourriez-vous affirmer que jamais la politique n'a d'influence sur les jugements ???...

Quant au tableau dramatique que l'auteur nous fait des *tourments*, nous ne voulons pas en dire grand'chose. *Nous ne les approuvons pas*, bien qu'ils fussent dans les mœurs de l'époque, ainsi que nous l'avons dit.

Je pense que l'auteur a trouvé tout cela dans un travail de M. Gagnière (3). Toutefois nous ferons quelques remarques :

1° En adoptant la *question*, la *torture*, les tribunaux d'inquisition ne firent que se soumettre à l'usage établi. Ils partagèrent l'erreur de leur temps. On pensait voir dans ces tourments, le plus sûr et le plus efficace moyen de découvrir la vérité. Cette

(1) Cours supérieur, p. 92.

(2) *Ibid.*

(3) Cagliostro et les Francs-maçons devant l'Inquisition, dans la *Nouvelle Revue*, novembre 1886. Voir Jaugey, col. 1542.

erreur des tribunaux ecclésiastiques, il faut le dire, dura moins que celle des tribunaux purement civils. Peu à peu, en effet, la torture tomba en désuétude dans les tribunaux d'inquisition d'Espagne, dans le courant du XVIIme siècle (1), tandis qu'elle fut seulement abolie en France par Louis XVI, ce dont la Révolution douce et chère à M. Aulard, le récompensa comme on le sait.

« Dès longtemps même, cette Inquisition espagnole avait « introduit dans sa procédure des garanties et des adoucisse- « ments inconnus aux tribunaux civils. L'accusé n'était appliqué « à la torture que lorsque des charges graves pesaient sur lui et « qu'il persistait néanmoins à affirmer son innocence. Même en « ce cas, il fallait que *tous* les juges reconnussent l'utilité de la « question et que l'évêque diocésain donnât l'autorisation néces- « saire.

« Enfin, lors même que toutes ces conditions avaient été rem- « plies, l'accusé ne pouvait subir plus d'une fois la torture, et avait « en outre la faculté de rétracter, vingt-quatre heures plus tard, « les dépositions faites par lui durant la *question*... (2) »

2° « *Privés de défenseurs* (3). » De fait, ceci avait été concédé par Boniface VIII, qui avait en même temps supprimé l'office « *d'accusateur public.* » Cette dérogation toutefois ne fut pas admise dans les tribunaux d'inquisition d'Espagne, tous les prévenus choisissaient ou recevaient un avocat, à qui l'on soumettait toutes les pièces du procès.

3° « *Tenus au secret* (4). » C'est vrai. Dans les tribunaux d'inquisition, on cachait aux prévenus le nom des dénonciateurs, et les circonstances qui auraient pu le faire deviner. Pour la même raison, les témoins n'étaient pas confrontés, car un témoin à décharge aurait pu révéler à l'accusé le nom d'un témoin à charge (5).

Le *secret* toutefois ne fut pas toujours en usage. On trouve au XIIIme siècle des procès où figure le nom des témoins.

En 1258, Boniface VIII permit d'user de ce moyen, lorsque la publication du nom des témoins devait les exposer à un sérieux danger. Sinon, il fallait les publier. C'était le *secret relatif*.

On ne sait pas au juste à quelle époque le *secret absolu* fut en

(1) Voir Jaugey, col. 1539.
(2) Jaugey, col. 1544.
(3) Aulard, p. 33.
(4) Ibid.
(5) Jaugey, col. 1545.

vigueur. César Cantu (1) pense que ce fut le Pape Innocent VI qui l'ordonna. Il ne dit pas où il emprunte ce renseignement.

Nous retrouvons en ce sens une constitution de Pie IV (2), mais qui *confirme* plutôt une procédure déjà existante (1559-1565).

Toutefois, en Espagne, malgré cette rigueur du *secret absolu*, le prévenu avait le droit de nommer les personnes dont il se défiait. S'il tombait juste, le dénonciateur était exclu.

J'avoue que ce procédé paraît injuste. Il eût fallu au moins garder le *secret relatif* de Boniface VIII. Il eût même mieux valu pas de *secret*. Car il est utile que l'accusé puisse connaître ceux qui l'accusent, afin de pouvoir déconcerter les dénonciateurs calomnieux et récuser ses ennemis personnels. Je regrette donc cette procédure....

Ceci sincèrement avoué, je suis à mon aise pour dire qu'aujourd'hui encore il y a beaucoup de *victimes* qui ne connaissent pas leurs dénonciateurs. Combien de braves soldats... brisés par des Fichards inconnus !... Combien souvent encore, quand le parti est pris, on ne tient pas compte des témoins à décharge !... Et cela, au XXme siècle, sous ce beau régime de Liberté, qui fait battre le cœur de ce bon M. Aulard...

Ah ! *le secret*... il existe bien encore, allez...

D'ailleurs, les Documents de l'époque (3) nous apprennent que la divulgation des noms, avaient exposé de fait les témoins à de graves inconvénients. Il faut tenir compte des sentiments du moyen âge.

*
* *

Permettez-moi, M. Aulard, de vous poser une question. Pourquoi donc, lorsque vous parlez des *martyrs*, dites-vous négligemment, *comme en passant* : « *La persécution eut pour effet la* « *mort d'***un certain nombre** *d'entre eux*, » tandis que pour les victimes de l'Inquisition, vous appuyez sur le mot « *innombrables*. » Vous croyez que c'est de la neutralité ? de l'impartialité ?... Non, Monsieur.

Savez-vous donc combien, pendant les trois premiers siècles, les empereurs romains ont massacré de chrétiens? **Près de dix millions...** « *Un certain nombre ???* »

(1) *Les Hérétiques d'Italie*, t. I, p. 193. Cf. Jaugey où nous puisons ces documents, col. 1545.

(2) Citée par l'abbé Douais. (*Revue des questions historiques*, t. XXX, p. 393).

(3) Voir l'Edit de Boniface VIII. La lettre de Ximénès, dans son Histoire, par Héfélé. Cf. Jaugey, p. 1546.

Savez-vous encore combien le roi d'Angleterre fit de victimes en treize ans, pour supprimer la religion catholique et établir en Angleterre la religion protestante ? **Plus de 72.000.** L'Angleterre n'avait alors que quatre millions d'habitants. Ce sont les historiens protestants eux-mêmes qui donnent ce chiffre... (1).

Et votre grande Révolution, celle dont vous célébrez les gloires et les bienfaits, savez-vous combien elle a fait de victimes, dans la seule année 1793 ? Ce nombre s'est élevé à 18.613, c'est un publiciste, ami de Robespierre, qui a fait ce calcul.

En direz-vous un mot plus tard, quand vous parlerez de la Terreur ? Non. Vous trouverez cette cruauté, cette soif de sang, une « *énergie parfois inhumaine, souvent* **sublime...** (2). » Vous réservez vos larmes et vos gémissements, pour les victimes de l'Inquisition, uniquement parce que y vous trouvez l'occasion de satisfaire vos haines irréligieuses et de bafouer indignement l'Eglise !...

Vous passerez sous silence ces vilaines pages de notre Histoire nationale, parce que vous voulez laisser dans l'âme des enfants, une estime profonde pour la « *grande Révolution et ses bienfaits,* » tandis que vous étalez au grand jour les quelques misères de notre histoire religieuse, vous insistez, vous appuyez par des gravures suggestives, souvent mensongères, pour laisser dans ces jeunes âmes une horreur forte, un mépris prononcé pour l'Eglise catholique.

Ce procédé est inique, Monsieur. Il revêt tous les caractères odieux d'un attentat à l'esprit religieux de nos enfants baptisés... C'est un crime (3).

Nous retrouvons d'ailleurs, dans la manière dont vous présentez ce fait de l'Inquisition, toute la tactique perfide que nous rencontrerons dans le cours de votre histoire.

1° Autour d'un fait vrai, historique comme l'Inquisition, vous groupez des faits *douteux* ou *absolument faux*.

2° Vous savez retrancher de ce fait, des circonstances *essentielles*, pour en changer la véritable physionomie.

3° Vous *passez sous silence* d'autres faits connexes, qui l'expliquent, ou bien des faits qui, sans être précisément connexes,

(1) J. Pernoud, p. 46.

(2) Aulard et Debidour, p. 172.

(3) Pour plus de renseignements, lire l'étude sur l'Inquisition, dans la collection *Science et Religion*. Très bien faite.

serviraient pourtant à l'éclairer et à le montrer sous son vrai jour.

4° Vous ne présentez pas ce fait dans *son cadre, dans son époque*. Vous le faites juger par les enfants, avec *nos idées modernes*.

Ainsi, vous n'écrivez pas l'histoire, vous la *falsifiez*...

Pauvres enfants de la France, qui devront étudier chez vous l'histoire de leur pays !!... Ils ne sauront plus qu'une histoire faussée, tronquée, truquée, telle que l'a faite votre haine de sectaire, pour perdre l'esprit religieux et la foi de ces chers enfants !!!...

X. JEANNE D'ARC

« *La plus illustre victime qu'elle* (l'Inquisition) *ait faite dans* « *notre pays est Jeanne d'Arc*... » p. 33.

Quelle perfidie dans ce mot final, jeté en passant, à la fin d'une « *Lecture*. »

L'auteur, par sa méthode « *d'insinuation*, » attribue au Pape, et à l'Eglise, toutes les condamnations portées par le tribunal de l'Inquisition ; cette petite phrase fera donc croire aux enfants que la condamnation de Jeanne d'Arc doit être attribuée au Pape.

Cet « *art* » n'est-il pas infernal ?...

Je ne veux pas vous chercher querelle *pour votre affirmation trop absolue. Mais, Jeanne d'Arc fut-elle vraiment condamnée par l'Inquisition ???*

Je sais bien que le moine Lemaître, vicaire de l'Inquisiteur. fut *présent* au procès. Mais il n'y était guère *que pour la forme*, A la dénonciation contre Jeanne, le grand Inquisiteur ne répondit point. Lorsque Cauchon le somma d'assister au procès, on *ne le trouva pas*. Les Anglais forcèrent alors le moine Lemaître, vicaire, de se présenter. Dès le début, il fit entendre une protestation, basée sur ce fait qu'il ne possédait pas les pouvoirs suffisants. Aussi, il ne siégea point *en vertu de son titre*. Il ne se mêla point au procès (1). C'est lui qui, voyant la tournure que prenaient les interrogatoires, prononça cette parole (2) : « Je vois « que si l'on ne procède pas en tout cela selon la volonté des « Anglais, c'est la mort qu'il faut redouter. »

Aussi, le collaborateur de Lavisse ne craint pas d'écrire : « Le « procès de Jeanne d'Arc fut fait par l'évêque de Beauvais et

(1) Cf. J. Pernoud, p. 26.
(2) Procès, t. I, p. 153.

« non par l'inquisiteur de France. Le vice-inquisiteur ne siégea « à Rouen que pour la forme... (1). »

Je n'insiste pas. En histoire, comme ailleurs, on peut quelquefois se tromper. Un manque de documentation, la mauvaise lecture d'un texte, nous exposent parfois à certaines erreurs plutôt intellectuelles. Cela se pardonne, quand l'historien sait reconnaître ses torts et se rend à l'évidence d'une preuve.

Ici, vous avez pu être trompé.

Mais où vous faites « *une mauvaise œuvre,* » c'est lorsque vous vous acharnez sur notre héroïne nationale, pour **laïciser** sa mission, ses exploits, ses triomphes; comme vous avez *laïcisé* la conversion de Clovis, comme Renan a laïcisé Jésus !...

Vous ne voulez pas de merveilleux, pas de surnaturel, et pour l'effacer de cette vie admirable qu'il imprègne, vous recourez au truquage, au mensonge historique, voulu, conscient, à l'infecte calomnie, vous dites :

« *Mais sa cause* (de Charles VII) *se releva lorsque Jeanne d'Arc,* « INSPIRÉE PAR SON PATRIOTISME, *fut venue au secours* « *d'Orléans et eut fait lever le siège de cette ville par les Anglais...* » (2).

« ELLE ADORAIT LA FRANCE, et voulait la sauver... » p. 38.

Ainsi donc, il ne faut pas que *l'action divine* paraisse. Pas d'appel de Dieu. Pas de saintes qui se font entendre. La *simple exaltation du patriotisme* explique tout.

Il est impossible de traiter l'histoire avec une pareille désinvolture et de mentir avec une plus grande impudeur. Tout cela **pue** le rationalisme. C'est de l'Anatole France.

J'ai répondu déjà à cette explication menteuse (3). J'ai montré comment cette « *exaltation patriotique* » ne pouvait donner à Jeanne d'Arc la connaissance de la stratégie, ainsi que le fait remarquer le général Canonge.

Cette « *exaltation* » ne suffit pas pour expliquer ses brillantes victoires et ses incontestables triomphes... Elle ne suffit pas pour faire « *un conquérant et un sauveur* (4). »

Si l'amour de la patrie, le culte, « *l'adoration* » de la France, suffisent pour faire d'une humble jeune fille un sauveur illustre, pourquoi donc l'histoire ancienne ou moderne ne nous offre-t-elle

(1) Lavisse, *Histoire de France,* t. IV. fasc. 5, p. 53.
(2) Aulard et Debidour, p. 37. La fin de la phrase est au moins ambiguë.
(3) *Chronique de Gérardmer,* N° 64, p. 1,639.
(4) Ibid. N° 66, p. 1,698.

qu'un seul fait de ce genre? Comment n'y a-t-il eu qu'une seule Jeanne d'Arc? (Permettez-moi de citer la Chronique) : « .... Car enfin, il faut bien reconnaître que dans la vie des peuples, il y eut des heures d'angoisse où la patrie fut en danger. Nous connaissons l'histoire de l'Irlande opprimée, de la Pologne mutilée, de la Vendée persécutée et du Transvaal vaincu. Nous savons encore qu'à ces heures douloureuses, l'âme de ces peuples a frémi, elle a tressailli. Des femmes, parmi ces peuples martyrs, ont compati aux douleurs de la patrie. Il en est même, l'histoire en fait foi, qui ont senti vibrer en elles les cordes du plus ardent patriotisme. Au bruit du canon, à la lueur de l'incendie allumé par la guerre, elles se sont levées pour défendre la patrie. Elles ont même accompli des actions brillantes dont les siècles gardent fidèlement la mémoire, mais ces actions brillantes ne furent que **passagères.** Aucune ne devint *chef de guerre,* tenant campagne, menant les armées à la victoire, au triomphe, et délivrant son pays. Non, aucune. Pourquoi donc? Si la *seule exaltation du patriotisme* suffit pour expliquer la brillante épopée de Jeanne d'Arc, expliquez-moi donc pourquoi il n'y a eu qu'une Jeanne d'Arc?

Je me faisais cette réflexion hier encore, en me rappelant les souvenirs de la guerre de 1870. Nous avons vécu, nous, déjà vieux, ces terribles heures. Nous avons entendu les sinistres grondements du canon qui tuait nos soldats et démantelait nos villes. Nous avons vu le sol français abreuvé du sang de nos frères, la patrie envahie, piétinée, agonisante sous la botte prussienne. Et nos mères et nos sœurs ont souffert et pleuré. Sous l'étreinte de la douleur, le **sentiment patriotique** s'était élevé, croyez-le bien, jusqu'au plus haut degré d'exaltation...

Comment se fait-il que les sanglots et les souffrances de la patrie n'ont pu susciter une nouvelle Jeanne d'Arc? Pourquoi ne vit-on pas quelque patriote ardente prendre le commandement de nos armées vaincues, et ramener dans les plis de notre drapeau, une victoire qui nous était infidèle?...

Je connais une femme que cette exaltation patriotique fit enrôler parmi les francs-tireurs de Lamarche. Elle était receveuse des postes de cette localité. Mais ce fut un acte de courage isolé et sans succès.

Sachez donc, Monsieur, qu'il n'est pas possible d'expliquer la vie de Jeanne d'Arc, ses succès et même son héroïsme en face de la mort, si l'on rejette le *surnaturel* dans cette admirable épopée... »

Non content de refuser à la mission de Jeanne le caractère surnaturel qu'elle a vraiment, l'auteur prend à tâche de **profaner** cette jeune fille héroïque en quelques mots jetés sournoisement au milieu de la phrase. Pour le faire, Anatole France a consacré deux énormes volumes in-8°, qui sont un défi à l'histoire.

« *C'était une paysanne de la frontière lorraine, ignorante,* « *RÊVEUSE...* »

Les enfants — aidés par la leçon du maître — comme le recommande M. Aulard dans sa préface (page IV), conserveront en leur âme l'impression que Jeanne ne fut qu'une **hallucinée.**

J'ai protesté encore contre cette infâme accusation, dans la *Chronique de Gérardmer* (1). Je proteste de nouveau. Vous commettez, Monsieur Aulard, une calomnie. Vous mentez, car l'histoire est là pour prouver que cette fille était d'une santé robuste et saine.

La première à l'assaut, intrépide, infatigable, elle passe dix-huit heures consécutives à cheval. Elle reste huit jours et huit nuits enfermée dans sa lourde armure, capable d'affronter toutes les fatigues. Vraiment, est-ce là un *état maladif produit toujours par l'hallucination?*

De plus, l'histoire nous dit que cette robuste paysanne, loin d'être *déséquilibrée,* fut toujours d'un esprit pondéré et lucide, répondant avec pointe de finesse et de malice qui dénote une parfaite possession d'elle-même.

Qu'on lise donc ses réponses spirituelles, fines, soit aux docteurs de Poitiers, soit aux juges de Rouen, et l'on verra qu'elles n'ont pu tomber des lèvres d'une rêveuse, d'une hallucinée et d'une malade.

***

Après l'insulte à Jeanne d'Arc, voici naturellement l'insulte à l'Eglise. Il fallait s'y attendre. Par un *silence* voulu, calculé, c'est l'Eglise qui porte devant l'histoire, en la personne de l'indigne évêque de Beauvais, la responsabilité de cette condamnation inique, et de ce crime barbare.

Cela m'exaspère d'avoir à répéter pour la centième fois que Cauchon ne représentait pas l'Eglise. Je l'ai prouvé au N° 68 de la *Chronique.* Mais à quoi bon ? Pourra-t-on tirer ces hommes de leur erreur? Certes non, car ce n'est pas chez eux une *erreur*

(1) N° 64, p. 1,638.

intellectuelle, que l'on peut éclairer, c'est du *parti-pris*. Ils nient la vérité, parce que la vérité historique les gêne dans la *fin,* le *but* démoralisateur qu'ils se proposent. C'est pour la même raison qu'ils affirment ce qui est fausseté et mensonge.

Qu'ils sachent pourtant, ces chers enfants, que l'on veut empoisonner, que Cauchon avec les « *mauvais prêtres* (1) » qui composaient l'odieux tribunal, ne représentaient pas l'Eglise.

C'étaient des révoltés presque, des schismatiques qui devaient aller, au sortir de Rouen, maudire le Pape au conciliabule de Bâle, comme ils avaient maudit la Pucelle.

Ils représentaient l'Université de Paris, ennemie du Pape et de Jeanne d'Arc.

Ils représentaient l'Angleterre, qui versa à Cauchon, la somme de soixante mille francs, pour avoir négocié l'achat de la prisonnière (2).

Non, certes, ils ne représentaient pas l'Eglise, comme ne la représentent pas les prêtres qui, pendant ces dernières années, furent assez oublieux de leur sacerdoce et de leurs devoirs, pour tendre la main aux persécuteurs de l'Eglise : Toiton, Villatte et les autres.

Cette objection, Monsieur Aulard, est bien démodée. On l'a réfutée cent fois. Seulement la haine religieuse vous la fait rééditer, pour faire impression sur les enfants. « Mentez, mentez, disait « Voltaire, il en restera toujours quelque chose » (3).

* * *

Où vous mentez encore, avec un cynisme révoltant, c'est quand vous *affirmez* que Jeanne d'Arc « *refusait de se soumettre* « *au jugement du Pape sur la réalité de ses visions.* » p. 40.

Mais, avez-vous donc lu sa vie ?

Ne savez-vous pas que la pauvre prisonnière n'a pas cessé **d'en appeler au Pape ?** « Vous semble-t-il, lui demandent

(1) Aulard et Debidour, p. 39.

(2) J'ai cité le reçu dans la *Chronique,* loco cit., p. 1,769.

(3) Aux fêtes de Rouen, le maire d'Hastings, M. Clarke, a publiquement dit : « En ce qui concerne Jeanne d'Arc, les Anglais connaissent mieux « leur histoire que les Français. Non, ce n'est pas le clergé qui a brûlé « Jeanne, ce sont les Anglais... » Les mauvais Français ne veulent pas savoir la véritable histoire de France. C'est celle-là, l'histoire vraie, impartiale, que nous voulons.

« ses juges, que vous soyez tenue de répondre pleinement au « Pape, vicaire de Dieu ? »

— « *Menez-moi devant lui,* réplique Jeanne, et je répondrai « tout ce que je devrai répondre. »

Au cimetière de Saint-Ouen, à plusieurs reprises, la pauvre prisonnière déclare s'en rapporter à Dieu et au Pape. Elle insiste tellement, que ses juges agacés, mécontents, lui jettent cette insulte au visage : « *On ne peut pas aller chercher le Pape à* « *Rome...* »

Que de fois, au fond de son noir cachot, elle a répété : « *Met-* « *tez-moi dans des prisons d'église...* »

Non, je le répète, il n'est guère possible de trouver une pareille impudeur historique, affirmer le contraire de la vérité... fausser à ce point l'histoire... pour arriver au but que l'on s'est proposé.

On dit, Monsieur, que vous êtes un historien. On cite les nombreux et gros volumes que vous avez publiés sur la Révolution. Mais je crois que vous ne savez pas *ce qu'est un historien.*

Un historien est celui qui reproduit exactement le passé, en cherchant les *faits* qu'il raconte, dans les documents authentiques. Il se contente de les classer, de les ordonner, pour les présenter dans un ensemble lumineux.

C'est le gardien d'un musée qui montre aux visiteurs ses collections disposées avec ordre. S'il tire des faits certaines conclusions, il faut que ces déductions soient logiques, et conformes aux règles de la plus entière philosophie.

Mais si l'historien a des idées préconçues, s'il s'est proposé un but à atteindre, une idée à faire prévaloir ; si, pour arriver à ces fins, il maquille les textes, s'il présente les faits sous un faux jour, s'il les dénature même, ce n'est plus un historien, c'est un pamphlétaire, c'est un sectaire. Nous trouvons dans votre œuvre beaucoup d'échantillons de cette *improbité historique.*

XI. QUELQUES DÉTAILS

De la page 42, nous passons à la page 59.

Nous pourrions bien encore signaler çà et là des allusions, des sous-entendus, des phrases tendancieuses, des agencements de mots et d'idées faits tout exprès pour laisser à l'enfant une impression fâcheuse.

Ainsi, pour accentuer son attaque contre l'Eglise, à propos du grand mouvement des Croisades, l'auteur jette en passant cette phrase : « *Le progrès des sciences longtemps retardé, s'accéléra « après les Croisades* (1). »

Cela n'a l'air de rien. Cela pourtant dit beaucoup. Tout est calculé dans cette phrase pour que l'enfant soit bien convaincu du « *funeste effet* » des Croisades.

Plus loin « *Louis XI fit venir de Calabre un ermite, François « de Paule,* **qui passait pour** *faire des miracles* (2). » Vous saisissez bien. Les miracles de François de Paule n'étaient en somme que de la fumisterie. **O Neutralité !**

Mais, ce ne sont là que des détails, à côté de la débauche d'erreurs, de calomnies que nous allons rencontrer, avec tout l'attirail des « trucs » de l'historien faussaire, dont nous avons parlé plus haut.

Examinons ces « *monstruosités.* »

XII. ETIENNE DOLET

Voici une gravure bien significative, bien suggestive. Etienne Dolet est sur le bûcher. Il est représenté dans une attitude digne et forte ; c'est une victime qui meurt avec la sérénité du devoir accompli, tandis qu'à ses pieds, l'Eglise est représentée par ces moines, à côté, par cet évêque, mitre en tête, qui semble *savourer* les souffrances d'Etienne Dolet. Le jeu de scène est parfait. Autour de ce bûcher où agonise le grand martyr de l'Intolérance religieuse, flotte le spectre de cette Eglise cruelle et barbare, l'âme noire et les mains tachées de sang... et pour que le caractère antireligieux fasse plus d'impression sur l'enfant, l'auteur l'a précisé par une légende explicative qui ajoute au mensonge :

« *Victime de l'intolérance religieuse, le savant imprimeur « Etienne Dolet, fut brûlé vif à Paris, pour avoir traduit un « livre qui n'était pas conforme à la doctrine de l'Eglise catholi- « que...* (3) »

1° Je ferai remarquer à M. Aulard qu'Etienne Dolet fut étranglé, PUIS brûlé (4). C'est un petit détail, mais quand on fait

(1) Cours moyen, p. 43. Cf. Cours supérieur, p. 113.

(2) Aulard, p. 49.

(3) Aulard et Debidour, p. 59.

(4) Dans une étude que j'avais préparée jadis sur la Sorcellerie, j'ai trouvé, je ne sais plus où, que, règle générale, on brûlait les corps, **après** avoir étranglé les suppliciés.

En particulier pour Dolet, voir la lettre de Florentinus Junius, adressée

l'historien, il est bon de se documenter. Toutefois, il est bien sûr que l'expression employée « **brûlé vif** » fera une impression de cruauté bien forte. Alors, cela suffit pour que l'on se moque de l'histoire.

2° Il faut vraiment que la libre-pensée soit bien pauvre en martyrs, pour rendre un culte à Etienne Dolet.

Dernièrement, un insulteur de profession, Thalamas, trouvait moyen de rapprocher dans une même phrase le nom de cet obscur imprimeur, et le nom glorieux de Jeanne d'Arc, en prétendant que tous deux, « *étaient les martyrs de la libre-pensée.* » C'est une impudeur historique...

Qu'est-ce donc que Dolet ? (1)

Etienne Dolet naquit à Orléans (1509). Il mourut à Paris, sur la place Maubert (1546). Il fut condamné, non pas pour avoir traduit un livre non conforme à la doctrine de l'Eglise, mais pour « blasphème, sédition, exposition de livres prohibés et autres « cas par lui faits et commis (2). »

C'était un homme d'un caractère difficile, orgueilleux, vaniteux, brouillon.

Il avait, dit-on, des mœurs infâmes. Il tua d'un coup de poignard un jeune peintre lyonnais, nommé Compaing, qu'il avait attiré dans un rendez-vous honteux. Pour échapper aux poursuites de la femme Compaing, Dolet se rendit à Paris, implora la clémence de François Ier qui lui accorda son pardon, grâce à l'intervention du Cardinal de Tournon. Celui-ci une seconde fois lui sauva la vie, dans un nouveau procès intenté par la famille Compaing. Il obtint même pour ce malheureux le privilège *d'imprimeur.*

Ce fut alors qu'il commença à publier des ouvrages licencieux, à détenir et à vendre des livres hérétiques, *malgré l'arrêt sévère du Parlement de Paris.*

Après avoir plusieurs fois évité les châtiments, la prison et peut-être la mort, grâce à la protection du Cardinal de Tournon et de Dûchatel, évêque de Tulle, conseiller intime de François Ier, Etienne Dolet retomba entre les mains de la justice, le 6 jan-

vingt jours après l'exécution, au doyen de Notre-Dame d'Utrecht. « *Après « quoi, il se recommandait encore à Dieu quand à l'improviste le bourreau « le pend, et après l'avoir pendu, le fait réduire en cendres.* »

(1) Voir l'Etude magistrale de M. Coubé. *Idéal,* août 1909 et seq.

(2) Actes du Parlement de Paris. X, 2 a, 98.

vier 1544, *pour avoir introduit des livres hérétiques*. Saisi, jeté en prison, il s'évade, revient audacieusement à Lyon, où il se se fait arrêter une quatrième fois, en septembre 1544 (1).

Son procès dura près de deux ans. Nous n'avons plus les actes de cette longue procédure. Il ne nous reste que l'arrêt du 2 août 1546, *qui le condamne pour « blasphèmes, sédition, expo- « sition de livres prohibés et damnés et autres cas par lui faits et « commis* (2). »

On ne parle pas *expressément* dans la condamnation, du meurtre de Compaing, puisqu'il avait été pardonné par le roi. *En droit,* ce ne fut pas un des chefs de sa condamnation, mais en *fait*, il dut peser d'un grand poids en sa défaveur (3).

On ne lui reproche pas davantage la *traduction matérialiste* du passage de l'Axiochus. Nous savons que la phrase incriminée (4) soumise à la faculté de théologie le 24 novembre 1554, fut regardée simplement « *comme mal traduite et contre la pen- « sée de Platon*. »

Mais les juges lui reprochaient beaucoup d'autres faits d'irréligion et d'impiété et le fait de vendre avec récidive des livres hérétiques, malgré *l'arrêt formel du Parlement et les menaces les plus graves,* les confirmait dans l'idée qu'il était pour le moins *fauteur d'hérésie*.

Il faut remarquer ici qu'au XVIme siècle, comme nous l'avons dit déjà plus haut, l'hérésie était considérée comme un attentat à la sûreté de l'Etat et réprimée comme telle. François Ier, en particulier dans divers édits, déclare que les hérétiques sont « des séditieux, perturbateurs du repos et tranquillité de nostre « république et sujets conspirateurs occultes contre la prospérité « de nostre Etat (5)... » « C'est pourquoi c'est le pouvoir laïque « qui punit le crime d'hérésie comme *crime d'Etat*. L'inquisi- « teur n'est qu'un *expert* qui déclare si oui ou non, telle propo- « sition est hérétique. Si oui, le bras séculier s'étend sur le cou- « pable et le frappe (6). »

(1) Dolet avoua avoir vendu des livres hérétiques.

(2) Actes du Parlement de Paris, déjà cités.

(3) Coubé, *Idéal*, p. 569.

(4) L'auteur grec dit qu'après la mort on ne peut plus être malheureux ; il en donne la raison : *car tu ne seras plus*. Etienne Dolet avait traduit : *car tu ne seras plus rien du tout*, ce qui était entaché de matérialisme. C'était en fait nier l'immortalité de l'âme.

(5) Edit du 23 juillet 1543.

(6) Abbé Coubé, *Idéal* p. 570.

C'est ainsi sans doute qu'il faut entendre le mot « *séditieux* » dans l'acte de condamnation d'Etienne Dolet. Il était condamné comme hérétique *obstiné* et par conséquent comme coupable de sédition et d'attentat à la sûreté de l'Etat.

Lui-même d'ailleurs approuvait ces mesures, puisque le 9 novembre 1534, il écrivait « qu'il fallait brûler ces sortes de « gens sur la place Maubert. » Une seule chose le choquait dans ces scènes tragiques, c'était « la folie de ces gens soutenant leur « opinion jusqu'à la mort. »

D'où il résulte que : 1° si Dolet a été condamné pour crime de *sédition hérétique*, ce crime religieux était considéré comme crime *civil;* 2° la sentence fut prononcée par le Parlement, tribunal **laïque;** 3° exécutée par la puissance **civile,** par conséquent ce ne sont pas les curés qui l'ont brûlé ; 4° Il est d'ailleurs plus que probable que Dolet a été condamné pour d'autres crimes — des immoralités flagrantes — l'assassinat de Compaing. Si ces faits ne sont pas expressément spécifiés dans l'acte d'accusation, ils pesèrent très certainement sur la sentence des juges.

C'est pourquoi, Monsieur, vous **mentez** audacieusement lorsque vous représentez Dolet comme « victime de l'intolérance « religieuse... brûlé vif pour avoir traduit un livre qui n'était « pas conforme à la doctrine de l'Eglise... »

Oui, **vous mentez** et vous mentez *sciemment*.

Si vous êtes un historien, vous ne pouvez ignorer en effet ce que fut cet homme sans foi, sans cœur, assassin, infâme dans dans ses mœurs (1).... Vous ne pouvez ignorer qu'il fut condamné par le Parlement de Paris. Par conséquent, votre manière de présenter les faits, pour accuser l'Eglise est un mensonge conscient. C'est une indignité de plus !... C'est de la *haine !*

Vous êtes aussi haineux que les francs-maçons italiens, fêtant sous les fenêtres même du pape, pour l'outrager, leur cynique martyr Giordano Bruno...

XIII. LA RÉFORME

Il est certain que le protestantisme a les prédilections de l'auteur. Il ne faut donc pas s'étonner s'il présente, en quelques

(1) Son panégyriste, l'Anglais Copplcy, l'appelle lui-même « violent, « menteur, ingrat..., etc. » Il était tout à fait digne d'être « *statufié* » par la franc-maçonnerie.

lignes, la fondation et le fondateur de cette religion, sous ses dehors séduisants.

Il montre en quatre mots, que Martin Luther fut l'être bienfaisant et nécessaire, destiné à ramener l'Eglise à sa pureté primitive. Quatre mots destinés par l'auteur à frapper, pour jamais, l'imagination de l'enfant, absolument comme l'orateur et le poète ménagent une phrase ou un vers à grand effet, afin *« d'empoigner »* l'auditoire ou le public....

« L'EGLISE ÉTANT TRÈS CORROMPUE... (1) »

Examinons cette appréciation.

Sachez bien, Monsieur Aulard, qu'en écrivant l'histoire, nous n'avons pas comme vous une idée préconçue d'après laquelle nous habillons les faits. Non, nous ne faisons pas de *subjectivisme*, mais nous présentons les choses dans leur réalité *objective*.

Aussi, vous ne vous verrez pas mentir ni voiler certains faits pénibles. La vérité a ses droits, nous le reconnaissons.

C'est pourquoi nous avouons franchement qu'au XVIme siècle l'Eglise était dans un triste état (2). D'ailleurs, les contemporains les plus catholiques de Luther, comme les apologistes du XVIIme siècle ou du XIXme n'ont pas fait difficulté de le reconnaître.

Depuis deux siècles, l'Eglise traversait en effet une crise redoutable. Les pouvoirs publics s'étaient faits les persécuteurs de la Papauté et l'avaient forcée à quitter Rome. L'exil des Papes avait préparé le schisme. Le schisme avait causé de grands désordres dans la chrétienté, avait affaibli l'autorité du Pape, ébranlé même la *hiérarchie*, qui est le fondement de l'Eglise.

Avouons encore que les Papes du moyen âge, trop occupés de leurs discordes avec les petits Etats italiens, songeant surtout à défendre leur domaine pontifical, prenaient des allures trop militaires, et faisaient passer au second plan les préoccupations d'ordre purement religieux. Tel Sixte IV, Alexandre VI, Jules II.

De même, les évêques, règle générale, ne savaient plus gouverner leurs diocèses. Mondains, hommes de cour, ils laissaient à d'autres le soin de cette administration.

(1) Aulard et Debidour, page 59.

(2) Voir le magnifique ouvrage de Mgr Baudrillard, recteur de l'Institut catholique de Paris. *L'Eglise catholique, la Renaissance, le Protestantisme.*

D'ailleurs, l'abus des **Commandes** avait placé à la tête des évêchés plusieurs indignes. Le clergé, dans cet état de choses, n'avait plus conservé sa foi intégrale et sa parfaite dignité de vie...

Tout cela est vrai. Mais à côté, il y avait encore de grandes et belles choses et de sublimes élans (1), et il n'est pas permis à un historien de résumer, surtout pour des enfants, toute une époque en ces quatre mots : **L'Eglise étant très corrompue.** Ces quatre mots embrassent tout. Ils salissent tout. Ils disent trop.

Vous avez dû les copier dans les historiens protestants. Ils prétendent que la Réforme est née de la conscience morale des peuples révoltés contre la corruption de l'Eglise romaine. Ah ! quel tableau ils en font ! Ils montrent cette corruption remontant au IVme siècle, même au IIme. Dans la suite des âges, s'ajoutent et s'accumulent les usurpations, les superstitions, les abominations.... Au XVIme siècle, l'Eglise n'est plus, comme dit Luther, que « *la grande Babylone, la prostituée...* (2). »

Vous avez résumé tout cela avec une concision atroce ! Comme vous êtes bien protestant de cœur !!!...

* * *

Bien qu'elle ne fût pas si corrompue que vous le dites, l'Eglise cependant avait besoin d'une régénération. Je l'ai dit. Cette régénération était désirée de tous : de l'Eglise elle-même. Elle fut entreprise au commencement du XVme siècle. Après le chisme, Martin V était revenu à Rome, résolu à réformer. Mais après ces années douloureuses, le trouble était si grand, que la Papauté dut concentrer ses efforts à faire reconnaître la vraie constitution de l'Eglise, et cela, malgré l'opposition du Concile de Bâle, malgré les princes et les rois qui cherchaient à rendre les Eglises particulières, indépendantes de Rome, pour les subordonner plus facilement au pouvoir civil.

Plus tard, Pie II, Paul II, Sixte IV eurent à soutenir, contre les

(1) Ce serait une très belle étude à faire que de montrer tant de saints, tant d'âmes d'élite, qui ont irradié sur tout le moyen âge l'éclat de leur vie si grande et si active. Il faudrait montrer ce superbe mouvement de réforme, dû aux deux grands saints du XIIIme siècle : saint François d'Assise et saint Dominique.

(2) Cf. Alfred Baudrillart, p. 101.

princes, des luttes incessantes. Puis vint Léon X qui, dans un but de réforme, réunit le cinquième Concile de Latran...

Sans nul doute, l'Eglise aurait abouti, mais son action fut *dépassée* par l'explosion révolutionnaire d'Allemagne, que l'on a improprement qualifiée de réforme.

En Allemagne en effet, il y a alors un manque d'unité qui pousse les princes à la révolte contre l'empereur, qui pousse les paysans à la révolte contre les princes. C'est le désordre. C'es l'anarchie. C'est le socialisme. C'est l'élément révolutionnaire qui bouillonne.

Ajoutez à cela, une vieille rancune contre Rome, rancune tenace, irréductible, qui vient des guerres passées du sacerdoce et de l'Empire.

Un homme, se faisant le champion des haines germaniques, osait jeter publiquement ce cri sauvage : « **Le Pape** *est un bandit, et l'armée de ce bandit s'appelle l'Eglise* (1). »

Quand on entend cela, quand on voit cela, on comprend qu'alors un incendie couve en Allemagne. Il suffit d'un souffle pour l'allumer.

1. **Luther.** — Ce souffle fut donné par un moine *blessé dans son orgueil*, par un moine *sensuel*, à qui pesait le célibat.

Aussitôt l'incendie s'alluma, se propagea dans toute l'Allemagne.

Mais remarquez bien. Ce mouvement ne fut pas une **réforme** (2). Ce fut une **Révolution religieuse.** Elle ne fut pas faite, comme vous le dites, par Luther, pour **purifier l'Eglise...** Elle fut le résultat des *menées révolutionnaires de l'Allemagne, ainsi que de sa haine pour la Papauté.*

* * *

Il n'y a d'ailleurs, pour s'en convaincre : 1° qu'à considérer le *réformateur*, 2° à étudier sa *doctrine*, et 3° à constater les *résultats :*

1° Qu'était le **Réformateur?** Vous n'en dites rien, Monsieur Aulard. Mais, on sent qu'il vous est sympathique. Un de vos complices dans ce vaste méfait historique, va plus loin que vous. Il trace le portrait de Luther.

« *C'était « un moine très pieux, ne songeant nullement à cesser « d'être catholique. Il voulait simplement la réforme de l'Eglise,*

(1) Ulrich de Hutten. Voir Mgr Baudrillart, p. 114.

(2) Ce mot est absolument impropre.

« *le retour à la pureté et à la simplicité des premiers temps du* « *Christianisme... (1).* »

Quelle belle âme ! Quelles droites et pures intentions !!!...

C'est grand dommage que Luther n'est pas du tout cela. Il est le contraire de cela. Ces lignes constituent un **impudent mensonge historique**.

Le P. Denifle, archiviste du Vatican, l'une des gloires scientifiques de notre époque, a publié, en 1908, un ouvrage remarquable sur Luther et le luthérianismé. Vous y trouverez la vérité. Je me rappelle que, dès son apparition, il a soulevé les colères violentes des protestants. Mais, que faire ? Il est écrit avec une critique si autorisée, si savante, les sources sont tellement sûres, qu'il n'est pas possible de contester la véracité de ses affirmations. Ils durent se résigner à voir dans leur fondateur et leur chef autre chose qu'un moine pieux et avide de ramener la pureté dans l'Eglise.

« *Moine très pieux.* » Ceci est délicieux tout de même. On sait que, même dans son cloître, il passait des semaines entières sans réciter un seul mot de son bréviaire. Rarement, il faisait sa prière, sa méditation. Il ne disait presque jamais la messe. L'année de sa révolte (1517), il n'avait pas encore appris les usages et les règles de son ordre. Si vous appelez cela une « *piété,* » c'est du moins une étrange piété.

2° Quant à sa **doctrine**, elle n'est guère pieuse, elle n'est guère pure, et l'on ne comprend pas comment cette doctrine « *charnelle* » devait ramener l'Eglise « *très corrompue* » à sa pureté première.

« *Le clergé devait renoncer à ses richesses, les couvents seraient supprimés, les prêtres se marieraient, n'obéiraient plus au Pape* (2), » (page 58). Tout cela se comprend chez un moine *sensuel,* à qui pesait lourdement son vœu de chasteté ; un moine qui, par orgueil, venait de *se révolter* contre le Pape. Oui, cela se comprend, mais, cela ne prouve pas que cette doctrine soit bien pure, « *le dogme et le culte seraient simplifiés.* » Ce qu'il voulait simplifier surtout, croyez-moi, c'est la **morale**.

L'entendez-vous ? Il prêche contre le célibat. Il ne voit dans le mariage que la satisfaction des instincts naturels. Il admet le divorce, le concubinage, la polygamie, lorsque la satisfaction des sens l'exige.

(1) Calvet, auteur aussi condamné.
(2) Aulard.

C'est un ivrogne, un débauché. Il conseille la bonne chère · « *Mangez et buvez, donnez-vous beau temps...., à l'heure de la* « *tentation, il faut donner à vos corps à manger et bien à boire...* »

« Je ne puis prier, dit-il, que je ne maudisse en même temps. « Quand je dis : que ton nom soit sanctifié..., je ne puis m'em- « pêcher de dire : Maudit, damné, honni soit le nom de tous « les papistes. » Quelle douceur !!

En 1521, il écrit : « Je vis toute la journée dans l'oisiveté et la débauche... »

Mélanchton décrivant, dans une lettre, l'arrivée de Luther à Erfurt, au soir du 29 octobre 1522, dit : « **On but, on cria comme d'habitude.** »

En 1531, Luther, écrivant à Linck, lui disait : « Le mal de « tête contracté à Cobourg, à cause du vin vieux, n'est pas « encore vaincu par la bière de Wittemberg. »

Avouez, Monsieur, que nous sommes loin de la vie sainte et pure des premiers chrétiens. Les lettres du grand Réformateur ne rappellent guère le *Castigo corpus meum* de saint Paul. Et voilà celui que vous nous présentez comme le réformateur de l'Eglise « *très corrompue.* »

Vous ajoutez : « *Chacun prierait dans sa langue, et non plus en latin.* » Cette idée folle du défroqué venait surtout de sa haine pour le saint sacrifice de la messe, qui se dit en latin. Il ne voulait plus de messes. On ne peut s'imaginer tout ce que ce « *pieux moine* » peut vomir de grossièretés, de goujaterie, quand il arrive à parler de ce sujet.

« Il vaudrait mieux être bourreau ou malfaiteur que prêtre « ou moine... Le Pape, ce pourceau de Satan, a fait du sacerdoce « un bouillon d'iniquité... Le Sacrement de l'Ordre imprime aux « prêtres ce signe de la Bête dont il est parlé dans l'Apoca- « lypse... J'aimerais mieux être un souteneur de filles ou un « brigand que d'avoir blasphémé le Christ pendant quinze ans « par l'offrande de tant de messes... (1). »

C'est horrible, n'est-ce pas ? C'est pourtant le vocabulaire habituel de l'ivrogne réformateur. Les théologiens de Louvain sont « des ânes grossiers, truies maudites, misérables fripons, « panses de blasphèmes, incendiaires altérés de sang, fratricides, « pourceaux grossiers, porcs épicuriens, mares croupies, « bouillon maudit de l'Enfer..., etc. (2). »

(1) *Traité sur l'abus des Messes.* Cf. Mgr Baudrillard, p. 117.
(2) *Ibid*, p. 118.

La Faculté de Théologie de Paris est « la plus misérable « gourgandine intellectuelle qui ait jamais paru sous le soleil... »

Je demande bien pardon aux protestants de découvrir les hontes de celui qui fonda leur religion. Je pourrais en dire bien davantage. Mais c'est assez pour faire descendre Luther du piédestal glorieux où l'avaient placé les ennemis de la religion catholique. Dieu m'est témoin que jamais je n'ai écrit un mot contre le protestantisme, mais quand des sectaires ont l'impudeur de faire, pour nos enfants, *toute une histoire* à la louange de cette religion, avec le but de leur faire haïr l'Eglise, leur mère, notre devoir est de parler, haut et ferme, et de refaire l'histoire **vraie**.

C'est Luther encore, le moine si pieux, qui disait : « *L'autorité doit assommer, égorger, pendre, brûler, décapiter, rouer le « Seigneur Omnes (le peuple...) le peuple est un tigre qu'il faut « enchaîner, une bête féroce qu'il faut exterminer sans trêve ni « relâche...* (1). »

Qu'en pensez-vous ?

3° **Les résultats**. — Des contemporains de Luther vont vous le dire. Dans une lettre à Henri Stommer, voici comment Erasme dépeint le caractère de la secte.

« Le nouvel Evangile a, du moins, l'avantage de nous montrer « une nouvelle espèce d'hommes, hautains, impudents, fourbes « et blasphémateurs, dangereux, querelleurs, séditieux furieux, « et qui, pour tout dire, me sont tellement antipathiques que si « je savais au monde un lieu qui n'en fut infesté, je n'hésiterais « pas à m'y réfugier à l'instant... »

« Il ne s'est pas vu, depuis la naissance du Christ, autant de « divorces et de séparations de corps que depuis les quinze ans « que dura le gouvernement de Luther... La table, le lit, le « coffre-fort, telle est la trinité qui régit aujourd'hui les hom- « mes... » Georges Wizel.

Nous pourrions citer une foule de témoignages, émanant de luthériens, qui auraient dû, ce semble, taire les hontes de leur Eglise.

Amsdorf, théologien de Wittemberg, dont Luther avait fait un évêque, déclare que « l'Allemagne est comme noyée dans la « goinfrerie, l'ivrognerie, l'avarice et la luxure ; que les luthé- « riens ne font réellement aucun cas de l'Evangile, qu'ils le

(1) Cité par Epinal catholique.

« méprisent autant que qui que ce soit au monde, qu'ils l'insul-
« tent et le déshonorent. »

Jacob Andreœ, doyen et chancelier à Tübimgen, avoue « qu'à « mesure qu'on a prêché la doctrine nouvelle, on a vu s'évanouir « les anciennes vertus et se répandre dans le monde une foule « de nouveaux vices. »

« Au lieu de jeûner, ils boivent et mangent nuit et jour, au « lieu de soulager les pauvres, ils achèvent de les spolier. Ils « blasphèment et déshonorent Jésus-Christ, comme les Turcs « même n'oseraient faire... Telles sont les mœurs de nos évan- « géliques, et ces braves gens, avec cela, se vantent encore « d'avoir la foi et se croient bien meilleurs que les papistes « idolâtres... (1). »

L'écrit où sont consignées ces révélations pénibles est de 1567.

Bucer déclare « que la corruption fait, tous les jours, de nou- « veaux progrès dans l'Eglise évangélique... »

Nous pourrions encore citer les aveux de Mélanchton, ceux de Luther lui-même. Dès 1525, il commence à se plaindre.

« Il n'est pas un de nos évangéliques qui ne soit, aujourd'hui, « sept fois pire qu'avant de nous appartenir, dérobant le bien « d'autrui, mentant, trompant, mangeant, s'enivrant et se « livrant à tous les vices, comme s'il ne venait pas de recevoir « la sainte parole... (2). »

« Ceux qui deviennent évangéliques (3) se montrent ensuite « plus corrompus qu'ils n'étaient avant d'avoir reçu l'Evangile. « Nous éprouvons malheureusement, tous les jours, que les « hommes qui vivent sous notre Evangile sont plus haineux, « plus colères, plus cupides, plus avares qu'ils ne furent jamais « sous le papisme. »

« En 1531 et 1538, il déclare qu'il n'aurait pas commencé à « prêcher, s'il avait pu prévoir tant de calamités, de scandales « et d'impiétés... »

La réforme est ainsi jugée par elle-même.

(1) Cité par Mgr Baudrillart, p. 289 et seq.

(2) Commentaire du Deutéronome. Il faut lire tous ces textes apportés par Mgr Baudrillard. Dans les chapitres suivants, le savant écrivain montre que le protestantisme n'a pas été plus favorable que le catholicisme, au progrès intellectuel, comme au progrès social et politique des peuples. Il en est parmi les auteurs condamnés qui ont affirmé le contraire.

(3) C'est-à-dire : *protestants*.

Et dire que Luther, selon vous, voulait ramener l'Eglise à la pureté des premiers temps !

Non, Monsieur, il n'est pas possible de mentir avec plus de cynisme, à moins que vous n'ayez voulu faire une plaisanterie... Mais, on ne doit pas plaisanter en histoire, surtout dans une histoire destinée aux enfants.

2° **Calvin.** — « *Le protestantisme pénétra bientôt en France,* « *où il eut en Jean Calvin un chef plus hardi que Luther. Mais* « *Calvin,* **menacé dans sa vie,** *finit par se retirer à Genève,* « *où il fut très puissant jusqu'à sa mort...* » (p. 69).

« *Ce théologien* (?) *réduisit les sacrements au nombre de deux* « *(le baptême et la cène) et démocratisa l'Eglise. Menacé dans sa* « *vie par le clergé catholique, il fut bientôt obligé de se cacher,* « *puis se réfugia à Genève...* (1). »

Naturellement, celui-ci est encore un saint, une victime persécutée par le clergé catholique. Toujours ce bourreau !!!

Examinons brièvement ces mots de notre auteur...

1° « Le protestantisme pénétra bientôt en France... »

Oui. Il y eut, de fait, des protestants en France d'assez bonne heure. Ils furent de deux sortes. Les *petites gens* et les humbles, mal affermis dans la doctrine catholique, qui s'enthousiasmèrent de cette facilité du salut, par la foi seule sans les œuvres, ainsi que par l'application seule des mérites du Christ pour la rémission des péchés... Ceux-là furent de bonne foi. Ils poussèrent même leur fidélité à leurs convictions nouvelles jusqu'à la mort.

Il y eut les *grands.* Ceux-ci embrassèrent plutôt la nouvelle doctrine parce qu'elle favorisait leurs passions, leur indépendance, leur ambition et leur cupidité. En somme, ils étaient peu convaincus...

Mais ce que vous ne dites pas, c'est que le protestantisme ne fut jamais *maître de la France* comme de l'Allemagne.

Au temps même de leur plus grande expansion chez nous, les protestants ne furent jamais qu'une infime minorité.

Vous pouviez et vous deviez le dire, ne fut-ce que par un mot. Mais vous avez tellement peur de jeter le moindre discrédit sur cette doctrine si chère à votre cœur !!...

C'est pourtant un fait qui est tout à la gloire de la France. Car, remarquez bien, si la France n'est pas protestante, ce n'est pas,

(1) Cours supérieur, p. 137.

comme certains l'ont affirmé, parce que Calvin, « *chef plus hardi que Luther,* » était plus froid, plus logique, moins entraînant, moins captivant que le fougueux moine... Non, mais c'est parce que **la France ne l'a pas voulu**.

La volonté de tout un peuple s'est affirmée pour le maintien de la vieille et vraie religion. Plus tard, nous verrons comment la France a su défendre sa foi.

2° En faisant de Calvin « *une victime du clergé catholique,* » vous **omettez** de dire que lui-même *persécuta*.

Oubliez-vous qu'il écrivait au régent d'Angleterre, pendant la minorité d'Edouard VI : « *Il faut réprimer les catholiques par le glaive?* »

D'ailleurs, cet homme fut d'une *férocité inouïe.* Cette « douce victime » était altérée de sang. Il était sans pitié pour ceux qui ne partageaient pas ses idées, soit théologiques, soit politiques.

Un grand nombre de ses adversaires périrent par la hache et par le feu. En 1553, il fit brûler Michel Servet, et le monstre recommandait de dresser le bûcher avec du *bois vert*, afin que la mort fût plus lente et les tortures plus cruelles. Vous n'en dites pas un mot, quand vous parlez de Michel Servet (p. 73).

L'historien protestant Galiffe nous apprend que Calvin établit à Genève le régime de l'intolérance la plus féroce (1). Pendant les cinq premières années de son régime, où il passe pour avoir montré quelque douceur, il y eut 58 exécutions capitales. En 1542, le gardien des prisons expose au Conseil qu'elles regorgent de prisonniers. En 1554, le Réformateur pouvait entretenir son ami Myconius des cruelles exécutions qui avaient eu lieu en masse (2).

N'est-ce pas encore ce « *doux persécuté* » qui écrivait : « Frap-
« pez en bonne conscience sur ces infâmes (les catholiques) tant
« qu'ils pourront remuer leurs membres. Nous vivons en de si
« singulier temps, qu'un prince peut mériter le ciel avec plus
« de facilité par l'effusion du sang qu'un autre par la prière (3). »

Qu'en pensez-vous, Monsieur Aulard? Cela ne vous empêche pas d'écrire : « *Les calvinistes furent persécutés en France cruel-*

(1) *Notices généalogiques*, t. III, p. 211.

(2) Cf. Pernoud, p. 49.

Il faut lire l'étude que S. Coubé a consacré à Michel Servet, dans le Supplément de l'*Idéal*, année 1908, p. 130 et seq.

(3) P. Lorris, p. 28.

« *lement par le clergé catholique et par le roi qui voulait com-*
« *plaire au clergé.* » (Page 60).

Suit, en quelques mots, une horrible description des supplices : « *François Ier laissa exécuter 81 réformés. Ces malheureux* « *étaient d'ordinaire brûlés vifs. Quelquefois on leur coupait les* « *poings ou la langue, on leur tenaillait la poitrine ou on leur* « *mettait sur la tête une couronne de fer rougie au feu..* » (P. 60).

Nous pourrions en dire long sur ce triste individu, objet de vos complaisances. Mais cela suffit pour montrer à tous comment vous savez écrire l'*histoire* (1).

XIV. MASSACRE DES VAUDOIS (2)

« *François Ier se déshonora surtout par l'extermination des Vaudois de Provence.* » (P. 60).

Remarquez la liaison tendancieuse des idées. On vient de dire, deux lignes plus haut, que le roi, en persécutant les calvinistes, « **voulait** *complaire au clergé.* »

L'insinuation est évidente. L'enfant comprendra que le massacre des Vaudois fut ordonné par le roi, pour « *complaire au clergé.* »

Ceci d'ailleurs est dit expressément dans la *lecture* de la page suivante :

« Il y avait, depuis plusieurs siècles, dans les vallées des Alpes, « en Dauphiné, en Provence, des chrétiens qui n'obéissaient pas « au Pape, et ne reconnaissaient d'autorité religieuse que celle « de la Bible. On les appelait Vaudois. C'étaient des populations « paisibles et fort soumises à l'autorité du roi. Le Saint-Siège « avait déjà organisé contre eux une croisade ; mais Louis XII « avait dû prendre leur défense. Comme ils déclarèrent approu- « ver la Réforme de Luther et de Calvin, l'Inquisition résolut « leur perte. François Ier eut le tort de les laisser condamner « par le Parlement d'Aix, et surtout d'exécuter la sentence.... »

C'est clair. C'est net. C'est l'Eglise qui a influencé le roi, pour

(1) Il paraît que l'année dernière, aux fêtes célébrées à Genève pour le 400me anniversaire de Calvin, tout a été froid et morne. Le monument élevé au sinistre tyran de Genève semblait « un monument funéraire élevé à la Réforme, plutôt qu'un trophée de victoire. » *Idéal,* août 1909, p. 342.

(2) J'ai relevé les erreurs ou les exagérations de l'auteur, même dans les faits qui semblent *purement historiques*, parce que, même dans ces faits, il a su, avec une perfidie profonde, *défigurer* l'histoire, au **profit des protestants.** C'est là d'ailleurs son but.

le décider à cet acte cruel... « *La lecture* » dit brutalement ce qu'avait plus malhonnêtement *insinué* le texte.

Une gravure fort suggestive gravera pour jamais dans l'esprit et dans la mémoire de l'enfant ce crime épouvantable de « *l'intolérance religieuse.* »

* * *

Or, si le fait est malheureusement vrai, les insinuations louches, comme les accusations franches, sont fausses, archi-fausses.

Les Vaudois avaient été organisés en Eglise dès le XIIme siècle, par Pierre de Valdo. Ils étaient en relation avec les Calvinistes de Genève et comme eux se montraient *intolérants*. Ce n'était pas, certes, « *la population paisible* » dont parle Aulard. Ils étaient, au contraire, remuants et fanatiques et leurs vexations incessantes exaspéraient le peuple. Il demandait perpétuellement qu'on prît contre ces ennemis de l'ordre des mesures rigoureuses. En 1540, sur les instances des populations, le Parlement d'Aix rendit une sentence d'extermination contre les Vaudois.

Deux évêques, Mgr du Chastel, aumônier du roi et Mgr Sadolet, de Carpentras, intervinrent près de François Ier pour empêcher l'exécution de cette sentence. Pour laisser aux Vaudois le temps d'abjurer leurs erreurs, le roi en suspendit l'exécution.

Mais ces fanatiques n'en continuèrent pas moins leurs vexations et leurs menées antisociales et antigouvernementales. Car ils entretenaient, paraît-il, des hommes armés et correspondaient avec les étrangers. L'antipatriotisme, d'ailleurs, a toujours été la note des « sectes dissidentes » et Dareste, historien modéré, a pu écrire d'eux : « *Il est douteux que les Vaudois fussent* « **inoffensifs...** »

Après avoir attendu cinq ans, le roi, fatigué de ces menées sourdes, fit exécuter la sentence du Parlement d'Aix.

Les Vaudois devaient être bannis, leurs biens confisqués et leurs villages détruits.

Ils s'enfuirent dans les montagnes. Ils y furent traqués. 3.000 environ périrent. Plusieurs évêques de la région, en particulier celui de Carpentras, protestèrent contre ces cruautés, recueillirent et sauvèrent plusieurs de ces malheureux hérétiques.

* * *

— Voilà les faits. Nous les réprouvons et les condamnons. François Ier lui-même regretta sa faute. Les atrocités commises n'avaient pas été prévues, il faut le dire. Les passions du temps, violentes et barbares, peuvent seules les expliquer. Plus tard, la justice royale fit poursuivre les égorgeurs des Vaudois, comme ayant outrepassé les ordres donnés. L'un d'eux fut pendu.

L'atroce tuerie n'en est pas pour cela justifiée.

Mais, je vous le demande, Monsieur Aulard :

1° Pourquoi *insinuez*-vous que le clergé catholique eut une responsabilité, au moins morale, dans cet odieux massacre?

2° Pourquoi l'accusez-vous même *formellement !*

3° Pourquoi ne pas dire, au contraire, que l'Eglise fit tous ses efforts pour empêcher ce massacre et pour sauver quelques victimes?

4° Pourquoi ne pas dire que les ordres donnés furent outrepassés?

5° Puisque vous nous citez avec tant d'insistance sur ce fait malheureux et regrettable, pourquoi ne dites-vous rien des massacres de Saint-Gilles (1562), de Nîmes (1567), d'Orthez (1569), de Saint-Sever... organisés par les protestants, et où périrent des milliers de catholiques?... Cela ne justifie pas, me direz-vous, le massacre des Vaudois. Je le veux bien. Mais du moins ce serait de l'histoire impartiale.

D'ailleurs, je reviendrai sur ces faits, pour montrer que *l'attaque* est venue des protestants.

Il faut dire aussi pour être vrai, que François Ier, après s'être montré si rigoureux pour les Vaudois, favorisa plutôt les *Réformés proprement dits.* Il se rapprocha par politique, des princes protestants d'Allemagne, et pour conserver cette alliance, il toléra en France les prêches des Réformés (1).

Quant aux édits de Henri II (2), il faut savoir qu'alors les protestants, surtout les nobles, prenaient les armes, non pas tant pour défendre leur religion que pour se révolter contre la royauté. Leur but principal était de renouveler ces anciennes luttes féodales, qui avaient troublé les règnes de Charles VII, de Louis XI et de Charles VIII (3).

Vous êtes *mal intentionné,* Monsieur, en disant « que ceux « qui faisaient signer à Henri II, le traité de Cateau-Cambrésis, « où la France rendit presque toutes ses conquêtes d'Italie, » le faisaient « *pour qu'il n'eût plus qu'à poursuivre les protes-*

(1) Cf. Chanoine Godeffroy, p. 292.
(2) Aulard et Debidour, p. 60.
(3) Cf. Godefroy, p. 293. Cours Supérieur d'Histoire de France.

« *tants...* » (1). Comme l'esprit de haine paraît à chaque ligne, à chaque mot !!!

XV. QUELQUES DÉTAILS

Tout serait à examiner dans cette histoire, nous l'avons dit, car tout est disposé, avec une mauvaise foi, insigne, pour frapper l'esprit de l'enfant.

1° **Les Prêches.** — Voyez cette gravure, représentant un prédicateur protestant, avec cette légende : « *Pendant les guerres de religion, les prêches des protestants avaient souvent lieu en plein air*... (2) » p. 76.

Elle rappellera toujours ces pauvres victimes traquées, se cachant dans les bois, pour entendre les paroles du pur Evangile.

On ne dira rien plus tard des pauvres catholiques, se cachant dans les caves, sur les greniers, pendant la Terreur, pour entendre la messe. C'est à peine si on dira un mot de la Terreur.

C'est la neutralité ! C'est l'impartialité !

2° **L'imprimerie.** — *Bientôt les imprimeries se multiplièrent en France... Mais l'autorité ecclésiastique persécuta l'art nouveau, craignant qu'il ne servît à répandre des livres contraires à la religion....* » p. 75.

Or, l'Eglise et en particulier le clergé régulier, travailla à la diffusion de l'imprimerie. Des presses furent montées dans les monastères.

Si l'Eglise protesta contre les ouvrages hérétiques, immoraux ou révolutionnaires, sortis de ces imprimeries, cela ne veut pas dire « *qu'elle persécuta l'art nouveau.* »

Vous avez dit, à la page 43, au sujet de l'imprimerie, « *qu'au* « *moyen âge les livres coûtaient fort cher, parce qu'on ne pouvait* « *les reproduire qu'en les copiant, et qu'on n'écrivait que du par-* « *chemin, matière rare et coûteuse...* »

Si vous étiez historien *impartial*, il fallait ajouter, Monsieur, que les manuscrits du moyen âge étaient dus, pour la plupart, à

(1) Aulard et Debidour, p. 61.

(2) Que pensez-vous de cette allégation de M. Mariejol, plein de partialité pour les protestants, et qui cependant, nous dit que, dans les « provinces du Midi il y avait des *prêches en armes*, des saccagements d'églises? etc.. » Lavisse, t. IV. Ceci avant le massacre de Vassy. Vous auriez dû représenter ces bons protestants avec leurs armes, prêts à s'en aller, à la sortie du prêche, traquer les catholiques et dévaliser les églises...

la patience et à l'habileté des **moines**. Mais, comment auriez-vous pu reconnaître un bienfait des moines ?...

3° **Michel de l'Hôpital**. – « *Il y avait entre les deux partis,* « *d'honnêtes gens, les politiques (comme Michel de l'Hôpital) qui* « *étaient pour la tolérance, voulant qu'on laissât chacun prier à* « *sa convenance...* »

Oui, le Chancelier de l'Hôpital était une âme honnête. Mais il était tout aussi favorable aux idées nouvelles qu'à la doctrine catholique. « Il rangeait la question religieuse au nombre des « questions secondaires en fait de gouvernement, et était d'avis « que l'on fît de bonne grâce une place au prêche protestant, à « côté, sinon en face, de la messe catholique. »

C'était le type du **parfait libéral**, tels que le rêvent aujourd'hui, malheureusement, certains catholiques. Je comprends que celui-là, Monsieur Aulard, soit dans vos bonnes grâces. Il n'est pas dans les miennes, car je hais le *libéralisme*. Plein de condescendance pour les *personnes*, je déteste la concession dans les *principes*.

Voyez-vous, ces libéraux, au fond, favorisent plutôt l'erreur... que l'Eglise ; comme le libéral chancelier « *favorisait le protestantisme sous le couvert de la tolérance,* » au dire de Mgr Baudrillart, p. 155.

4° **Conjuration d'Amboise**. — Il n'est pas un seul fait historique dont l'auteur ne rejette la responsabilité sur le parti catholique, et par conséquent sur l'Eglise. Ainsi la *conjuration d'Amboise* (1560), qui avait pour but d'enlever le roi François II, fut en somme *causée* par les catholiques. L'auteur nous dit : « *Irrités par de nouvelles violences, les huguenots voulurent enlever le roi aux Guises...* » p. 77.

Vous comprenez. Ces pauvres victimes ne tramèrent le complot que poussés à bout par la persécution, par les violences.... On ne dit pas lesquelles....

« *De là, la conjuration d'Amboise sévèrement réprimée,* » page 77.

Il faut remarquer que la conjuration d'Amboise était un véritable complot à main armée, qui avait pour but **vrai** le renversement du roi et l'avènement au trône de la maison de Bourbon, à laquelle appartenait le prince de Condé, protestant, chef secret du complot.

Extérieurement, on *avouait* que le but de la conjuration était le renversement des Guises, mais, le but *secret*, le *vrai*, celui *qui fut bientôt connu*, était celui que nous venons de dire. Peu s'en fallut qu'il ne réussit (1).

Il fallait donc réprimer ce complot..

Tout gouvernement a non seulement le droit, mais aussi le devoir de se défendre.

Est-ce que le gouvernement de la République n'a pas l'œil ouvert sur tous les complots qui pourraient se tramer contre lui ? Faudrait-il remonter bien haut pour trouver des décrets d'exil ? Il faut même avouer que souvent il y a eu des mesures rigoureuses pour des complots imaginaires.

Quoi qu'il en soit, le gouvernement de François II devait réprimer ce complot. La répression fut peut-être un peu excessive. Mais il est malséant de présenter encore les protestants comme des victimes, là où ils furent de vulgaires conspirateurs.

Le protestant Sismondi ne craint pas d'ailleurs de l'avouer. Ses correligionnaires voulaient, par tous les moyens, par la guerre, par l'appel aux étrangers, par les attentats, les conjurations, s'emparer du pouvoir.

Pour les excuser, il dit « que c'est là l'esprit de leur religion. »

Cela prouve simplement que l'esprit de leur religion est détestable (2).

5° **Coligny.** — C'est un protestant. M. Aulard n'aura donc pas d'expressions assez élogieuses pour chanter les grandeurs de Coligny, « *homme de grand caractère.* » Les Guises, chefs du parti catholique, ne seront évidemment que des ambitieux et des cruels.

Or, ce Coligny, élevé à la hauteur d'un saint, fut un *révolutionnaire,* un *traître infâme* qui, par le traité de Hampton-Court, livrait à Elisabeth d'Angleterre, Honfleur, Le Hâvre et la Normandie, pour 100.000 couronnes (3).

Ce traité sera la honte éternelle de Coligny et des protestants du XVIme siècle. A côté de Coligny, Dreyfus, s'il est vrai qu'il a

(1) On voulait **protestantiser** la France. C'était le but de toutes les conjurations protestantes, celle d'Amboise comme celle de Meaux. Ces gens-là étaient perpétuellement en révolte. Ce fut pendant l'une d'elles, en 1569, que Coligny fut condamné à mort par le Parlement de Paris, comme traître au roi et à la Patrie.

(2) Cf. S. Coubé, Supplément à l'*Idéal,* p. 38.

(3) S. Coubé a donné les clauses de ce traité ignoble, dans l'*Idéal* (août 1909), p. 338.

trahi la France, est un ange. Car Coligny ne vendait pas seulement un bordereau intéressant notre défense nationale, mais bien des villes et une province (1).

Dans toute sa vie militaire, ce protestant n'a qu'un but, faire envahir la France par les troupes d'Elisabeth. C'est la trahison permanente (2).

Coligny fut encore un **bourreau abominable**, un homme sanguinaire qui fit périr des milliers de catholiques (3).

Nous citerons quelques preuves de sa cruauté, quand nous parlerons de la Saint-Barthelémy. Il y a des faits horribles, où ce triste individu se montre aussi cruel que Néron. « C'est une honte pour Paris, que d'avoir la statue de ce sinistre gredin. » C'est une honte pour la France d'avoir des historiens qui apprennent aux enfants catholiques le « *culte* » d'individus aussi répugnants.

XVI. LE MASSACRE DE VASSY

« *Mais les Guises irrités, donnèrent bientôt le signal de la* « *guerre civile, par un massacre de protestants qui fut imité d'un* « *grand nombre de villes* (4). »

« *Mais les Guises, irrités par les mesures que prit l'Hôpital en* « *faveur de la liberté religieuse, donnèrent bientôt à Vassy le* « *signal de la guerre civile, par un massacre de protestants*... (5) »

1° Vous affirmez donc, Monsieur, que les Guises *donnèrent le signal de la guerre civile ;*

2° Vous *insinuez* que dans ce massacre il y eut *préméditation, guet-apens.*

L'affirmation, comme l'insinuation, est un mensonge.

D'abord, ce ne sont pas les catholiques qui ont *commencé.*

Longtemps avant le massacre de Vassy (1er mars 1562), les protestants s'étaient montrés féroces envers les catholiques. En 1561, à Montauban, à Castres, à Béziers, à Nîmes, les protestants avaient interdit le culte catholique. On forçait le peuple à venir aux prêches protestants. On frappait les récalcitrants, on les

(1) Cf. Coubé. Supplément de l'*Idéal*, 1908, p. 37.

(2) Cf. la belle lettre de Mgr Freppel à l'auteur de *Les derniers jours de Coligny.*

(3) Voir l'article très documenté : *Coligny, le Traître et le Bourreau. Idéal*, p. 337.

(4) Cours moyen. Aulard et Debidour, p. 78.

(5) Cours supérieur, p. 155.

fouettait. Plusieurs furent mis en prison ou expirèrent sous les coups. (Cf. A. Baudrillart, p. 245).

En 1561, un an avant le massacre de Vassy, les protestants, maîtres de Montpellier, y massacrèrent, le 20 octobre, deux cent cinquante catholiques. « On les vit, dit-on, ensuite fouiller « les tombes, livrer aux chiens plus de quarante cadavres, arra- « cher les entrailles de quelques-uns et les suspendre à un clo- « cher (1). »

Remarquez bien que si je cite ces actes de cruauté, ce n'est pas pour excuser les fautes des catholiques. J'en citerai encore bien d'autres plus tard. Mais je veux protester contre vos mensonges. Vous nous représentez sans cesse les protestants comme « *de doux agneaux,* » comme des *victimes* paisibles, que les catholiques ont massacrées. Moi, je vous dis qu'ils furent *cruels*, qu'ils furent les *agresseurs*. Pour vous, vous affirmez sans rien prouver, moi je vous apporte des preuves.

Les protestants n'étaient que des ennemis féroces du catholicisme, des factieux qui avaient tout préparé pour la guerre, et n'en cherchaient plus que le prétexte.

Il ne faut tout de même pas que le sang versé par les catholiques, dans des drames que je réprouve, efface de votre mémoire tout le sang versé par les protestants.

Je dis ensuite que vous mentez encore en laissant croire que dans ce fait malheureux, il y eut préméditation, préparation de la part du duc de Guise, chef du parti catholique.

C'est faux, voici le récit exact de cet événement.

Le 1er mars 1562, le duc, François de Guise revenait de Lorraine. Il eût désiré éviter la ville de Vassy, en Champagne, comme il évita les jours suivants, Vitry et Châlons. Mais, c'était un dimanche. En bon catholique, il voulut entendre la messe. Il s'arrêta donc à Vassy, avec son escorte.

En même temps, les protestants assistaient au prêche dans une grange. L'historien Godefroy dit qu'ils y célébraient la

(1) Rouquette. *La Saint-Barthélémy des Calvinistes.* Calvin, du fond de sa retraite, applaudissait à ces massacres. Dans sa préface au Commentaire de Daniel, il déclare que tout cela fait sa joie, sa consolation, son bonheur (A. Baudrillart, p. 245).

Dans l'*Histoire de France,* publiée sous la direction de M. Lavisse, l'auteur du tome VI, M. Mariéjol, professeur à l'Université de Lyon, très partial pour les protestants, est obligé de reconnaître que ce sont eux qui ont commencé la lutte.

Cène. Quoi qu'il en soit, il y eut altercation entre ceux-ci et les compagnons du duc de Guise.

Attiré par le bruit, le duc accourt. Il est aussitôt frappé d'une pierre. A cette vue, les soldats furieux tirent sur les protestants. Malgré ses prières et ses appels, François de Guise fut incapable de les empêcher (1).

Le fait est malheureux. Il est condamnable. Je le réprouve.

Mais, fut-il ourdi par le duc de Guise ? Raisonnablement, pouvez-vous l'affirmer ou le laisser croire ?

Le duc avait avec lui son fils aîné, sa femme et un enfant de sept ans. Pensez-vous què s'il était venu à Vassy pour donner le signal du massacre, il eût prit avec lui sa famille ?

Laissez-moi vous dire, monsieur, que c'est une indignité de votre part, de laisser croire à la culpabilité du duc, dans cette triste affaire, où il fut personnellement étranger. Aviez-vous donc lu le témoignage de Guizot, protestant zélé : « *Le massacre de Vassy fut à coup sûr un accident, un fait nullement prévu ni préparé* (2). » Il y a loin, n'est-ce pas, de ces paroles nettes, à votre affirmation tendancieuse : « Les Guises, irrités, donnèrent à Vassy le signal de la guerre civile... (3). »

C'est pourquoi, la gravure par laquelle vous illustrez votre texte, avec la légende qui l'explique et qui est fort suggestive, constitue un mensonge. » *A Vassy, les catholiques massacrèrent sans prétexte des protestants en prières, ce fut le signal de la guerre religieuse.* »

Vous ne parlez pas du nombre des victimes. Vous dites seulement : « **massacre de protestants...** » C'est vague. Cela peut laisser croire à une hécatombe immense. Est-ce là ce que vous avez voulu ? Peut-être. En tout cas, s'il vous prend envie, dans une nouvelle édition, de donner un chiffre, j'ai peur que vous ne soyez *exagéré*, car, si vous êtes fort pour la *soustraction* quand il s'agit des crimes de vos amis les protestants, vous êtes par contre extrêmement fort en *multiplication*, pour le nombre des victimes attribuées aux catholiques.

Il y a une grande variation entre les historiens. Guizot estime qu'il y aurait eu 49 tués « presque tous, dit-il, du côté des protestants ; plus de 200 autres, dit-on, grièvement blessés... (4). »

(1) Cf. Lavisse VI, première partie, p. 58. Chanoine Godefroy, p. 296.
(2) Guizot, III, p. 335.
(3) Aulard et Debidour, p. 78.
(4) Histoire de France, t. III, p. 293.

Dareste (1) évalue les assitants au prêche à 8 à 900 personnes, et les morts à 60. Mais Lavisse, qui n'est pas précisément un clérical, réduit les assistants à 500, les tués à 23 ; les blessés auraient été plus de 100, sans compter ou en comptant 12 gentilshommes catholiques (2).

On assure que la grange existe encore. Ceux qui l'ont visitée affirment qu'elle est fort exiguë, et loin de pouvoir matériellement contenir la quantité d'individus qui, selon certains historiens, auraient assisté au prêche de 1562 (3).

XVII. LA SAINT-BARTHÉLEMY

Voici peut-être le fait le plus odieusement exploité contre les catholiques, par tous les historiens sectaires. Aulard lui consacre une « *Lecture* » de 32 lignes, alors qu'il nous donne à peine 3 lignes, pour tout ce qui touche « *à la Terreur.* »

Je tiens à citer ce récit entièrement, car toutes les assertions en sont mensongères. Le lecteur aura sous les yeux ce que j'appellerai les pièces du procès.

« Coligny venait d'être blessé près du Louvre par un assassin « aux gages de Henri de Guise. Le roi Charles IX était allé le « voir, l'avait embrassé et avait juré de le venger. Mais sa mère, « son frère et d'autres mauvais conseillers le tourmentèrent à « tel point qu'il fut entièrement retourné et consentit à l'extermination des protestants.

« Qu'on les tue tous, dit-il, et qu'il n'en reste pas pour me le « reprocher.

« Toutes les précautions avaient été prises par les égorgeurs. « Au milieu de la nuit, l'amiral fut massacré dans sa chambre, « le cadavre fut jeté par la fenêtre et frappé du pied par le duc « de Guise. Puis, au son du tocsin, les assassins coururent sus « aux protestants, les frappant dans leurs maisons et dans la « rue, et leur tirant des coups d'arquebuse jusque sur les toits. « Saignez, saignez, criait le maréchal de Tavannes, la saignée « est aussi bonne en ce mois d'août comme en mai ! »

« On massacra jusque dans le Louvre, et l'on dit que Charles IX tirait, comme sur un gibier, du haut de son balcon, sur « les huguenots qui essayaient de fuir...

(1) IV, p. 183. L'historien Godefroy donne aussi ce chiffre.
(2) Histoire de France, p. 58.
(3) Cf. Bulletin de la cathédrale. Janvier 1910.

« Il se fit amener **Henri de Navarre,** et le contraignit en « jurant de choisir entre la *messe et la mort,* c'est-à-dire de se « déclarer catholique. Le corps de Coligny, décapité, fut pendu « par les pieds au gibet de Montfaucon. Les dames de la cour « allèrent le voir avec la reine mère et le roi, et quelqu'un se « plaignant de l'odeur des cadavres « Le corps d'un ennemi « mort, dit Charles IX, sent bon. »

« Ce souverain donna aussi l'ordre de massacrer les protes- « tants dans tout le royaume, et dans beaucoup de villes, il fut « obéi. Trente mille protestants périrent de ce fait. Cependant « plusieurs gouverneurs refusèrent de faire l'office d'assassins. « Le bourreau de Lyon lui-même répondit qu'il ne tuait que « des coupables et n'exécutait que des jugements légitimes.

« Par contre, le Pape félicita hautement Charles IX du crime « qu'il venait de commettre. » p. 81.

*
* *

Ce récit n'est qu'un roman. Il prendra place à côté des poètes et des littérateurs, qui ont chanté avec leur folle imagination les horreurs de la Saint-Barthelémy.

Voltaire s'écriait dans la *Henriade :*

Ces monstres furieux de carnage altérés,
Excités par la voix des prêtres sanguinaires,
Invoquaient le Seigneur en égorgeant leurs frères,
Et, le bras tout souillé du sang des innocents,
Osaient offrir à Dieu cet exécrable encens.

André Chénier, dans une tragédie, a représenté le cardinal de Lorraine, bénissant les poignards, destinés au massacre de la Saint-Barthelémy... C'est sans doute pour punir Charles IX qu'il vota la mort de Louis XVI.

Dans l'opéra de *Meyerbeer,* les moines mêlent leurs croix aux épées des assassins (1).

Aulard nous dit à son tour : « *Par contre, le Pape...* etc... »

Examinons donc ce récit. Nous y trouverons :

1° Des *erreurs* historiques.
2° Des *omissions* qui rendent l'histoire *partiale.*
3° Des *allégations tendancieuses.*

(1) Cité par S. Coubé. Supplément à l'*Idéal,* p. 33.

I. ERREURS HISTORIQUES

1° « *Coligny fut-il blessé par un assassin aux gages de Henri de Guise* ?

L'auteur l'affirme pour insinuer que le chef du parti *catholique* doit être responsable de l'attentat contre l'amiral. Or nous répondons : **Non**.

Maurevert, l'assassin, était un ancien domestique du duc de Guise, mais il fut soudoyé par Catherine de Médicis **seule.**

Dès le printemps 1572, cette reine ambitieuse et jalouse avait pris ombrage de l'ascendant qu'avait pris Coligny, sur le roi Charles IX.

Celui-ci, arrogant, ambitieux, menaçant, cherchait à l'écarter du pouvoir. Elle résolut de le supprimer. Evidemment, les menaces outrageantes de l'amiral, devait être réprimées (1). Avec cet esprit brouillon, les menaces de guerre civile étaient permanentes. Il fallait le faire juger, les punir, mais *pas l'assassiner.*

Catherine de Médicis n'était pas étouffée par le scrupule. Elle se décida pour l'assassinat, à *l'insu du roi et du duc de Guise.* Nous savons qu'un coup d'arquebuse lui cassa le bras, le vendredi 22 août, alors qu'il rentrait dans l'hôtel de Ponthieu.

Le duc de Guise fut accusé par les huguenots. Ils passaient armés et proféraient des menaces devant son hôtel. Mais le duc fut étranger à l'attentat (2).

Aulard a copié les huguenots.

2° *La parole prêtée à Charles IX* : « *Qu'on les tue tous, et qu'il n'en reste pas pour me le reprocher,* » *est-elle authentique* ?

Je ne l'ai trouvée nulle part.

Elle paraît au contraire bien fantaisiste, car les historiens sérieux affirment que **seuls** devaient mourir l'amiral Coligny et ceux qui pouvaient le venger ou fomenter des troubles **les chefs.** Le massacre « *ne devait avoir lieu* **qu'à Paris** (1). »

(1) Il voulait forcer la France à déclarer la guerre à l'Espagne. Un jour il s'emportait jusqu'à dire que si le roi refusait, il aurait bientôt à soutenir une guerre plus terrible de la part de ses sujets. C'était une menace de guerre *civile*.

Le maréchal de Tavannes rapporte cette parole dans ses *mémoires*, et le président Bellièvre écrit qu'elle lui fut rapportée par le roi lui-même. Cf. Coubé p. 39.

(2) Voir S. Coubé. Supplément à l'*Idéal*, p. 39.

(3) Voir toute cette discussion dans Barthélemy. *Erreurs et mensonges his-*

Par conséquent, comment le roi aurait-il pu dire : **Tuez-les tous ?...**

On ne peut guère admettre cette cruauté du roi tirant sur ses sujets quand on sait qu'à peine le massacre avait-il été commencé, le roi (et même la reine, sa mère), avait été pris de remords et qu'il avait fait répandre dans Paris, l'ordre formel de s'abstenir désormais. La fureur populaire, surexcitée par les vexations, les persécutions des protestants, avait été plus forte. On ne saurait endiguer facilement une vague.

Mais tout de même, la responsabilité est assez grande pour le roi, il n'est pas noble d'y ajouter la *calomnie*.

Je vous ferai remarquer à ce sujet, Monsieur Aulard, que dans un *Manuel d'histoire*, **destiné aux enfants**, il ne faut donner que des faits *absolument certains, historiques*. « On doit aux « enfants, disait Jules Simon, des vérités bien assises, et qui ne « sauraient être ébranlées même par l'effort du génie... » Par conséquent, si un historien rapporte une *légende*, un fait *douteux, controversé*, qu'il le cite comme **tel**, mais qu'il ne le présente pas dans son récit, comme absolument vrai et authentique, c'est un des caractères de **l'impartialité**.... Il est vrai que vous vous moquez de *l'impartialité !!!!!*

3° Charles IX tira-t-il comme sur un gibier, du haut de son balcon, sur les huguenots qui essayaient de fuir ?

Mensonge : Brantôme est le seul qui l'ait dit. De Thou, l'apologiste des protestants et l'ennemi de Charles IX, n'en parle pas. Où Brantôme l'a-t-il su ? Il dit lui-même qu'il était alors à plus de cent lieues de Paris.

Cette calomnie ne repose sur aucun document contemporain de l'événement, autre que celui de Brantôme. Elle a été lancée à Bâle par un protestant, sans preuve aucune.

D'ailleurs, ce balcon n'existait pas en 1572.

4° Le Souverain donna-t-il l'ordre de massacrer les protestants dans tout le royaume ?

Non. Il est certain que le roi ne voulait pas que le massacre s'étendit en province. *Il en fit la défense formelle.* « Le roi ayant fait entendre qu'il n'entendait que cette exécution passât outre et s'étendît plus avant... (2). »

(1) Voir toute cette discussion dans Barthélemy. *Erreurs et mensonges historiques. Première série*, p. 201. Le P. Coubé dit : « Il est probable que ce projet ne visait que les *chefs* et les *principaux seigneurs du parti.* » p. 40.

(2) Voir cette longue discussion dans Barthélemy. M. Coubé, très bien documenté, l'affirme aussi.

Toutefois, il a pu faire exception pour *quelques chefs ou notables* de la province, qui pouvaient être dangereux. Il est probable que des ordres spéciaux les visant soient partis de la Cour (1). Mais il y a loin à l'affirmation mensongère de l'auteur...

5° *Y eut-il trente mille victimes ?*

Il est impossible de connaître exactement la vérité. L'imagination ici s'est donné libre carrière.

Péréfixe, évêque de Rodez, pour inspirer de l'horreur pour ce déplorable événement, parle de 100.000 victimes. Sully, attaché aux erreurs des huguenots, en donne 70.000. De Thou, apologiste des protestants, 30.000. M. Aulard, autre apologiste des mêmes protestants, 30.000. La Papelinière, protestant, 20.000. Le *Martyrologe calviniste,* imprimé en 1582, en donne 15.168. Papyre-Masson en compte 10.000. Nous varions donc de 10.000 à 100.000.

Tout cela est fantaisiste. Ces chiffres ne reposent sur aucun document. Seul, le *Martyrologe des Calvinistes,* composé au lendemain des événements, offre une base sérieuse.

Le Martyrologe déclare qu'il y a eu 30.000 victimes. Puis, quand il entre dans les détails (2), il arrive à 15.168. Enfin, quand il veut les nommer, il n'en trouve plus que 786, dont 152 à Paris, et certes, il nomme tous ceux dont il a pu retrouver les traces, puisqu'il mentionne un certain maître Poêlon, chaudronnier à Bourges.

Or, remarquons que les auteurs du Martyrologe étaient des protestants ardents. Pour faire ressortir la cruauté des catholiques, ils ont dû faire une enquête minutieuse, pour n'oublier aucune des victimes. Et cependant, ils n'ont trouvé que **786 noms.** Par conséquent, triplons ce chiffre, et nous serons bien près de la vérité.

C'est encore trop. Mais, tout de même, il ne faut pas oublier le nombre des victimes catholiques, tombées sous les coups des protestants.

Vous devez savoir cela Monsieur. Vous auriez pu, du moins, mettre un mot de *doute* à côté de votre chiffre 30.000.

Mais qu'importe la vérité pour vous ? Ce chiffre fait si bien

(1) Cf. Coubé, p. 50.

(2) Voir ce tableau, pour les diverses villes, extrait du *Martyrologe*. Barthélemy, p. 220.

dans le tableau ! Il laissera à l'enfant une si bonne et si durable impression !!!

Trente mille protestants périrent de ce fait !...

6° *Le Pape félicita-t-il hautement Charles IX du crime qu'il venait de commettre ?*

Remarquez la méchanceté de l'auteur. Il dit que le *bourreau* de Lyon refusa d'obéir aux ordres du roi, et il ajoute aussitôt : « PAR CONTRE, le Pape félicita.... » N'est-ce pas odieux ?

Le fait ainsi présenté est une nouvelle calomnie.

Le P. Theiner a fouillé les archives vaticanes, il a vu toutes les pièces diplomatiques.

Or, de tout cela il ressort que le Pape reçut, dix jours après l'événement, un message de la Cour de France. Le roi faisait présenter par Beauvilliers, un de ses gentilshommes ordinaires, une lettre dans laquelle il informait Grégoire XIII, que lui et sa famille venaient d'échapper à un grand complot ourdi par les protestants. Il ajoutait que les factieux avaient été châtiés comme ils le méritaient. Beauvilliers présentait en même temps une lettre de Louis de Bourbon, que le P. Theiner cite et qui nous montre comment le Pape devait forcément avoir de la Saint-Barthélemy, une idée absolument fausse. Après avoir fait ressortir la bonté et l'indulgence du roi de France pour Coligny, Louis de Bourbon ajoute :

« Le dict admiral s'est montré si meschant que davoir cons-
« piré de faire tuer le dict Seigneur Roy, la Royne sa mère,
« messieurs les frères et seigneurs catholiques estant à leur
« suite : pour cela faict se bastir un Roy à sa dévotion et abolir
« toute autre religion que la sienne en ce dict royaume. Mais
« Dieu, qui a tousiours eu soing des siens et fait paraistre au
« besoing en toutes les occasions qui se sont présentées, com-
« bien est juste et sainte la querelle que nous avons soutenue
« pour son honneur, a voulu et permis que cette conspiration a
« été découverte.

« Et ce faisant si bien illuminer l'esprit de Sa Majesté, que,
« au mesme jour, ce malheureux faisait compte de commencer
« sa damnable entreprise, elle en faict tomber l'exécution sur
« lui et ses complices, tellement qu'il a été tué avec tous les
« principaux chefs de sa secte... (1). »

Qu'y a-t-il d'étonnant qu'après de tels renseignements, le Pape

(1) Theiner, Annales eccles. t. I, p. 329.

ait fait éclater sa joie, ait ordonné des processions, un jubilé... Est-ce que tous les chefs d'Etat n'échangent pas de nos jours des félicitations, toutes les fois que l'un d'eux a échappé à la balle d'un assassin ou à l'explosion d'une machine infernale quelconque ?

II. OMISSIONS QUI RENDENT L'HISTOIRE PARTIALE

Puisque vous vous étendez avec tant de complaisance sur l'odieux massacre de la Saint-Barthélemy, pourquoi donc, Monsieur Aulard, ne dites-vous rien, pas un mot, pas une allusion des Saint-Barthélemy protestantes qui, auparavant, avaient ensanglanté la France ? Un historien impartial le ferait. Il faut tout de même qu'on le dise, non pas certes pour se venger des protestants, non pas pour absoudre les catholiques de ce crime du 24 août, mais parce que la vérité a des droits, parce que l'histoire doit être impartiale (1).

Angoulême. Coligny fait pendre le franciscain Michel Grellet. Ils mutilent honteusement le franciscain Jean Viroleau. Ils fendent la tête du frère Jean Avril, octogénaire. Ils pendent le frère Pierre Bonneau. Ils attachent deux à deux des catholiques, sans leur donner à manger, pour les forcer de se dévorer entre eux. Ils attachent les derniers à des pieux et les brûlent à petit feu. Que dites-vous de cette Saint-Barthélemy ?

Bazas. On s'empare de pauvres femmes catholiques, on les charge de poudre, on y met le feu et les protestants se pâment d'aise en voyant éclater en morceaux ces canons vivants.

Saint-Gilles. Les huguenots massacrent 2.500 catholiques. *Le Calendrier des Psaumes*, livre protestant de l'époque, couvre de gloire ce fait glorieux : « Le 27 septembre 1562, victoire remportée par les fidèles contre les papistes de Saint-Gilles, en Languedoc. En ce jour, la ville fut mise au pillage, les ecclésiastiques égorgés et jetés dans les puits qui est joignant à l'église intérieure : les enfants de chœur précipités dans le même puits, chantant : *Christe, fili Dei vivi, miserere nobis.*

Que pensez-vous de la Saint-Barthélemy de Saint-Gilles ? Dix ans avant la Saint-Barthélemy de Paris ?... Est-il cynique cet homme qui admire ce meurtre et qui applaudit à l'assassinat de pauvres enfants, mourant le cantique sur les lèvres ?

(1) Nous puisons ces documents dans l'étude de S. Coubé. *Idéal*, p. 36, ainsi que dans le beau travail de Mgr Baudrillart. Page 247.

Nîmes (30 septembre, 1er octobre 1567). Effroyable massacre, appelé la **Michelade**.

On tue toute l'après-midi du 30. Le soir, on conduit une centaine de prêtres, d'avocats, d'artisans dans la cour de l'évêché. On leur enfonce une dague dans la poitrine et on les jette dans le puits. On y entasse 72 corps.

Orthez (août 1569). Horrible boucherie commandée par le farouche *Montgomery*. On jette dans le Gave. Ce sont des viols, des raffinements de cruauté diabolique.

Il y a plus de 3.000 cadavres au milieu des ruines fumantes. Il y eut donc dans cette petite ville autant de catholiques tués, autant et plus que dans toutes les scènes de la Saint-Barthélemy. Qu'en pensez-vous ?

Que de crimes atroces à Navarreux, à Lescar, à Pau, où Montgomery pend, égorge, tue avec traîtrise... N'est-ce pas lui qui, après avoir fait éventrer des religieux, les remplissait d'avoine et faisait manger ces chevaux dans ces auges sanglantes ?

A Saint-Sever, 200 prêtres sont précipités du haut des rochers. A Morlaas, un dominicain a les yeux arrachés et on le force à les manger...

Près d'Angoulême, un prêtre, Louis Fayard, a les mains maintenues dans l'huile bouillante jusqu'à ce que sa chair tombe en lambeaux, on lui verse cette huile dans la bouche et on le tue à coups d'arquebuse.

Colin Guillebaut est mutilé, puis enfermé dans un coffre et arrosé d'huile bouillante.

A Saint-Cybarde, le vicaire a les pieds ferrés comme un cheval. A Fonquebrune, le vicaire est attelé à une charrue et percé à coups d'aiguillon, jusqu'à la mort.

A Bayeux, des protestants enterrent des prêtres jusqu'au cou, et se servent de leurs têtes comme de quilles. A Molay, ils maçonnent le curé vivant dans une tombe dans son église. A Coutances, ils font subir aux religieuses les plus durs et les plus ignobles traitements.

Le **baron des Adrets** égorgea à lui seul plus de 4.000 catholiques, le double des protestants morts à la Saint-Barthélemy.

On trouverait bien d'autres faits aussi horribles, dans un document intitulé : « *Horribles cruauté des huguenots en France,* » publié au tome VI des archives curieuses de l'Histoire de France par Cimber et Danjou.

Eh bien ! vrai, lorsqu'on a de pareils forfaits sur la conscience, on est bien mal venu de gémir encore, après trois siècles, sur la Saint-Barthélemy et de la dénoncer comme un spécimen de la cruauté de l'Eglise catholique, en taisant les atrocités protestantes, pour ne faire voir dans les Réformés que de douces et innocentes victimes !

Ce n'est pas de l'histoire ! C'est du sectarisme !

III. ALLÉGATIONS TENDANCIEUSES

L'auteur présente les faits de façon à en faire retomber la responsabilité sur l'Eglise. Ce système est odieux.

Il n'y eut pas un prêtre, ni un religieux, ni même le duc de Guise, dans le fameux conseil où fut décidé le crime, après l'attentat, sur l'amiral de Coligny.

Au contraire, les évêques, le clergé, les religieux se firent les sauveurs et les défenseurs des protestants poursuivis par la fureur du peuple.

A Nîmes, les catholiques oublièrent même les odieuses persécutions qu'ils avaient eu à subir, en 1567 et 1569, de la part des protestants. Ils les cachèrent. Un historien calviniste nous a même raconté les grands exemples de générosité que donna Paris, le principal théâtre du massacre (1).

Il n'y eut absolument rien de *religieux* dans cet événement regrettable. Ce fut **un crime d'Etat**. La Saint-Barthélemy **fut un acte politique.** Tous les historiens le constatent, sauf ceux qui veulent, comme M. Aulard, tuer la religion en bafouant l'Eglise.

On sait que Catherine de Médicis oscillait perpétuellement entre les protestants et les catholiques. Elle favorisait même les premiers.

En 1561, elle écrit à la duchesse de Savoie « qu'elle est résolue de favoriser les huguenots d'où elle espère son salut contre le triumvirat... (2) »

« Elle fait proposer aux princes luthériens d'Allemagne un
« traité d'alliance pour obtenir leur secours contre les catholi-
« ques, dans le cas où Charles IX changerait de religion (3). »

(1) La Papelinière. Histoire de France. Cf. Barthélemy, p. 165. Les ducs de Guise, d'Aumale et de Biron usèrent de toute leur influence pour arrêter les égorgeurs.

(2) Cf. Mgr. Baudrillart, p. 160.

(3) Forneron. Hist. de Philippe II, p. 154. Cf. Pernoud p. 54.

Et Gaspard de Saulx-Tavannes fait observer que sans la faveur de la reine, les ligues des huguenots n'eussent commencé ni duré.

Si donc elle se décide au crime en 1572, ce n'est pas pour favoriser la religion catholique, c'est uniquement pour se débarrasser de *Coligny*, qui veut l'écarter du pouvoir. Nous l'avons dit déjà. Le fait est absolument indéniable.

Si, dans l'exécution du projet criminel, on a outrepassé les ordres, cela ne tient même pas à la *vengeance religieuse ;* les protestants ne furent pas massacrés parce qu'ils étaient protestants, en haine de leur religion ; mais plutôt par *vengeance personnelle.*

Beaucoup de ces bourreaux d'occasion avaient à se plaindre des vexations multiples, des persécutions atroces, endurées depuis longtemps, de la part de ceux qui furent « *bourreaux* » les premiers, et dont certains historiens font des « *innocentes victimes.* »

Il faut lire à ce sujet les pages superbes de Mgr Baudrillart (1). Il montre cette Catherine de Médicis, astucieuse, avide du pouvoir, démoralisant pour régner, plutôt huguenote que catholique... Il termine par ces paroles : « La Saint-Barthélemy, « ce crime abominable qu'égalent seuls dans notre histoire les « massacres de septembre, n'eut même pas pour excuse, chez « ceux qui l'ordonnèrent, le fanatisme religieux. Ce ne fut, osons « trancher le mot, qu'un expédient, la dernière ressource de la « souveraine aux abois, après l'assassinat manqué de l'Ami- « ral.... »

Plus loin l'auteur dit encore :

« Tout en poussant très loin l'art de se faire passer pour les « victimes, les protestants furent les instigateurs de toutes les « violences. Partout des actes de fanatisme commis par les pro- « testants, un vandalisme qui ne respectait ni les plus belles, ni « les plus chères images, et qui détruisait en un jour l'œuvre « des siècles, provoquèrent les catholiques et amenèrent les « premières répressions. C'est eux qui commencèrent la guerre « civile en 1562, et qui, par leur prise d'arme intempestive, et « peu motivée de 1567, rendirent vaines pour des années toute « promesse et toute pacification (2). »

J'engage aussi M. Aulard à lire ce qu'un académicien, Jules

(1) Ouvrage cité, p. 147 et seq.

(2) P. 361. Ouvrage cité.

Lemaître, a dit des protestants, dans une de ses dernières conférences sur Fénelon :

« Si les catholiques avaient employé à faire connaître les « crimes des protestants, la moitié de l'acharnement que ceux-« ci ont mis à dénoncer les crimes des catholiques,... on verrait « en France même toutes les *Saint-Barthélemy protestantes,* « qui, dans le Midi surtout, ont précédé ou suivi la Saint-Bar-« thélemy catholique... »

M. Lemaître n'est pas un curé, ni un homme d'église. M. Aulard ne saurait récuser ce témoignage.

XVIII. LA LIGUE

Parmi les erreurs *voulues* dont fourmille l'histoire d'Aulard (1), nous relevons seulement celles qui ont pour but de de discréditer l'Eglise catholique. Or, examinant de près le paragraphe que l'auteur consacre à la *Ligue,* on sent qu'ici, il se se propose d'atteindre ce but. Les mots sont agencés de façon à laisser dans l'âme de l'enfant une impression *pénible,* vis-à-vis du parti catholique, soutenu par la Papauté, et *favorable* vis-à-vis du protestantisme, représenté par Henri de Navarre. C'est, d'ailleurs, la tendance générale de cette Histoire : elle n'est qu'une apologie du protestantisme.

Il dit :

« *1° Guise, ambitieux (2), organisa la Sainte Ligue, par laquelle les catholiques les plus ardents le reconnaissaient pour leur chef. Les protestants avaient pour chef Henri de Navarre, prince brave, habile, spirituel, très tolérant.* »

Ces deux portraits, habilement juxtaposés, montrent bien de quel côté penche le cœur de l'historien Aulard. Du côté du protestant, comme toujours.

« *2° Guise et la Ligue... déclarèrent qu'il ne reconnaîtraient pas ce prince comme héritier de la couronne de France....* p. 79. »

(1) Nous rappelons que M. Aulard, auteur de l'Histoire *imposée* aux enfants et aux parents, est un franc-maçon *avéré et militant.* Il fait partie de la Ligue d'Enseignement, fondée par Jean Macé. Le 17 juin 1908, cette Ligue a posé la première pierre du splendide hôtel qu'elle se fait élever à Paris. Elle a choisi l'emplacement de la chapelle de l'*Abbaye-aux-Bois.* On a volé ce couvent, avec bien d'autres. Cette Ligue est **maçonnique.** Les catholiques doivent lui refuser leurs cotisations.

(2) Il n'était pas plus ambitieux que Condé.

Mais, Monsieur Aulard, vous ne dites pas **pourquoi.** Vous laissez supposer que ce fut par esprit révolutionnaire contre le principe d'hérédité monarchique.

Non, Monsieur, la Ligue ne voulait pas de Henri de Navarre, **parce qu'il était protestant.**

Il y avait longtemps déjà qu'en face des empiètements protestants et des vexations sans nombre, les catholiques de France s'étaient réunis, groupés, avaient formé des Ligues locales.

Quand, par la mort du duc d'Alençon, Henri de Navarre devint héritier du trône, le danger était devenu *national*. On pouvait craindre que ce protestant *relaps*, parvenu au trône, n'imposât à ses sujets la religion de Luther et de Calvin. L'union, pour le maintien de la vieille foi catholique, fut donc *nationale* (1).

Ce fut la Ligue.

La France avait-elle le droit de défendre sa foi ? de refuser d'être protestante ? Oui, certes. La France est essentielle catholique. Elle voulut rester catholique.

Que les chefs de la Ligue se soient servi plus tard, dans un but politique, de ce mouvement essentiellement religieux dans le principe... que la Ligue en soit venue à attaquer le principe d'hérédité monarchique... je ne le nie pas. C'était la force des choses, puisque le protestant était l'héritier du trône, et que l'on ne voulait pas du *protestant*... Mais dites-moi, est-ce qu'en Angleterre, la règle ne prévaut pas qu'aucun roi ne sera catholique ?

Est-ce que les historiens protestants s'en plaignent ? Non, certes.

L'impartialité vous obligeait donc de dire *pourquoi* la Ligue refusait de reconnaître Henri de Navarre comme héritier présomptif du trône.

3° Vous ajoutez : « *Le Pape l'excommunia.* » Oui, comme hérétique obstiné et relaps (9 septembre 1585) (2).

Mais sachez bien que Sixte-Quint, en favorisant la Ligue, n'agissait pas par caprice ou par passion. Il était conduit par un principe d'ordre supérieur. Il voulait conserver à la France sa vieille foi et sa vieille religion.

(1) Je vous recommande, Monsieur, de lire l'ouvrage du consciencieux historien de la Ligue, le comte de l'Espinois. Il est rempli de preuves, de textes, de documents. C'est de l'histoire.

(2) Cf. de l'Espinois, p. 26, et Dareste, p. 379.

Il n'était pas opposé en principe à Henri de Navarre. Ses déclarations formelles à son légat Caietani en font foi. Malgré l'Espagne, il n'avait pas voulu rompre avec les catholiques du parti royal. Il désirait et attendait la conversion sincère du protestant.

Ce rôle loyal du Pape est parfaitement mis à jour avec les documents à l'appui, dans l'in-8° de 670 pages, dû à M. de l'Espinois. Je vous conseille de le lire. Il faut bien se documenter, voyez-vous, avant d'écrire l'histoire. A moins que... comme vous, on ne fasse de l'histoire *subjective,* habillant les faits d'après des idées préconçues... Mais c'est alors du *roman.*

« 4° *Le Pape l'excommunia.* **Ce qui n'empêcha pas** *Henri de Navarre de remporter sur les catholiques la victoire de Coutras...* » p. 79.

C'est une manière de jeter le discrédit sur l'excommunication. C'est une « gaminerie. » C'est bête...

5° « *Il vint assiéger la capitale où régnait un grand fanatisme ; des prêtres sanguinaires prêchaient chaque jour l'assassinat...* » p. 80.

Ne craignez pas, Monsieur, je ne veux pas me faire l'apologiste des discours enflammés et révolutionnaires prononcés dans les chaires catholiques, durant ces tristes années du XVIme siècle finissant.

Mais, tout de même, se donner la satisfaction satanique d'unir ces deux mots : « *prêtres sanguinaires,* » prétendre qu'ils « *y prêchaient chaque jour l'assassinat.* » C'est fort.

Parce qu'un jeune moine de 24 ans (1), poignardera Henri III, vous concluez que **tous** les prêtres avaient soif de sang. Cette méthode est injuste.

Le crime de Jacques Clément est horrible, atroce. Je le reconnais. J'avoue encore que cette époque où l'assassinat passe pour un acte de vertu, est peut-être l'une des plus tristes de notre histoire nationale.

Mais savez-vous, Monsieur, vous qui êtes si partial en faveur des protestants, vos amis, savez-vous que les disciples de Luther, **les premiers**, ont *justifié* et *glorifié* l'assassinat politique ainsi que le régicide ?

Voltaire lui-même le reconnait.

Bien avant que les prédicateurs de la Ligue eussent laissé en-

(1) « **Aussi,** un moine, Jacques Clément, alla-t-il poignarder Henri III à Saint-Cloud.. » Aulard, p. 80.

trevoir la possibilité du meurtre de Henri III, les prédicants calvinistes avaient poussé à l'assassinat de Catherine de Médicis et de Charles IX. Lorsque Poltrot de Méré tua le duc de Guise, Théodore de Bèze et beaucoup d'autres ministres protestants déclarèrent publiquement, du haut de la chaire, que ce misérable avait agi *par inspiration divine.* « Ils le célébrèrent comme « un martyr, comme un héros et un saint. Par cette main pro- « testante, la hideuse coutume de l'assassinat s'introduisit dans « la guerre, par ces bouches protestantes, elle fut pour la pre- « mière fois glorifiée (1). »

En avez-vous dit un mot, quand vous avez parlé de l'assassinat du duc de Guise, au siège d'Orléans ? p. 78. Non, pas un mot.

Vous auriez pu dire encore que Poltrot de Méré tua le duc *à l'instigation de votre ami Coligny* (2).

C'est en vain que l'amiral, dans un mémoire daté de Caen, le 12 mars, a voulu se laver de cette accusation. Il est certain que l'assassin était son familier, il avait vécu sous sa tente, Coligny avoue lui-même que Poltrot de Méré lui avait servi d'espion. Il reconnait lui avoir donné de l'argent. Il ajoute même : « Je con- « fesse que quand j'ay ouï dire à quelqu'un qu'il tuerait, s'il « pouvait, M. de Guise, jusque dans son camp, je ne l'en ai pas « détourné. »

D'ailleurs, Méré continua, jusque sur l'échafaud, d'accuser Coligny et son frère d'Andelot, de l'avoir poussé au crime... (3).

D'où je conclus que : 1° vos chers grands hommes et amis, les protestants, sont parfois de bien petites gens ; 2° vous êtes bien *réservé* dans les choses qui pourraient leur nuire, et bien *prolixe* quand il s'agit des catholiques. Ce n'est pas, Monsieur, l'histoire impartiale : c'est **le pamphlet**.

(1) Mgr Baudrillart, p. 159.

(2) Nous avons été écœuré de voir un général français, ministre de la guerre, faire l'éloge de ce gredin, de ce traître, à Saint-Quentin, en présidant le concours des sociétés de gymnastique.

Faut-il que nous soyons condamnés, en France, à entendre le représentant de l'armée faire à nos futurs soldats, presque officiellement, l'éloge d'un traître et d'un vendu !!! *Proh dolor !!!*

(3) Cf. Idéal, août 1909, p. 342.

XIX. QUELQUES DÉTAILS

1° Misère du peuple

« *Louis XIV se fit construire à Versailles un palais qui coûta* « *plus de 500 millions, alors que parfois les paysans étaient* « *réduits à manger de l'herbe...* » p. 107.

« *Pendant un quart de siècle, il y eut une telle misère que des* « *quantités de paysans moururent de faim.* » p. 110.

« *Le roi dépensait pour son bien-être et pour celui de ses favo-* « *ris, peut-être plus de cent millions par an, pendant que les* « *paysans en étaient réduits parfois à manger de l'herbe...* » p. 133.

Vous mettez, Monsieur, une insistance vraiment puérile, à raconter aux enfants des bêtises. Que de calembredaines !!... Un chroniqueur du XIme siècle, Raoul Glaber, nous dit qu'en l'an 1032, « les récoltes furent entièrement détruites, par des « pluies continuelles... Tous avaient la faim sur les lèvres... On « mangeait l'écorce des arbres... on s'arrachait l'herbe des « ruisseaux... »

Est-ce le récit du Chroniqueur qui a aidé votre imagination puissante à *forger* les *inventions* que vous répétez dans votre histoire, et que vous renforcez par des gravures suggestives ? Je n'en sais rien. En tout cas, sachez bien que, même dans les temps des plus grandes disettes, les hommes ne se nourrissaient pas d'*herbes*. L'herbe est faite pour l'estomac des animaux. Elle ne serait pas digérée par l'homme. — Quant aux cinq cents millions, dépensés par Louis XIV, pour la construction du palais de Versailles, vous exagérez certainement.

Dareste nous dit « qu'il résulte des calculs récents faits sur « les comptes, que Louis XIV dépensa dans le cours de son « règne 112 millions pour Versailles... (1). »

Je n'ai pas vu le château de Versailles. On le dit superbe. Je vous avouerai toutefois que volontiers, je donne tort à Louis XIV d'avoir trop dépensé d'argent pour cela...

Mais je connais un ministre qui engloutit l'argent français dans la « *restauration* » du palais qu'il se destine... Ce palais appartenait à un prince de l'Eglise (2). Celui-ci l'habitait tel quel. Mais le ministre ne l'a plus trouvé digne de lui !!!...

Voyez-vous, la grandeur donne l'amour du faste... même chez

(1) Hist. de France, t. V. p. 510.
(2) Le cardinal-archevêque de Paris.

les parvenus!!! C'est une circonstance atténuante pour Louis XIV, qui fut un grand roi.

2° Le pacte de famine

« *Plusieurs historiens assurent qu'il* (Louis XV) *profita de la* « *détresse de ses sujets pour spéculer lui-même sur les grains.* » p. 120.

Monsieur, vous faire l'écho d'une *semblable calomnie*, c'est **absolument odieux.** Je vous le dis bien en face, pour vous montrer que je ne crains personne, lorsque je défends la vérité. Vous croyez nous faire trembler. Vous avez écrit dans *Le Siècle* : « *Le clergé catholique a peur de nous. Il a peur de notre science,* « *il a peur de notre bonne foi, il a peur de notre* **modestie,** *il* « *a peur de notre tolérance...* » (1).

Monsieur, nous n'avons peur de rien, nous n'avons peur de personne, et surtout nous n'avons pas peur de vous.

Oui, Monsieur, c'est odieux.

Vous dites : « *plusieurs historiens assurent...* » Ces historiens, quels sont-ils? Sans doute des menteurs qui sont allés ramasser cette calomnie dans les égouts des **pamphlets** du temps?...

Dans votre Cours supérieur, vous ne cherchez même plus à mettre vos calomnies sous le couvert « *de plusieurs historiens,* » vous affirmez carrément : « *Sous Terray, l'Etat fit banqueroute,* « *et Louis XV profita de la détresse de ses sujets pour spéculer* « *lui-même sur les grains : c'est* **le pacte de famine...** » (2).

Si vous êtes *historien*, vous savez parfaitement que cette *légende* est l'invention d'un fou. Il y a longtemps que les historiens en ont fait bonne justice.

Lisez donc Lavisse (3). Lisez Dareste (4). Lisez Larousse (5).

Il est certain que le gouvernement de Louis XV se préoccupa des provisions de grains pour les temps de disette. On les faisait passer à des prix très modérés, dans les provinces les plus pauvres. *Ces opérations furent toujours très honnêtes.* Ce fut un cer-

(1) Dernières cartouches, p. 63.
(2) Cours Supérieur d'Aulard et Debidour, p. 200.
(3) T. VIII, deuxième partie, p. 258 et 414.
(4) T. VI, p. 202.
(5) Au mot « *famine.* »

M. Biré a consacré une Etude au « *Pacte de famine* » dans *Le Correspondant,* année 1889.

tain Prévôt de Beaumont qui *crut y voir* le texte d'un « *Pacte de famine...* »

Mais, voyez-vous enseigner aux enfants, comme un *fait historique*, une pareille *légende*, c'est une **indignité...**

3° Tartuffe

« *Il* (Molière) *peignit dans Tartufe cette hypocrisie religieuse* « *qui, à la fin du règne de Louis XIV, devait causer tant de maux...* » p. 113.

Naturellement, l'auteur haineux citera, parmi les « *célèbres comédies* » de Molière, en premier lieu *Tartuffe.* On devine pourquoi : *l'hypocrisie religieuse...* Ceci est tout à fait **imprécis.** Mais l'auteur **veut** *cette imprécision*, pour laisser dans l'âme de l'enfant un trouble malsain. Pour ce pauvre petit étudiant, **tout dévot,** même le meilleur, sera forcément un Tartuffe, tandis qu'au fond, c'est surtout *l'hypocrisie janséniste* qu'a voulu peindre le célèbre comédien (1).

4° Persécutions religieuses

« *A la mort du duc d'Orléans, les persécutions religieuses* « *recommencèrent au profit de l'Eglise catholique. On rétablit la* « *peine des galères perpétuelles contre les protestants qui exerce-* « *raient leur religion, et la peine de mort contre les pasteurs. Les* « *protestants furent forcés de faire élever leurs enfants dans la* « *religion catholique, et les médecins durent dénoncer les mori-* « *bonds, afin qu'on les forçât à recevoir les sacrements.*

« *Plus tard, les philosophes aussi furent persécutés par* « *Louis XV qui édicta la peine de mort contre les écrivains qui* « *oseraient exprimer des doctrines contraires à la monarchie et* « *à l'Eglise...* » *p. 118.*

Ceci est une *contre-vérité historique.* Ce sont les persécutés qui deviennent persécuteurs. On croirait difficilement à une telle impudeur chez un historien, si l'on ne plaçait sous les yeux le texte même de ces mensonges effrontés.

Pauvres enfants, que vous êtes donc à plaindre !! Vous êtes **obligés** de vous nourrir de cette nourriture malsaine !! Vous êtes **contraints** d'absorber ce poison !!

(1) Il faut voir la remarquable étude de l'abbé Davin : « *Les sources du Tartuffe.* » Ch. Barthélémy s'en est inspiré dans son travail : « *Qu'est-ce que Tartuffe ?* » (t. V, p. 105).

Moi, je vous plains...
Le poète disait :

« *Je suis venu trop tard dans un siècle trop vieux...* » (1).

Pour vous, vous êtes venus trop tôt, dans un siècle maudit... Mais du moins, si la tyrannie moderne qui pèse sur vous, comme dans les temps antiques du paganisme, vous **force** à étudier ces mensonges, cherchez ici la vérité... prenez-y le contre-poison !...

5° Dernières années de Louis XIV

« *Quand il mourut, en 1715, il laissa la France ruinée, en* « *proie à la famine, souffrant de toutes les misères de la servi-* « *tude...* » p. 110.

Il y a dans ce tableau une exagération *voulue, calculée.* Evidemment les guerres de Louis XIV épuisèrent la France. Il y eut *gêne, malaise.* Mais il y a loin de là à la **ruine.** » La France est « cassée, disait le duc d'Aumale après les désastres de 1870, « mais les morceaux en sont encore bons... » On peut en dire autant, et à plus juste titre, de la France après Louis XIV (2).

« Les dernières années du règne de Louis XIV furent signalées « par de nouvelles persécutions contre les protestants et aussi « contre les Jansénistes, secte catholique, dont l'austérité et « l'indépendance irritaient le despotisme du roi (3). »

Quelle perfidie !!!!
Nous n'insistons pas.

6° Les Jésuites

Ce bon Monsieur Aulard les a en horreur. Il y revient à maintes reprises.

« *Henri IV se montra clément, se contentant de bannir... les* « *Jésuites, ordre religieux puissant, tout dévoué au pape, et dont* « *les discours ou les livres avaient porté deux misérables, Pierre* « *Barrière et Jean Chatel à tenter de l'assassiner, mais plus tard* « *il eut la faiblesse de les rappeler...* » p. 83 (4).

(1) C'est Musset, je crois.
(2) Cité par l'abbé Thomassin.
(3) Cours Supérieur, p. 190.
(4) Où avez-vous pris tout cela ? Probablement dans le pamphlet de Masure, ennemi déclaré des Jésuites.

Le Parlement de Paris les proscrivit sans les avoir appelés ni entendus,

Un peu plus loin : « *Les Jésuites, rentrés en France, fondèrent* « *beaucoup de collèges, où ils élevèrent les enfants de la noblesse et* « *de la haute bourgeoisie, et poussèrent les rois à la destruction* « *du protestantisme...* » p. 90.

Ces hommes funestes furent enfin « *expulsés de France. Les* « *bons Français (1) les virent partir avec joie. Mais comme ils* « *s'étaient peu à peu emparés des plus importants collèges et* « *qu'on les expulsa sans avoir eu soin de former un personnel* « *enseignant pour les remplacer, l'instruction secondaire s'affai-* « *blit notablement...* » (2).

Voilà ce qu'on appelle « *neutralité.* » Voilà l'histoire, que devront apprendre nos enfants. Ce n'est ni plus ni moins qu'un pamphlet. Nous l'avons dit déjà et chaque page nous en apporte une preuve nouvelle.

Pour nous, l'action des Jésuites a un autre aspect. Ils ont *formé en France l'esprit catholique.* Nous leur devons la conservation de *notre foi nationale,* et nous les en remercions. Un rapport du légat Caietani à Sixte-Quint nous apprend, en effet, que c'est grâce aux Jésuites que la religion fut conservée dans notre pays sur la fin du XVIme siècle (3).

Quant aux *accusations* portées par l'auteur contre ces Religieux, ce sont de pures **calomnies.** Je mets M. Aulard au défi de prouver, par un Document, que « *les discours ou les livres des* « *Jésuites portèrent Pierre Barrière et Jean Chatel à assassiner* « *Henri IV.* » (4).

Ce dernier était âgé de dix-huit ans, *élève* à Clermont, au collège des Jésuites. Le 27 décembre 1594, il frappa le roi d'un coup de couteau à la lèvre (5).

Le Parlement de Paris, *ennemi des Jésuites,* profita de ce fait, pour les accuser. Il prétendit qu'ils avaient excité leur jeune

et le protestant Sismondi, peu sympathique au catholicisme, a écrit de cette expulsion : « *C'est une scandaleuse iniquité, un grand acte de* « *lâcheté politique.* »

(1) Parmi ces « *bons Français* » vous comptez sans doute la Pompadour, qui n'est certes guère recommandable.

(2) Les anticléricaux d'aujourd'hui ont été plus prévoyants. Ils avaient préparé leur personnel enseignant avant de chasser les Congréganistes.

(3) Monseigneur Baudrillart, p. 163.

(4) Aulard, p. 84.

(5) « La blessure fut si peu dangereuse que le roi pût se montrer dès le « lendemain à un *Te Deum...* » Dareste, t. IV, p. 523.

« Le régicide eut le poing coupé et fut écartelé en Grève... » Ibid.

élève au régicide. Il en fit saisir et exécuter deux d'entre eux (1), manifestement innocents. Tous les autres furent bannis. (Janvier 1595).

Henri IV désapprouva l'attitude du Parlement, et quelques années plus tard, en 1603, il rappela les Jésuites. Il leur bâtit même un nouveau collège à la Flèche, choisit l'un d'eux, le Père Cotton, pour confesseur. C'est une preuve qu'il ne les croyait pas coupables (2). C'était une *justice,* et non une « *faiblesse* » comme le prétend M. Aulard (3).

D'ailleurs, *l'opinion générale* donna tort au Parlement, comme nous l'avons dit plus haut, le protestant Sismondi déclare que cet acte de proscription injustifiée, fut une « *scandaleuse ini-* « *quité, un grand acte de lâcheté politique...* » (4).

Il n'est pas possible de relever toutes les erreurs, toutes les calomnies directes, toutes les insinuations malveillantes et mensongères, dont l'auteur émaille son récit.

C'est ainsi qu'il représente toutes les « *Congrégations d'hom-* « *mes et de femmes, travaillant à abolir la liberté de cons-* « *cience.* » p. 91.

Cela est dit pour que l'enfant du xxme siècle comprenne bien que la troisième République a fait œuvre saine et utile en chassant tout ce monde là.

De même, il insinue que les conversions du protestantisme au catholicisme, se sont toutes faites « *par intérêt.* » p. 90.

Citons enfin une gravure très suggestive à la page 99. Elle représente les horreurs de la guerre, pillage et tuerie des paysans, « *qui le plus souvent ignorent les raisons de la guerre,* « *mais en subissent toujours les premiers les atrocités...* (5). »

Evidemment la guerre est chose horrible. Les brigandages qui s'ensuivent quelquefois sont détestables. Mais donner un tableau, évidemment imaginaire, exagéré avec une devise plutôt antimilitariste, cela dénote chez l'auteur, une triste mentalité.

(1) L'un avait été le professeur de Chatel.

(2) Cf. Dareste, t. IV, p. 587. Il n'avait d'abord rappelé que les Jésuites d'origine française, mais en 1608, il étendit ces faveurs aux Jésuites étrangers.

(3) P. 85.

(4) Voir plus haut. Note.

(5) Aulard. La devise qui souligne la gravure est toujours remplie de mensonges.

7° Ravaillac

« Ancien clerc de procureur et maître d'école qui, égaré par « de prétendues visions et des prédications fanatiques, en était « venu à croire, comme Jacques Clément, qu'il ferait œuvre « agréable à Dieu en tuant le roi qu'il regardait comme l'ennemi « du Pape... » p. 87... « *fanatique, qu'animaient encore les* « *haines de la Ligue...* » p. 86,

On remarquera ici l'agencement tendancieux, cher à l'auteur, pour laisser à l'enfant l'impression que le crime commis est imputable à l'Eglise.

L'histoire nous dit que Ravaillac n'était qu'un fanatique **isolé.** Il n'eut pas de complice. Il ne prit le mot d'ordre de personne. Son régicide fut maudit de tout le monde. Mais l'auteur, par une calomnie adroite, le fera remonter jusqu'à la Ligue (1).

8° La *lecture* de la page 105 est absolument grotesque. Il s'agit du **« lever du roi Louis XIV. »** Jamais auteur *sérieux* n'introduirait de semblables balivernes dans un manuel d'histoire (2). Il faut être Aulard et Debidour, et avoir pour but de discréditer par tous moyens la Royauté honnie. Lire ce qu'en dit le *Nouveau Larousse* (3). « On nommait ainsi la réception « particulière qui avait lieu dans la chambre du roi, après qu'il « s'était levé... etc... » Dans notre siècle de démocratie, nous ne comprenons plus cette époque où tout se faisait « *à l'étiquette.* » Ce n'est pas une raison pour la ridiculiser. Elle eut ses grandeurs. Qui sait si en *des jours plus démocrates* encore, on ne ridiculisera pas le faste dont s'entourent en certaines circonstances, nos Présidents de la République? Ceci soit dit en passant, car le lever de Louis XIV n'intéresse en rien l'Eglise... (4).

XX. RÉVOCATION DE L'EDIT DE NANTES

« *Les protestants français étaient des sujets fidèles, dévoués,* « *instruits, actifs. Dans l'industrie, le commerce, l'armée, la* « *marine, ils se faisaient remarquer par leur intelligence, leur* « *probité et la pureté de leurs mœurs...* » p. 109.

(1) Voir Dareste, p. 608, t. V. C'est un historien très modéré, pas clérical.

(2) « ... Elles avaient l'honneur de voir le roi se mettre sur sa chaise « percée, et un grand seigneur l'y aidait... » Aulard.

(3) T. V, p. 665.

(4) Voir aussi Dareste, t. V, p. 570.

« *Poussé par les Jésuites, Louis XIV révoqua cet édit* (de Nan-
« tes)...

« *Il y eut une persécution atroce. Beaucoup de protestants
« furent envoyés aux galères. Un très grand nombre sortirent du
« royaume, et comme ils étaient parmi les plus distingués des
« Français, la nation fut comme décapitée par ce coup d'Etat
« religieux...* » p. 100.

1° Toutes les prédilections **protestantes** de notre auteur, se révèlent ici. Il faut savourer le portrait flatteur de ces chers protestants, « *sujets fidèles, dévoués, probes, aux mœurs
« pures...* (1). »

2° Il a soin encore d'insinuer que ce fut « un coup d'Etat **religieux** » que Louis XIV « *poussé par les Jésuites* » révoqua l'édit de Henri IV. Il faut bien que toutes les responsabilités pèsent sur cette Eglise maudite. C'est une tactique que nous remarquons à chaque ligne.

Il importe donc de remettre chaque chose au point, de transporter les faits dans leur milieu respectif, pour se faire une idée aussi juste que possible, de cette question *très complexe*, sur laquelle il est très difficile de porter un jugement *sommaire* comme le fait Aulard, d'après le plan qu'il s'est tracé. Il faudrait des volumes.

* * *

Je ne veux pas faire un plaidoyer en faveur de Louis XIV. J'avoue même qu'il y a de grandes réserves à faire sur la politique *religieuse* du Roi, en général, et sur sa conduite vis-à-vis des protestants, en particulier. Je blâme *toutes ces mesures d'exception*, tous ces *moyens de coercition*, pour *forcer* les consciences, et ne faire que des *hypocrites*. Je suis de l'avis de Fénelon quand il écrivait : « Partout où les missionnaires sont réunis
« aux troupes royales, les nouveaux convertis vont en foule à la
« communion. On croit que tout est fini... Pour moi, je n'y vois
« que la profanation de nos plus augustes mystères... »

Le Pape Innocent IX disait lui-même, en plein Consistoire, que « Jésus-Christ n'avait pas employé cette méthode de conver-
« sion » « qu'il faut *conduire* les hommes au temple, et non les
« y *traîner*. »

Je suis de l'avis du Pape.

(1) Voir plus haut.

Mais le récit d'Aulard a un caractère manifestement tendancieux. Il est faux sur quelques points, exagéré sur d'autres, toujours dans le même but, et après la déclaration que je viens de faire en toute sincérité, je serai plus à mon aise pour réfuter ses assertions.

I. Les protestants, à la veille de la Révocation de l'Edit de Nantes, étaient-ils « des sujets fidèles, dévoués, » etc... ?

Je réponds : *Non*, et je le prouve.

« Dans son bel ouvrage (1), Mgr Baudrillart nous dit que les « protestants formèrent une République très entreprenante au « sein d'un Etat où tout se relâchait et s'effondrait (2). Animés « d'un rare esprit d'indépendance (3), ils furent préservés de « l'anarchie par l'imminence des périls qui les menaçaient...

« Ils avaient une idée : s'emparer du pouvoir et *substituer « leurs croyances à celles de la majorité...* Ils avaient des hom- « mes... Ils comptaient des alliés... Ils tenaient des portions « notables et homogènes du territoire français, c'est-à-dire, « autant de citadelles où se réfugier et d'où s'élancer « à l'heure voulue. Enfin, force incalculable dans les temps « troublés, ils ne reculaient devant rien. Tout en poussant très « loin l'art de se faire passer pour des victimes, ils furent les « instigateurs de toutes les violences.

« Partout, des actes de fanatisme commis par les protestants, « un vandalisme qui ne respectait ni les plus belles ni les plus « chères images, et qui détruisait en un jour, l'œuvre des siè- « cles, provoquèrent les catholiques et amenèrent les premières « répressions. C'est eux qui commencèrent la guerre civile « en 1562, et qui, par leur prise d'arme, intempestive et peu « motivée en 1567, rendirent vaines pour des années toute pro- « messe et toute pacification... »

Ce portrait du protestantisme, tracé de main de maître, était bien le même encore sous Louis XIV (4). Les Réformés n'étaient donc pas des sujets si *fidèles*, si *dévoués*, que le veut M. Aulard.

(1) L'Eglise catholique, la Renaissance, le Protestantisme, p. 157.

(2) Il s'agit de la France au XVIme siècle.

(3) Il en est ainsi encore. Au témoignage de M. Augagneur, tandis qu'il était gouverneur de Madagascar, il rencontra une opposition violente, de la part des protestants, quand il voulut les soumettre à la *loi commune* (Cf. *Dernières Cartouches*, p. 85).

(4) D'après Dareste, ils auraient pris un peu de « *repos* » après la paix d'Alais, en 1629, « eux si remuants et si pleins de prétentions durant la

Peut-être récusera-t-il ce témoignage, parce qu'il vient d'un historien qui est prêtre ?

Mais je lui citerai d'autres témoins peu suspects de cléricalisme. Il pourra s'édifier sur la « *fidélité, le dévouement de ses* « *chers protestants...* »

Il est certain que c'est par « *menaces* » qu'ils avaient extorqué à Henri IV, leur ancien coreligionnaire, l'édit de 1598 (1). Voltaire lui-même déclare qu'ils l'avaient obtenu les « *armes à la main* (2). » Cet Edit leur accordait des privilèges considérables, avec cent cinquante places fortes. C'était un Etat constitué au cœur de l'Etat. Les protestants abusèrent étrangement de cette situation et dans l'espace de dix ans, on vit ces « *dévoués et fidèles sujets* » fomenter trois révoltes (3).

Les protestants formaient donc un *parti* en France, plutôt opposé au pouvoir.

C'est ce que remarquent les historiens, même les plus hostiles.

« L'existence du parti protestant était une menace perpétuelle « pour l'unité nationale.

« Il était l'allié naturel de tous les ennemis de la couronne. « Tant qu'ils subsistaient comme organisation politique, l'unité « du royaume était irréalisable. Tant qu'il subsistait comme « organisation militaire, aucune entreprise de longue haleine « au dehors n'était possible... » (M. HANOTAUX). Michelet, en avait fait déjà la remarque : « A cette époque, la France bornée dans « ses succès par la Hollande, sentait une autre Hollande (les « protestants) en son sein, qui se réjouissait des succès de « l'autre... (4) »

« Aussi, il y avait contre les protestants, une grande exaspé- « ration. »

* * *

« première partie du règne de Louis XIII. » Mazarin les appelait « *le troupeau fidèle.* » Dareste, t. V, p. 536. Mazarin était un Italien qui voulait sans doute les flatter.

(1) Voir les preuves dans Ch. Barthélemy, t. II, p. 159.

(2) Le Siècle de Louis XIV. Chap. *Calvinisme.*

(3) Cf. Barthélemy, p. 181. Je répète que, sans attribuer à cet ouvrage une valeur incontestée, il n'est cependant pas possible de nier tous les *faits* cités.

(4) Dareste avoue que les calvinistes français entretenaient avec leurs coreligionnaires des Provinces-Unies ou du Brandebourg, des correspondances suspectes. (t. V, p. 538).

Ces hommes, si honnêtes, si probes, aux mœurs si pures, tels que M. Aulard nous les dépeints avec amour, étaient cependant, des êtres bien *cruels,* vis-à-vis des catholiques. Il faut lire ce qui est dit sur les agissements protestants, à la veille de la Révocation, dans l'Histoire de Lavisse.

Cette histoire, publiée sous la direction de l'académicien, est très estimée dans les milieux universitaires. Elle n'est pas suspecte de cléricalisme, car Lavisse est un libre-penseur avéré, qui dernièrement encore, en pleine Académie, faisait publiquement profession de *positivisme,* c'est-à-dire : *d'athéisme.*

Or, voici ce qui est écrit au tome VII (1).

« Les Huguenots se tenaient serrés les uns contre les autres.
« Là où ils étaient la pluralité, ils vexaient les catholiques
« autant qu'ils le pouvaient (2).

« Ils leur fermaient les métiers dont ils occupaient les maî-
« trises. S'ils occupaient les charges municipales, ils surchar-
« geaient les catholiques, dans la répartition de la taille et des
« logements des gens de guerre. Ils persécutaient leurs coreli-
« gionnaires convertis au catholicisme. Des fanatiques bravaient
« les catholiques par des manifestations et des injures..., insul-
« taient ou détruisaient les saintes images... coupaient les pro-
« cessions par le passage de leurs carrosses... profanaient les
« cimetières catholiques... »

Qu'en pensez-vous, Monsieur Aulard ?

II. *Louis XIV fut-il poussé par les Jésuites ?*

Dans le Cours Supérieur, M. Aulard nous dit : « *Poussé par* « *Mme de Maintenon, qu'il avait secrètement épousée et qui le* « *plaça sous l'influence des religieux, appelés Jésuites*... p. 186 (3). »

Nous avons déjà fait remarquer avec quel art infernal l'auteur rejette sur l'Eglise la responsabilité des guerres *civiles,* appelées improprement guerres *religieuses,* et qui firent tant de mal à la France au XVme et au XVIme siècle.

Nous trouvons ici la même tactique. C'est mensonger et

(1) Deuxième partie, p. 41.

(2) Il est assez pénible de voir jouer sur nos théâtres vosgiens l'opéra de Meyerbeer « *les Huguenots,* » où il y a des erreurs historiques et des calomnies. La scène de la bénédiction des poignards, en particulier, par le Cardinal de Lorraine.

(3) C'est encore un moyen d'attaquer la religion, car Mme de Maintenon représentait à la cour le parti religieux, voire même pieux.

déloyal. Il veut faire rejaillir sur le Clergé et sur l'Eglise la responsabilité de cette « **Révocation.** » Or, le Clergé n'y est absolument pour rien. Dans les procès-verbaux des Délibérations du Clergé (de 1600 à 1685), on trouve une foule de réclamations contre les empiètements et les vexations des protestants, mais on ne trouve pas un *seul vœu* tendant à restreindre leurs libertés existantes. A la veille même de la Révocation (le 25 mai 1685) les députés du Clergé protestaient encore que « leurs très humbles « prières n'étaient pas pour la révocation d'aucun Edit... (1). »

Quant à la conduite du *Pape* Innocent XI, voici ce qu'en dit Dareste, auteur peu suspect de cléricalisme :

« Quand il connut le fait, il affecta de garder le silence. Deux « mois après l'Edit de Révocation, il adressa au Roi un Bref de « félicitations assez vague. Enfin, lorsqu'il se décida à faire « célébrer à Rome, les fêtes traditionnelles qui accompagnaient « chaque nouvelle d'un triomphe sur le protestantisme, il le fit « tard et avec peu de solennité. Il tenait en même temps à « déplaire à Louis XIV et à se réjouir avec modération d'un « succès obtenu par de mauvais moyens... (2) »

Il est donc bien évident que le Pape, qui n'avait pas *demandé* la Révocation de l'Edit, n'y donnait pas non plus une approbation bien enthousiaste... Ceci d'ailleurs est encore prouvé par les témoignages contemporains.

1° Un journaliste du temps, écrit à la date du 27 octobre 1685 : « Le Pape ne reçoit pas fort bien les nouvelles de toutes les con- « versions qui se font en France et a même dit qu'on se relevait « d'une erreur pour tomber dans une autre. Il ne peut se « contenter de la manière dont se font les conversions. »

2° Le Gendre, dit dans ses mémoires : « Le croira-t-on, ce sera « sans doute avec peine, mais la chose n'en est pas moins vraie. « Quelque joie qu'eussent les catholiques d'un si heureux « événement, on ne s'en réjouit guère à Rome, Innocent XI « moins qu'un autre, disant qu'il ne pouvait approuver ni le « motif ni les moyens de ces conversions à milliers dont aucune « n'était volontaire (3). »

(1) Cf. Jaugey, p. 2207.

(2) Tome V, p. 566.

(3) Cité par Jaugey, col. 2209. Je sais bien que ce Dictionnaire d'Apologétique n'est plus « *à hauteur* » au dire de quelques-uns. Toutefois, les *faits* qui sont des *preuves*, ainsi que les *témoignages*, ont toujours leur valeur.

3° L'auteur d'une réponse à l'avocat général Talon, imprimée à Rome, déclare que : « le Pape, l'Eglise et ses ministres, ont « trop de discernement pour se faire un grand sujet de joie « d'une conversion extérieure et apparente (1). »

Les *évêques* de France eux-mêmes, s'efforcèrent d'atténuer, dans la mesure du possible, les effets de cet acte regrettable en soi. Guizot, l'historien protestant, en fait lui-même la remarque : « L'adoucissement tacite des rigueurs contre les Réformés, « de 1688 à 1700, fut le fruit des représentations de Bossuet, de « Fénelon, et du cardinal de Noailles... (2). »

Il est vrai, qu'*après la Révocation,* il s'éleva des voix pour glorifier le fait accompli. On cite les éloges de Bossuet à Louis XIV, dans l'oraison funèbre de Michel le Tellier. Après tout, on sait que Bossuet chanta autour du trône, un hymne plein d'admiration et de louanges. Ceci n'est qu'une *note* dans le chant. J'ajoute que Bossuet, avec beaucoup d'autres, qui aurait plutôt *déconseillé* la Révocation, se réjouit du fait accompli, parce qu'il entrevoyait les conséquences favorables à la religion et à l'Etat.

Quant aux *Jésuites,* ils ont été accusés bien à tort. On a surtout incriminé le Père Lachaise, confesseur du Roi.

Deux historiens protestants, en particulier, Elie Benoît et Schœll, s'acharnent contre lui. Henri Martin, à son tour, prétend qu'il « est un de ceux qui doivent assumer sur leur tête « les conséquences d'une telle décision. »

Tout cela est absolument faux. Dans leur apostolat, les Jésuites n'avaient recours qu'au *raisonnement* et à la *persuasion.* Leurs missions furent très fécondes, par ces moyens, surtout en Alsace (3).

Quant au Père Lachaise, d'accord avec l'Archevêque de Paris et Pélisson, s'il désirait le retour des protestants à la religion catholique, il repoussait toute idée de violence, tout moyen de persécution.

(1) Jaugey cite Gérin : *Recherches historiques sur l'assemblée de 1682.* p. 319.

(2) Tome IV, 1. 445.

(3) Après, comme avant la Révocation, ils continuèrent leurs missions. Ils envoyaient des missionnaires, pour *persuader, convertir, ramener* les protestants, sans violence. Le fameux Père Bourdaloue et le Père la Rue était du nombre.

L'abbé de Choisy qui résidait à la Cour, et nous en a décrit la vie intime, nous apporte sur ce point un témoignage précis.

Le marquis de la Fare, *ennemi des Jésuites*, nous dit lui-même dans ses mémoires que « le Père Lachaise n'avait pas été de « l'avis des violences qu'on a faites. »

Oroux, dans son *Histoire ecclésiastique de la cour de France*, expose ainsi la conduite du Jésuite : « Il s'éleva en particulier « fortement contre l'exhumation des cadavres des protestants, « traînés sur la claie et portés à la voirie. Il représenta forte- « ment à Sa Majesté tout ce que cette accusation avait d'odieux « et de barbare, aussi le ministre Jurieu plus équitable à son « égard, que ne l'ont été quelques écrivains, même catholiques, « ne pouvait-il imaginer qu'il fut capable des procédés sévères « dont se plaignait la prétendue Réforme (1). »

Cette conduite du P. Lachaise ne concorderait pas d'ailleurs avec le portrait que nous en fait Saint-Simon, pourtant ennemi acharné des Jésuites :

« Juste, droit, sensé, sage et modéré, fort ennemi de la délation, « de la violence, des éclats, il avait de l'honneur, de la probité, « de l'humanité. On le trouvait toujours poli, modeste et très « respectueux. Les ennemis mêmes des Jésuites furent forcés de « lui rendre cette justice et d'avouer que c'était un homme de « bien, honnêtement né et très digne de remplir sa place. »

Quant à *Mme de Maintenon*, incriminée aussi par Aulard, il est bien prouvé que jamais elle n'excita le Roi aux mesures *violentes*. Elle désirait ardemment la conversion des protestants, c'est sûr. Mais elle ne « *poussa* » pas Louis XIV à la révocation de l'Edit, qui accordait tant de privilèges à ses anciens coreligionnaires. Nulle part *n'existe une seule preuve* de ces excitations. M. Girard, dans sa *Vie de Mme de Maintenon*, a parfaitement mis ce fait en pleine lumière (2).

Le 13 août 1684, elle écrivait : « Le roi a dessein de travailler « à la conversion entière des hérétiques. Il a souvent des confé- « rences là-dessus avec M. Le Tellier et M. de Châteauneuf, où « l'on voudrait me persuader que je ne suis pas de trop. M. de « Châteauneuf a proposé des moyens qui ne conviennent pas. Il « ne faut point précipiter les choses. *Il faut convertir et non « persécuter*. M. de Louvois voudrait de la douceur, ce qui ne

(1) Cf. Jaugey. Le Père Lachaise 1782.
(2) Mme de Maintenon, d'après sa correspondance.

« s'accorde point avec son naturel et son désir de voir finir les « choses. »

Déjà, le 28 octobre 1680, alors que son influence bienfaisante sur le Roi ramenait celui-ci dans une conduite privée plus digne, elle écrivait : « Le roi est plein de bons sentiments. Il avoue ses « faiblesses. Il reconnaît ses fautes. Il faut attendre que la grâce « agisse. Il pense sérieusement à la conversion des hérétiques, « et dans peu il n'y aura plus qu'une religion dans le royaume. »

C'était sa pensée dominante, comme celle de tout le royaume d'ailleurs ; mais il ne s'agissait que de *conversions* et pas de mesures violentes.

Cette disposition se prouve encore par une lettre qu'elle écrivait en 1682, à M. d'Aubigné, son frère, gouverneur de Cognac, où se trouvaient beaucoup de protestants.

« On m'a porté sur votre compte des plaintes qui ne vous font « pas honneur. Vous maltraitez les huguenots, vous en cherchez « les moyens, vous en faites naître les occasions : cela n'est pas « d'un homme de qualité. Ayez pitié de gens plus malheureux que « coupables : ils sont dans des erreurs où nous avons été nous-« mêmes et d'où la violence ne nous eût jamais tirés (1). Henri IV « a professé la même religion et plusieurs grands princes : ne « les inquiétez donc point. Il faut attirer les hommes par la « douceur et la charité. Jésus-Christ nous en donné l'exemple, « et telle est l'intention du roi. C'est à vous à contenir tout le « monde dans l'obéissance ; c'est aux évêques et aux curés à « faire des conversions par la doctrine et par l'exemple. Ni Dieu, « ni le roi ne vous ont donné charge d'âmes : sanctifiez la vôtre « et soyez sévère pour vous seul (2). »

Il paraît même que le roi, quand il fut résolu à prendre les moyens de rigueur, ne la trouvait pas assez ardente et lui disait :

« Je crains, Madame, que le ménagement que vous voudriez « que l'on eût pour les huguenots ne vienne de quelque reste de « prévention pour votre ancienne religion (3). »

Les historiens protestants eux-mêmes ont reconnu « qu'elle ne « conseilla jamais les moyens violents dont on usa.. Elle voulait

(1) Elle était petite-fille de protestants, et une de ses tantes l'avait élevée dans la Religion réformée.

(2) Lettre à M. d'Aubigné, 1682.

(3) Dans le *Mémorial de Saint-Cyr*.

« que l'on n'employât que les moyens de douceur et l'instruc-
« tion... (1). »

Enfin, je suis heureux de citer à M. Aulard le témoignage de Voltaire (2) :

« On voit par les lettres de Mme de Maintenon qu'elle ne pressa
« point la révocation de l'Edit de Nantes et ses suites, mais qu'elle
« ne s'y opposa point. »

Et, dans une lettre à Formey, il écrit : « Pourquoi dites-vous
« que Mme de Maintenon eut beaucoup de part à la révocation
« de l'Edit de Nantes ? Elle toléra cette persécution, mais certai-
« nement elle n'y eut aucune part, c'est un fait certain (3). »

Vraiment, on ne comprend pas l'audace, l'impudeur historique d'un homme qui ose écrire sans broncher :

« *Poussé par Mme de Maintenon, qui le plaça sous l'influence des religieux appelés Jésuites... Poussé par les Jésuites...* »

Seule, la haine religieuse peut expliquer cette audace. Il fallait au moins émettre un doute...

3° La révocation de l'Edit de Nantes fut-elle simplement « *un coup d'état* « **religieux ?** » p. 110.

« *Une épouvantable persécution fut-elle dirigée contre les consciences, au profit de l'Eglise catholique ?* » p. 111, dit M. Aulard.

Ces affirmations de M. Aulard sont manifestement *exagérées*.

Dès le principe, Louis XIV désirait *l'unité religieuse dans son royaume*, mais par des moyens de persuasion. Si, plus tard, il en vint à prendre des mesures de rigueur pour l'imposer, comme cela était admis dans les « *principes* » du temps, et pratiqué largement par les protestants eux-mêmes, c'est que la *politique* s'en mêla (4).

(1) Erman et Reclam, *Histoire des réfugiés français dans le Brandebourg*, t. I, p. 77.

(2) *Le siècle de Louis XIV*, t. I, p. 123.

Ces témoignages sont apportés par Ch. Barthélemy, t. IV, p. 221.

(3) *Ibid.*

(4) « La religion était pour Louvois simple affaire de police et de gouvernement. » (Dareste, t. V, p. 561).

Il y avait même une contradiction dans l'*Acte de révocation*. Le dernier article défendait de rechercher les croyances et d'inquiéter les coreligionnaires. On leur interdisait seulement *l'exercice extérieur* du culte, regardé comme acte de rébellion à la loi. C'est une preuve que l'on ne cherchait pas en première ligne le point de vue *religieux*. (Dareste, t. V, p. 560. Voir aussi p. 536).

Les griefs des populations contre les réformés (1), la crainte qu'avait le roi de voir se former une république remuante et audacieuse au sein de ses Etats (2), le portèrent à prendre cette mesure que son ministre Louvois lui représentait comme nécessaire.

Ce fut plutôt un coup d'état **politique**. Il ne fut pas fait « *au profit de l'Eglise catholique.* » Elle n'en profita pas. Les quelques conversions qui eurent lieu par ce moyen n'étaient guère sincères et ne firent que des hypocrites...

* * *

Je viens de dire que les idées de l'époque sur la *souveraineté* autorisaient ces mesures rigoureuses pour amener les dissidents à la *religion d'État.*

Dans toute l'Europe, les souverains protestants en agissaient ainsi.

En Allemagne, la paix d'Augsbourg portait expressément que les sujets des princes luthériens devaient embrasser la religion protestante, sinon ils devaient être exilés, après avoir payé une indemnité à l'Etat (3).

Ce fut à ce moment que la **Réforme inventa** l'axiome exécrable qui violente les consciences : *Cujus regio cujus et religio.* **La région fait la religion** (4). Qu'en pense M. Aulard ? Qu'en pensent les protestants ?... (5).

N'est-ce pas un protestant, Elie Benoist, qui a osé écrire cette phrase : « *La différence de religion défigure un Etat* ? (6). »

(1) Nous avons cité déjà la parole de Michelet : « *Il y avait contre eux une grande exaspération.* »

(2) « Nous le faisons, disait Louis XIV, afin de rendre à la religion sa splendeur, à l'État sa tranquillité et à l'autorité tous ses droits. » Ce furent surtout les deux derniers motifs qui déterminèrent la révocation.

(3) Cité par Pernoud, p. 71.

(4) Voir Darras, t. XXXIII, p. 215, et le docteur Didiot, dans Jaugey, art. *Conversions*, p. 624.

(5) Lavisse nous dit : « La tolérance était une vertu à peu près inconnue « aux XVIme et XVIIme siècles, et les persécutions protestantes ne furent « pas moins odieuses que les persécutions catholiques. Ce qu'aurait fait « en France une majorité protestante contre une minorité catholique, « l'histoire de Genève le dit, et celle de la Hollande, et celle de l'Angle- « terre... » T. VII, deuxième partie, p. 79.

(6) Cité par l'abbé Thomassin.

En *Suède*, les lois qui punissaient de l'exil et de la confiscation des biens tous ceux qui abandonnaient l'Eglise protestante, ont été en vigueur jusqu'en 1860.

En *Angleterre*, de 1660 à 1685, plus de 40.000 catholiques furent emprisonnés, ou bannis, ou exécutés ; 15.000 familles furent complètement ruinées.

Pendant longtemps, les prêtres catholiques n'y pouvaient dire la messe, *sous peine de mort.*

En *Norwège*, pendant plus de deux siècles, le culte catholique fut absolument interdit, sous peine de bannissement et de confiscation des biens (1).

Pourquoi donc ne faites-vous même pas allusion à tout cela, Monsieur Aulard ? Sans doute, ces faits n'excusent pas l'acte de Louis XIV, mais tout de même les enfants sauraient que vos chers protestants ne furent pas seulement persécutés, mais encore, et bien souvent, de cruels et d'intolérants persécuteurs (2).

Et puis — faut-il vous le dire tout bas ? — ce régime d'*intolérance* que vous reprochez si amèrement, vis-à-vis des protestants, ne revit-il pas aujourd'hui, vis-à-vis des catholiques, dans cette troisième République si chère à votre cœur ?

1° « *Beaucoup de protestants furent envoyés aux galères...*, » dites-vous, p. 109.

Combien de religieux la République n'a-t-elle pas envoyés en exil ?...

2° « *Il ordonna que leurs enfants leur fussent enlevés pour être élevés par des catholiques...* » p. 109.

Est-ce que la République, par ses lois votées et par celles qu'elle prépare, n'enlève pas aux parents catholiques leurs enfants, pour les élever dans l'athéisme, l'impiété ?...

3° « *Il démolit leur temple...* » p. 109.

Est-ce que la République n'a pas pris nos églises ? Est-ce qu'elle n'a pas *essayé* d'en rendre l'accès difficile, *en exigeant une décla-*

(1) Est-ce que Jeanne d'Albret, mère de Henri IV, n'avait pas, de force, converti au protestantisme son petit royaume de Navarre ? Elle avait confisqué les biens d'Eglise, refusé presque toute liberté de conscience ou de culte aux nombreux catholiques de son Etat.

(2) Faisons remarquer que le protestant Jurieu, célèbre par ses controverses avec Bossuet, après avoir déclamé contre l'intolérance des catholiques, invite les princes protestants « *à gêner et à bannir les hérétiques,* » c'est-à-dire les catholiques. Il permet « *qu'on procède contre eux jusqu'à la peine de mort.* »

ration pour chaque exercice du culte?... Elle a *rapporté* sa loi, parce qu'elle y a été contrainte par le soulèvement unanime de l'esprit religieux en France.

4° « *On confisqua leurs biens...* »

La République n'a-t-elle pas pris les biens de l'Eglise? N'a-t-elle même pas volé nos morts?

Je sais qu'elle répond : « La faute est à vous, catholiques, vous deviez faire des associations cultuelles... »

Mais, ici encore, elle s'est montrée intolérante, plus intolérante que Louis XIV, lorsqu'il usait de menaces et de rigueur pour convertir les protestants. Ces *associations cultuelles* étaient contraires à la hiérarchie de l'Eglise. *Elles étaient protestantes.* Nous ne pouvions pas les faire. En nous les imposant, sous peine de prendre nos biens, la République a violenté nos consciences de catholiques.

Après avoir jeté vos anathèmes au régime absolu et persécuteur de Louis XIV, réservez-les donc encore pour le régime actuel qui fait l'objet de toutes vos tendresses.

* * *

Les autres récriminations d'Aulard, à propos de la Révocation, n'intéressent plus l'Eglise. Je n'en dirai rien, sauf deux mots : c'est du *blüff* et de *l'exagération.*

Je soulignerai simplement un fait, c'est que beaucoup de ces émigrés s'engagèrent sur les flottes ou dans les armées *étrangères.* Ils prirent part aux guerres contre leur patrie (1).

La plupart des autres gardèrent contre la France une haine qui n'est pas encore assouvie. Nous en avons eu des preuves pendant la guerre de 1870.

Les *émigrés catholiques*, au contraire, pendant la Révolution se montrèrent plus *patriotes.*

Mais, M. Aulard n'en dira rien. Il ne parlera même pas des tortures infligées aux catholiques, pendant cette horrible époque !.. Et il verse des pleurs sur ces protestants « héroïquement « obstinés dans leur foi, que l'on envoya aux galères, où, à « dessein, on les traita plus mal que les autres galériens.... » page 110.

O impartialité ! O neutralité ! O mensonge !!! Cet ouvrage

(1) Ceux qui restèrent en France se soulevèrent dans les Cévennes, incendièrent 200 églises, massacrèrent 80 prêtres et plus de 8.000 catholiques. (Dernières cartouches, p. 90).

d'Aulard peut se résumer en deux mots : **Ni neutre, ni vrai !!!...**

Et l'on donne aux enfants cette nourriture empoisonnée !.. Et les parents se font complices !... comme ces païens qui apportaient eux-mêmes leurs fils au dieu Moloch... le monstre embrasé qui les dévorait !...

O triste neutralité d'une triste époque !!!

XXI. LES DRAGONNADES

Nous réprouvons tous, nous l'avons dit, cette manière employée par Louis XIV (1), pour contraindre les protestants à se convertir. Nous n'avons que de l'horreur pour ces violences dont l'auteur nous fait un tableau horrible, évidemment **exagéré.**

Toutefois, cette description, ces gravures, chargées de détail, nous font assez comprendre le *but* de l'auteur, *en insistant* sur ces faits.

Il aurait pu, en quelques lignes, indiquer ces violences ; mais non, il s'étend, avec complaisance, dans des récits qu'il ne cherche pas à expliquer, qu'il présente, au contraire, de façon à ce que l'enfant soit nécessairement porté à accuser l'Eglise et le clergé. (Voir pages 110 et 111).

Si M. Aulard avait été *impartial,* il aurait dû, au moins par un mot, indiquer que *l'Eglise condamna les Dragonnades.* Car on sait que :

1° Le Pape Innocent XI recommandait au roi de se montrer bienveillant.

2° Les évêques de France s'opposèrent aux brutalités des soldats. Bossuet refusa de les recevoir dans son diocèse de Meaux. Ainsi firent les évêques de Grenoble, de Tarbes, d'Oléron.

Quand les dragons arrivèrent à Orléans l'évêque, Mgr de Coislin recommanda aux officiers de ne loger aucun soldat chez les protestants. Au bout d'un mois, il fit rappeler le régiment. Au lieu de le blâmer, le roi lui fit donner le chapeau de Cardinal (2).

(1) « Des troupes furent envoyées dans toutes les villes et dans les « châteaux où il y avait le plus de protestants, et comme les dragons, « assez mal disciplinés, dans ce temps-là, furent ceux qui commirent le « plus d'excès, on appela cette exécution la Dragonnade. » (Voltaire, *Le Siècle de Louis XIV.*)

(2) Cité par P. Lorris, p. 40.

D'ailleurs, le protestant Guizot le reconnaît lui-même : « A
« une époque, dit-il, où la liberté religieuse était mal comprise
« par les plus grands esprits, les évêques la comprenaient mieux
« que tous leurs contemporains, et ils ne faisaient en cela qu'i-
« miter l'exemple du Pape (1). »

On voit donc sur qui doit retomber la responsabilité des Dragonnades.

Je pourrais ajouter que Louis XIV n'est pas le plus coupable. C'est Louvois.

Lavisse nous dit « que le roi ne sut point toutes les violences
« commises... Lorsqu'il arrive que le roi soit directement infor-
« mé de quelque violence, il ordonne à Louvois de réprimander..
« Louvois lui-même écrit : La violence n'est pas du goût de sa
« Majesté... (2). »

Il est juste de donner à chacun sa part de responsabilités.

*
* *

Je ne veux pas excuser Louis XIV (3), ni Louvois. Laissez-moi pourtant vous dire qu'ils n'ont fait qu'imiter les princes protestants ; car ceux-ci ont employé la *violence* pour implanter la Réforme. Jurieu le constatait déjà : « La Réformation s'est faite par la puissance des princes, » disait-il. Il aurait pu ajouter : la puissance violente. J'en ai cité des preuves. Leur cruauté fut horrible.

Et puis, Monsieur, vous qui nous rejetez à la face ces faits que nous réprouvons, que pensez-vous des *violences* exercées dans des temps tout près de nous, contre des personnes qui valaient bien vos protestants ?

N'a-t-on pas vu mobiliser la troupe, les gendarmes pour expulser, chasser de leurs propres demeures, des religieux et des religieuses qui ne demandaient qu'à rester réunis, pour prier et pour faire le bien ?

N'a-t-on pas vu encore des *violences* et du sang versé, au moment des inventaires ?

Ne voit-on pas tous les jours *violenter* les consciences, en re-

(1) Histoire de France racontée à mes petits enfants, t. IV, p. 445.

(2) Tom VIII, deuxième partie, p. 74.

(3) Voltaire a écrit : « En tenant les protestants sous le joug, le roi ne
« l'appesantissait pas toujours. On défendit par des arrêts, toute violence
« contre eux. »

fusant le pain, les livres, à ceux qui ne manifesteraient pas d'enthousiasme pour le régime actuel ?

Ne refuse-t-on pas « *tout avancement* » à celui qui est suspect de cléricalisme ? A celui qui refuse d'aspostasier sa foi ?..

Ce sont des « *Dragonnades morales,* » savez-vous ? Ce sont des « *violences,* » des « *brutalités* » exercées sur les âmes et les consciences, et qui sont aussi cruelles, aussi répréhensibles que les violences exercées par les Dragons de Louis XIV... Mais vous n'en direz rien.

XXII. L'INSTRUCTION PRIMAIRE SOUS L'ANCIEN RÉGIME

« *Sous l'ancien régime (on appelle ainsi le régime antérieur à « la Révolution), on ne s'occupait pas sérieusement d'instruire le « peuple. Ni le roi ni le clergé ne tenaient à ce que le peuple fût « instruit. Ils craignaient qu'une fois instruit, il fût moins obéis- « sant et moins crédule.*

« *Il y avait des écoles que l'on appelait petites écoles. Dans « quelques régions, elles étaient nombreuses ; dans d'autres, elles « manquaient entièrement. Les instituteurs, qu'on appelait « maîtres d'école, étaient sous la dépendance du clergé. On les « payait mal. Souvent on ne les payait pas. On les choisissait « ignorants, et ils n'enseignaient guère qu'à épeler le catéchisme.*

« *Les écoles se tenaient dans des étables ou dans des taudis sans « air et sans lumière. Dans ce temps-là, on fouettait les écoliers, « on les traitait brutalement.*

« *Presque personne dans les campagnes ne savait lire ou « écrire. Il n'y avait que les bourgeois et les nobles, c'est-à-dire « les riches, qui pussent acquérir de l'instruction. La grande « majorité du peuple français était maintenue dans l'igno- « rance...* » p. 120.

J'ai tenu à citer tout au long ce savoureux morceau.

Nous retrouvons ici la constante préoccupation de l'auteur. Il veut rendre odieuses la Monarchie et l'Eglise, en les montrant occupées sans cesse, à tenir le peuple dans l'ignorance, à *l'abêtir,* pour mieux l'asservir et l'opprimer.

Un peu plus loin, il sera obligé de reconnaître que « *l'instruc- « tion publique étant aux mains du clergé, sans doute les écoles « étaient nombreuses, en quelques régions...* » Mais il a soin de décocher le trait perfide, qui fera sur l'enfant une impression durable, comme une blessure qui ne saurait guérir. Il ajoute en effet : « *Mais des instituteurs ignorants n'y enseignaient guère* « *qu'une obéissance servile au Roi et à l'Eglise...* » p. 135.

Aussi, c'est avec une plume trempée de larmes, qu'il écrira le vote de la loi Falloux, en 1850. « *Louis Bonaparte dut aussi, pour* « *conserver l'amitié du clergé, laisser voter par la nouvelle* « *assemblée législative une loi qui livrait en grande partie à* « *l'Eglise, l'enseignement de la jeunesse (1850). Le clergé put* « *dès lors ouvrir des collèges que l'Etat n'inspectait plus. Il put* « *surveiller les instituteurs. Il put faire entrer comme maîtres* « *dans les écoles primaires des religieux et des religieuses, sans* « *qu'ils eussent les grades exigés des maîtres laïques...* » p. 231.

Heureusement, la troisième République, à l'exemple ou sur les traces de la Convention, a mis ordre à tout cela. Il faut lire cet hymne de louanges, ce concert de remercîments à cette République si féconde en bienfaits !! *p. 261.*

Oh ! heureux sommes-nous d'être nés en des temps si prospères !! Heureux sommes-nous d'avoir vécu en des jours où le « *nouveau régime commence à porter ses fruits !* » p. 260. Plus heureux encore nos arrière-neveux qui verront le grand arbre républicain, *en plein rapport !...*

Non, vraiment, on ne saurait trouver rien de plus amusant, ce serait *cocasse,* si cela n'était *écœurant...*

Mais voyons tout cela en détail.

1. Vous vous amusez singulièrement, Monsieur Aulard, en nous représentant les écoles se tenant, avant 89, dans des « **étables** » (??) ou dans des « **taudis (??) sans air ni lumière.** » Tout cela est du pathos. Tout cela est de l'exagération *voulue.* Sans doute, les écoles autrefois n'étaient pas nos somptueux et grandioses « *groupes scolaires modernes* » ou des couples heureux d'instituteurs peuvent, après la classe faite, se retrouver dans des salons « *pleins d'air et de lumière.* » Mais enfin, Monsieur, pourquoi donc juger les choses d'une époque passée, avec des idées modernes ? Il ne s'agit pas de savoir si les écoles d'autrefois étaient plus ou moins « *aérées,* » mais si elles ressemblaient ou non à toutes *les maisons d'alors.*

Or, je puis bien vous dire que oui. La maison où se tenait l'école était ni plus belle ni moins belle que les autres. On s'en contentait, comme on se contentait à Gérardmer des maisons *basses,* qui tendent dans notre siècle à disparaître toutes. Il est donc ridicule de votre part de faire ici cette comparaison *exagérée* et *malveillante*.

***

II. Une autre chose *horrible*, qui portera surtout les enfants à détester les écoles de l'ancien Régime, pour aimer passionnément les écoles de la troisième République, c'est... « *qu'on fouettait* « *les écoliers : on les traitait brutalement.* »

Mais je trouve, Monsieur, que vous êtes singulièrement bref dans vos affirmations. L'impartialité pourtant demanderait moins de précision dans l'accusation.

Que dans certaines écoles rurales, sous l'influence des mœurs demeurées grossières, l'instituteur ait exagéré les châtiments, je ne le conteste pas.

Mais que cela fût général, je le nie. D'ailleurs, ces châtiments n'étaient pas si redoutés des générations d'alors. Les enfants n'avaient pas une sensibilité aussi émoussée qu'aujourd'hui. Je vous en prie, ne confondez pas les siècles.

Ce que vous auriez dû dire encore, ne fût-ce que par un mot, c'est que, sous l'action des Evêques, ces manières un peu rudes en éducation, s'adoucirent considérablement dans le cours du XVIIme et du XVIIIme siècle. On trouve beaucoup de règlements épiscopaux qui ne parlent des châtiments que pour les adoucir ou les interdire.

Savez-vous que le fondateur d'un de ces ordres religieux, que vous détestez si cordialement, disait à ses Frères des Ecoles : « Pour l'amour de Dieu, n'usez pas de coups de main. Soyez « engageants, d'un extérieur affable et ouvert..... » (Saint Jean de la Salle).

D'un autre côté, le système des punitions corporelles avait encore du bon. Evidemment, la *correction* est un moyen qu'il ne faut employer qu'à la dernière extrémité. « Le fouet, dit Rollin, est comme les poisons en médecine, il n'y faut pas recourir qu'à l'extrémité et avec réflexion. Quand il ne fait pas de « bien, il fait beaucoup de mal (1). » Mais ne pensez-vous pas qu'appliquées modérément et avec sagesse, les corrections aident l'enfant à être obéissant et studieux? M. Petit, inspecteur général de l'instruction publique, — l'un des vôtres — est de

(1) Savez-vous qu'en 1735, on demandait le changement d'un instituteur, « parce qu'il négligeait la voie de correction, *pourtant si nécessaire ?...* » Arch. Ramb. B. B. 31.

cet avis. Il écrivait, il n'y a pas bien longtemps : (1) « Vive le « passé ! vivent les us scolaires du temps jadis ! L'enfant ne « s'incline que devant la sévérité. Pourquoi supprimer les puni- « tions, voire même les coups qui mâtaient les natures difficiles ? »

La loi les autorise encore en Angleterre et en Allemagne. Les enfants n'en meurent pas pour cela. Leur caractère se forme aux habitudes d'ordre et de soumission.

— Vous êtes donc ridicule de réprésenter, aux enfants d'aujourd'hui, l'Eglise comme un Croquemitaine ou un Père Fouettard, brutalisant, fouettant les enfants du XVIme ou XVIIme siècle, dans ses écoles.

Mais vous ne craignez pas d'être vous-même ridicule, pourvu que vous parveniez à ridiculiser l'Eglise, et à la rendre haïssable aux enfants.

Laissez-moi enfin vous faire, à propos des *châtiments corporels*, la même remarque faite pour les *locaux scolaires*,

Cela était dans les mœurs du temps (2).

On fouettait même les jeunes et futurs rois. Henri IV — que vous aimez bien — c'est peut-être le seul parmi nos rois, était un esprit très libéral. Il aimait ses enfants. A l'heure des récréations, il jouait avec eux « *au cheval* » et les traînait sur son dos.

Pourtant, il faisait de temps à autre fouetter le futur Louis XIII. Quand Marie de Médicis intervenait, le roi lui répondait : « Madame, priez Dieu que je vive longtemps, car du jour « où je serai parti, vous qui le défendez, il vous maltraitera. »

Il écrivait encore à Madame de Monglas, gouvernante des enfants de France : « Je me plains de ce que vous ne m'avez pas « mandé que vous aviez fouetté mon fils, car je veux et vous « commande de le fouetter toutes les fois qu'il fera l'opiniâtre « ou quelque chose de mal, sachant bien qu'il n'y a rien au « au monde qui lui fasse plus de profit que cela. Ce que je « reconnais par expérience m'avoir fort profité, car étant de son « âge j'ai été fort fouetté... » (3).

(1) L'école moderne, p. 134.

(2) Je ne cesse de signaler cette tactique de l'auteur qui consiste à présenter les choses du passé, *hors de leur cadre*, hors *de leur temps*, pour les mettre en regard des idées modernes, et ainsi, faire porter sur elles un jugement absolument faux.

(3) Cité par H. Bolo. *Les Enfants*, p. 314.

III. Voici maintenant des **mensonges formels** qui indiquent chez vous, Monsieur, une **insigne mauvaise foi.**

Premier mensonge : Vous accusez la royauté et le clergé « **de ne s'être pas occupés « sérieusement d'instruire « le peuple.** » Or, Louis XIV et Louis XV ont prescrit la fréquentation de l'école.

Il est vrai que les rois laissaient au clergé ce soin et cette charge. Mais il est vrai aussi que le clergé *s'en est acquitté toujours*, dans tous les siècles.

a) Déjà au XIIIme siècle, Jean Gerson, chancelier de l'Université de Paris, voulait « qu'on s'enquière si chaque paroisse possède une école et d'en établir là où il en manquerait (1). »

b) Siméon Luce, très érudit sur l'histoire du moyen âge, atteste que « on ne peut douter que, même pendant les années « très agitées du XIVme siècle, la plupart des villages n'aient eu « des maîtres enseignant aux enfants la lecture, l'écriture et un « peu de calcul » (2).

c) Les ennemis de la Royauté et de l'Eglise l'ont même reconnu, à l'époque de la Révolution.

1° « En 1789, l'instruction était vicieuse, mais organisée, » disait le *citoyen* Daunou, un **pur**, parlant à la tribune de la Convention (27 vendémiaire an IV, 19 oct. 1795).

2° « Dans les moindres hameaux, il se trouvait un vicaire ou « une sœur d'école qui se distribuaient le soin d'enseigner à « lire, écrire, calculer et ce qu'ils appellent le catéchisme... (3) »

3° « Autrefois, la plus petite commune avait son maître « d'école, et dans les endroits très pauvres, le curé ou le vicaire « se chargeait souvent de cet emploi... (4) »

d) Les **chiffres** aussi ont leur éloquence. D'une statistique, il résulte qu'avant 1789, cinquante-deux départements avaient presque autant d'écoles qu'aujourd'hui.

Seize départements ne nous fournissent que des documents

(1) Cité par l'abbé Thomassin, avril 1910.

(2) Ibidem.

(3) Le député Brémontier, devant le Conseil des Cinq-Cents (25 nivôse an VII, 12 janv. 1799).

(4) Le *terroriste Southonax,* devant le Conseil des Cinq-Cents (1er ventôse an VII, 19 février 1799).

Ces Documents sont cités dans la brochure : *Sabotage historique,* p. 15.

incomplets, mais ceux qui existent nous révèlent l'existence de nombreuses écoles.

Dans dix-neuf seulement, elles étaient moins nombreuses. Ces derniers sont ceux où la fréquentation scolaire laisse aujourd'hui encore le plus à désirer (1).

Dans un document des archives de Nancy, on lit ces mots : « Nos bourgs et nos villages *fourmillent* d'une multitude « d'écoles. Il n'est pas de hameau qui n'ait son grammairien. » (Archives 1779).

Il nous faudrait un volume, pour citer toutes les pièces authentiques qui prouvent que M. Aulard ment effrontément.

* * *

Deuxième mensonge : Il y avait donc beaucoup d'écoles. Or, ces écoles étaient dues *au Clergé, à l'Eglise.* Par conséquent, vous êtes encore un **menteur** quand vous dites que l'Eglise ne « **tenait pas à ce que le peuple fût instruit** » **parce qu'elle craignait « qu'une fois instruit, il fût « moins obéissant et moins crédule.** » Oui, je le répète, vous mentez, vous mentez *sciemment*, pour tromper des enfants, pour leur faire détester l'Eglise. Vous faites donc une œuvre infâme : *Consultez donc les Documents* (2).

a) Au XVIme siècle, les conciles provinciaux, de même que les assemblées du XVIIme siècle, ou les synodes diocésains s'occupent tous activement des écoles. Ils demandent d'en établir là où il n'y en a pas. Quand il n'y a pas de régent d'école, ils ordonnent aux curés de faire l'école eux-mêmes. En tout cas, ils doivent visiter ces écoles, bien choisir les régents et les favoriser.

b) Et M. Maggiolo qui a étudié toutes ces questions à fond nous déclare que « l'examen de nombreuses pièces d'archives lui a « laissé la conviction que partout, *les 526 chapitres* qui exis- « taient en France avant la Révolution, remplissaient l'obligation

(1) Des statistiques ont été faites pour beaucoup de départements. Voir le résumé dans Barthélemy, 6e série, p. 190. Lire surtout Maggiolo : *De la condition de l'instruction primaire en Lorraine, avant 1789.* Ces mémoires ont été lus en Sorbonne en 1868. M. Fayet a fait un ouvrage consciencieux et considérable sur « *les Communes et les Ecoles de la Haute-Marne.* » Tous donnent un démenti formel à M. Aulard.

(2) Ce serait une étude superbe à faire que le *Rôle de l'Eglise dans l'Enseignement.* Nous engageons nos lecteurs à parcourir le chapitre 5e des *Armes et Munitions,* p. 25, par J. Santo.

« qui leur était imposée par les conciles de fonder et d'entrete-« nir des écoles pour le peuple. »

Nous pourrions vous citer, Monsieur, une infinité d'autres témoignages (1) qui vous apporteraient la preuve à vous-même, que vous êtes d'une *insigne mauvaise foi,* en affirmant que « *l'Eglise tenait à maintenir le peuple dans l'ignorance.* »

* * *

Troisième mensonge : Vous dites : « *Presque personne,* « *surtout dans les campagnes, ne savait lire ou écrire.* »

Taine n'est pas de votre avis (2). Il est vrai que pour asseoir votre renommée d'historien de la Révolution, vous l'avez audacieusement accusé d'avoir copié des Documents... *supposés.* Or, la vérité s'est dévoilée. Les documents cités par Taine existent. Il les a eus sous les yeux, et le calomniateur... c'est vous. J'ai donc, malgré vous, confiance dans l'autorité de Taine. Or, il me dit : « Avant la Révolution, les petites écoles étaient innombra-« bles... On en comptait presque autant que de paroisses, en « tout probablement 20.000 ou 25.000 pour les 37.000 paroisses « de France, et fréquentées et efficaces. Car, en 1789, 47 hom-« mes sur 100, et 26 filles et femmes sur 100, savaient lire et « pouvaient écrire, ou du moins signer leur nom (3).

* * *

Quatrième mensonge : Vous ajoutez : « *On les choisissait ignorants.* » Quelle perfidie ! C'était fait exprès, sans doute, pour qu'ils ne puissent rien enseigner, afin que le peuple pût être « *maintenu dans l'ignorance...* » Que de fiel dans toutes vos lignes !!...

Mais, Monsieur, les Documents sont là, qui vous donnent encore ici un démenti formel.

(1) Pendant la fin du XVIme siècle, l'Eglise ne songea qu'à réparer les ruines scolaires, accumulées par les protestants. (Concile de Bordeaux, 1583, de Bourges, 1584, d'Aire, 1585, Synode d'Angers, 1594, d'Avranches, 1600).

Louis XIV, en 1698, et Louis XV, en 1724, décrètent l'instruction primaire obligatoire pour tous.

De 1750 à 1765, quatre assemblées du Clergé réclament l'exécution des décrets royaux...

(Cf. *Revue des Deux Mondes,* 15 janvier 1909).

(2) Je rappelle que les deux auteurs étant solidaires, je ne nomme que le premier, pour plus de concision.

(3) Régime moderne, t. X, p. 23-30.

Les Conciles synodaux exigent que les régents « *soient bien choisis.* »

Dans toutes les pièces d'archives que j'ai pu consulter, on énumère les conditions que devra remplir le candidat à la direction d'une école primaire. On ne signe le traité qu'après s'être rendu compte que ces conditions seront remplies. Il me faudrait un volume pour vous citer tous ces Documents où l'on exige que le régent « *apprendra à lire, à écrire, orthographe, arithmétique, catéchisme...* »

« *Apprendra le plain-chant, à ceux qui voudront l'apprendre,*
« *et au surplus se conformera aux ordonnances de Mgr l'Evêque*
« *l'Evêque de Toul dont il a dit avoir connaissance (1).* »

Ne dites donc pas qu'on les « *choisissait ignorants.* » Oh ! je ne dis pas que ces « régents d'école » étaient à la hauteur de nos « *modernes.* » On enseigne aujourd'hui *beaucoup plus* de choses aux enfants... ce qui ne les empêche pas de ne plus savoir l'*orthographe*, de ne pouvoir pas faire une rédaction, etc... Je le vois bien par les *devoirs* que je donne parfois au catéchisme. D'ailleurs, on se plaint assez de cette foule « *d'illettrés* » qui arrivent tous les ans à la caserne. Les déclarations officielles sont là.

En octobre 1908, dans son discours de Bandol, M. Clémenceau n'a-t-il pas déclaré publiquement « qu'après 38 années d'efforts « qui se chiffrent par une dépense de cinq milliards, les statisti- « ques montrent que le nombre des illettrés *augmente.* Il y avait « 10.600 conscrits illettrés en 1904... il y en a 11.000 en 1908? (2) »

MM. Buisson et Briand se sont plaints aussi amèrement que cent dix-neuf ans après la Grande Révolution, le nombre des illettrés aille sans cesse en augmentant (3). Mais il paraît que la faute en est aux parents qui négligent d'envoyer leurs enfants aux écoles.

Cinquième mensonge : « *On les payait mal.* » Mais qu'est-ce que cela peut bien vous faire, puisqu'ils ne se plaignaient pas. Dans ces temps, le régent d'école, comme les autres, vivait *modestement...*

Voici d'ailleurs ce qu'ils recevaient :

(1) Nous retrouvons toutes ces conditions exigées dans les archives de presque toutes les communes.

(2) *Armes et Munitions*, p. 123. Dép.ᵗ du Var.

(3) Ibid.

« Il aura, par chacune semaine, de chaque écolier qui com-
« mencera l'a b c et à *lire*, 9 deniers; de ceux qui commenceront
« à *écrire* 2 sols; de ceux qui apprendront l'*orthographe* et
« l'arithmétique, 2 sols 3 deniers...

« Percevra en outre pour ses gages la somme de quatre cents
« francs... jouira des privilèges et exemptions, de même que du
« logement...

« Chantera la messe et en percevra la rétribution ordinaire... »

Avec cela et d'autres ressources encore, le régent pouvait vivre honorablement.

Aujourd'hui, c'est vrai, nos « *modernes* » *sont mieux payés.* C'est avec enthousiasme que vous déclarez que « *la République* « *dépense tous les ans plus de deux cent millions pour l'instruc-* « *tion primaire.* » p. 261.

Savez-vous qu'ils ne sont pas encore contents ! Cela ne nous contente guère non plus, *car c'est nous qui payons.* Ce budget écrasant se fait avec nos contributions, qui augmentent tous les jours (1). Sans doute, nous ne nous plaignons pas des plantureux traitements, des gratifications, des indemnités de logement, etc., attribués aux instituteurs... Mais tout de même cela nous écrase, et je ne comprends guère la nécessité ou la simple utilité d'apprendre aux enfants que leurs maîtres aujourd'hui sont bien payés, mieux que ceux d'autrefois, « *que l'on payait mal.* » Nous pourrions répondre : Nous savons ce que cela nous coûte.

« Autrefois, dit Taine, les écoles ne coûtaient rien au Trésor,
« presque rien au contribuable, très peu aux parents... (2) »

L'Eglise avait des legs spéciaux pour l'entretien de l'école (3). Il est vrai que tout cela a été volé par la Révolution, que vous vantez tant, comme d'autres legs ont été volés en des temps fort rapprochés de nous !!... Vous le savez bien.

« *Souvent on ne les payait pas.* »

Vous l'affirmez. Je ne sais pas quelles preuves vous avez. Je sais que pour moi, en étudiant les archives de Gérardmer, j'ai vu toujours régulièrement le maître d'école émarger au budget.

(1) Je connais un « mendiant de suffrages » qui a promis aux montagnards qu'on dégrèverait les impôts de moitié, « *s'il était élu...* »
Que d'émules vous avez, Monsieur Aulard, dans le cynisme du mensonge !! Tous les fils de Voltaire en sont là d'ailleurs. Ils tiennent cet art de leur père !...

(2) Régime moderne, t. X, p. 30.

(3) Les archives en font foi.

De même, dans les nombreuses études que j'ai consultées à ce sujet.

Bien que vous soyez un grand savant, ayant commis, dit-on vingt volumes sur la Révolution, vous feriez bien quand même d'apporter quelques preuves. Je ne demande pas mieux que de vous croire, mais avec des preuves.

« *Ils étaient sous la dépendance du Clergé !...* »

Oui, mais aujourd'hui ils sont sous la dépendance des Loges maçonniques. Cela ne vaut pas mieux, croyez-moi.

CONCLUSION

Dans ces lignes : 1° vous *méconnaissez,* Monsieur, le rôle d'éducatrice populaire qu'a eu toujours l'Eglise sous l'ancien Régime.

2° Non seulement, vous *méconnaissez* ce rôle, mais vous **calomniez** en disant *que* l'Eglise « *ne tenait pas à instruire le peuple, qu'elle voulait le maintenir dans l'ignorance,* etc... »

3° Ceux qui *voulaient* l'ignorance pour le peuple, ce sont ceux-là, Monsieur, dont vous faites un éloge et que vous présentez à la vénération de nos enfants...

C'est Voltaire, c'est votre Dieu qui a combattu l'instruction, en prétendant qu'elle était inutile et dangereuse pour le peuple. Ecoutez-le.

« Si vous faisiez valoir comme moi une terre, et si vous aviez « des charrues, écrivait-il, *vous seriez bien de mon avis. Ce n'est « pas le manœuvre qu'il faut instruire (1)* »

« *Il est à propos que le peuple soit guidé, et non pas qu'il soit « instruit. Il n'est pas digne de l'être... Il me paraît essentiel « qu'il y ait des gueux ignorants...* (2) »

« *Nous ne nous soucions pas que nos manœuvres et nos labou- « reurs soient éclairés...* »

« *Le peuple sera toujours sot et barbare... ce sont des bœufs « auxquels il faut un aiguillon, un joug et du foin...* »

« *On n'a jamais prétendu éclairer les cordonniers et les ser- « vantes : c'est le privilège des apôtres* (3) »

Et quand un de ces tristes philosophes que vous admirez — la Chalottais — écrivait une diatribe contre les gens du peuple

(1) Lettre à Damilaville, 1er avril 1766.
(2) Ibid.
(3) Lettre à d'Alembert, 1768.

qui cherchaient à s'instruire (1), Voltaire le félicitait, surenchérissait encore : « *Je vous remercie de proscrire l'étude chez les* « *laboureurs. Moi, qui cultive la terre, je vous présente requête* « *pour avoir des manœuvres et non des clers tonsurés. Envoyez-* « *moi surtout des frères ignorantins pour conduire mes charrues* « *et les atteler* (2). »

***

En lisant ces lignes, les parents de nos enfants comprendront que votre livre n'est pas une Histoire, ce n'est qu'un **pamphlet odieux et infâme.** Ils sauront user de leurs dernières libertés, en exigeant que ce livre soit remplacé par un autre, qui sera *impartial.* Remarquez-le bien : 1° Les parents ont le *droit* d'exiger cela. C'est aussi pour eux un *devoir.* 2° Ni ministre, ni inspecteur n'ont le *droit* d'imposer au maître d'école tel livre plutôt que tel autre. L'instituteur est *libre* de choisir parmi les ouvrages *approuvés sur la liste départementale.* Par conséquent, s'ils refusent, ils sont coupables.

XXIII. VOLTAIRE

C'est avec enthousiasme que M. Aulard salue l'arrivée des philosophes du XVIIIme siècle. Il fallait s'y attendre. « *Ils ont en* « *quelque sorte réveillé la conscience de la nation.* » p. 124.

« *Diderot, d'Alembert et une société d'écrivains remarquables,* « *publièrent au milieu du siècle, l'Encyclopédie, vaste compila-* « *tion, où, en résumant l'état actuel des connaissances, ils com-* « *battirent le fanatisme religieux...* » p. 128.

« *Jean-Jacques Rousseau prêcha éloquemment dans l'Emile,* « *le retour à une vie plus naturelle...* » p. 129... « *le retour à la* « *nature, c'est-à-dire qu'il conseille de vivre comme le veut la* « *nature...* (3) »

Il faut donc qu'une nation soit tombée bien bas pour permet-

(1) Dans son *Essai d'éducation nationale,* ou plan d'études pour la Jeunesse.

(2) Lettre du 28 février 1763.

(3) Cours supérieur, p. 240.

Il est à remarquer que tous les ennemis de l'Eglise sont canonisés par M. Aulard. Tout est beau, tout est grand dans leur vie. Pour ne pas nuire à leur réputation, on laisse dormir dans la poussière tous les Documents compromettants.

tre à un homme de faire impunément, à de jeunes enfants, l'éloge pompeux de ces *philosophes* dont les écrits impies ont ébranlé si fortement les bases de notre société !...

Mais celui qui l'emporte sur tous, celui qui est « *un dieu* » pour M. Aulard, c'est **Voltaire.**

« *Homme de génie... qui avait autant de cœur que d'esprit...*
« *aimait à secourir les malheureux, à faire réparer les injustices...*
« *Partout il plaide la cause de l'humanité et de la liberté...*
« *Aujourd'hui encore, tous les adversaires de la République, tous*
« *les fanatiques rétrogades ou pédants, haïssent Voltaire. Il*
« *est aimé au contraire de tous ceux qui aiment notre France libre*
« *et démocratique, issue de la Révolution française...* p. 128. »

« *Il demanda dans ses livres que le peuple fût moins malheu-*
« *reux...* (1). »

O chers petits enfants, obligés d'apprendre de semblables choses, je le répète, combien vous êtes à plaindre !! Et dire que demain, quand seront votées les lois nouvelles, vos parents seront condamnés à l'amende et à la prison, quand, effrayés de *cet empoisonnement officiel,* ils refuseront de vous laisser mourir !!!... Dans quel pays vivons-nous donc, pourrions dire avec Cicéron ??...

Mais cet homme que vous présentez à l'adoration des enfants, fut précisément, sachez-le, Monsieur Aulard, le contraire de ce que vous dites. Laissez-moi, en quelques lignes, démolir votre divinité, aux pieds d'argile, et montrer aux enfants le **vrai Voltaire,** dussiez-vous me classer parmi les « **fanatiques rétrogrades ou pédants.** »

* * *

Je cite d'abord le portrait de Voltaire, tracé par Victor Hugo (2) :

..... Ce singe de génie,
Chez l'homme en mission, par le diable envoyé...
Oh ! tremble ! Ce sophiste a sondé bien des fanges !
Oh ! tremble ! Ce faux sage a perdu bien des anges !
Ce démon, noir milan, fond sur les cœurs pieux
Et les brise, et souvent, sous ses griffes cruelles,
Plume à plume, j'ai vu tomber ces blanches ailes
Qui font qu'une âme vole et s'enfuit vers les cieux !

(1) Cours élémentaire, p. 34.
(2) *Les Rayons et les Ombres.* Regard jeté dans une mansarde.

Et ces vers de Musset (1) :

Dors-tu content, Voltaire, et ton hideux sourire,
Voltige-t-il encor sur tes os décharnés ?
Ton siècle était, dit-on, trop jeune pour te lire...
Le nôtre doit te plaire et tes hommes sont nés...

*
* *

Et maintenant, je reprends mot par mot tous vos mensonges.

I. **Voltaire fut-il « un grand écrivain, » un « homme de génie** (2) ? »

Ne contestons pas sa valeur, comme « *styliste.* » Il a su écrire. Mais de là en faire un homme de génie, il y a loin. Ce fut surtout un fat, un pédant, jouant au grand seigneur et au noble dans son château de Ferney (3).

Aussi, le grand critique Sainte-Beuve, dit de lui : « Ce fut un « grand esprit furibond et sans droiture... calomniateur et « menteur... (4). »

Ecoutez encore Renan, qui n'est pas clérical :

« Au XVIIIme siècle, on ne voulut pas de la science sérieuse, « libre et grave. On eut la bouffonnerie, l'incrédulité railleuse « et superficielle de Voltaire. Ses fades plaisanteries, son ton « narquois, ses hypocrites protestations (5). »

Mais, c'est surtout comme **historien,** que cet « *homme de génie* » fut un tout petit homme.

On a relevé toutes les erreurs de *faits*, de *dates*, accumulées dans son *Siècle de Louis XIV* (6). Il raconte une foule d'anecdotes et de légendes, auxquelles lui-même ne croit pas, mais qu'il rapporte uniquement « *pour amuser, et grossir un tome trop mince.* » C'est lui-même qui le déclare.

Je ne veux pas rapporter toutes ces erreurs. Cela m'entraînerait trop loin. Je me contente de vous citer, Monsieur Aulard, le témoignage de M. Lanson, universitaire pas du tout clérical. Il a publié sur votre divinité une monographie très bien documentée.

(1) Rolla.
(2) Aulard, p. 126 et 128.
(3) Voir ce qu'en dit Lavisse.
(4) Lundis. t. VII, 86, 93.
(5) Renan. *Revue des Deux-Mondes,* 1er nov. 1865.
(6) Voir les Documents publiés par C. Barthelemy. *Voltaire historien,* t. XIe, p. 223.

« Il multiplie, dit-il, les erreurs et les inadvertances, dans le « *Siècle de Louis XIV*. Très souvent l'histoire est faussée, dans « l'*Essai sur les Mœurs*. Il jongle avec les textes... On ne finirait « pas de faire le compte de ses légèretés, de ses bévues, de ses « inexactitudes, de ses fantaisies... Il n'a rien de la méthode « prudente, de la sérénité scrupuleuse des érudits d'aujour- « d'hui... (1). »

« Un homme instruit de nos jours, et qui sait les conditions « des recherches de la vérité, ne se munit plus de connaissances « en Voltaire (2). »

Que pensez-vous, Monsieur, de ces témoignages?... Je crois, voyez-vous, que le plus grand titre de Voltaire à votre gratitude, c'est sa *haine avouée* pour le catholicisme, pour « **l'Infâme** » qu'il voulait **écraser** (3). Voilà pourquoi vous en faites une divinité et lui élevez un autel dans votre histoire. Rendez-lui un culte, si vous le voulez, dans l'intimité... Vous êtes libre. Vous êtes un de ses dignes fils. Mais le faire devant des enfants catholiques, vous ne le devez pas, Monsieur, parce qu'en le faisant, en glorifiant le plus impudent ennemi de l'Eglise, vous violez la *neutralité légale*.

II. Voltaire a-t-il « *plaidé la cause de l'humanité?* (4). »

On sait les polémiques tapageuses qu'il suscita pour la réhabilitation de Calas, de Sirven, pour le chevalier de la Barre. Nous dirons plus loin un mot de la première, puisque M. Aulard lui consacre une Lecture... p. 126. Je ne veux même pas nier qu'il y ait eu chez lui certaines idées de *justice* et de *tolérance*.

Mais, il faut remarquer: 1° que Voltaire n'a jamais rien donné **de lui-même**, jamais il n'a sacrifié pour la grande cause de la justice son bien-être ou un peu de sa tranquillité. Il est resté toujours **égoïste**.

2° Tout ce vacarme, suscité par lui, n'a d'autre but que de lui attirer des avantages convoités. C'est **lui-même** qu'il recherche. C'est du *bluff*, purement et simplement.

3° Même dans ces grandes causes, il ne cherche qu'à faire triompher ses idées *anticatholiques*. C'est une machine de guerre contre « *l'Infâme* » qu'il veut écraser.

(1) P. 163.
(2) P. 217.
(3) Le mot célèbre est connu.
(4) Aulard, loco cit.

M. René Doumic le constate dans son *Histoire de la littérature*, très appréciée des *universitaires* : « C'est seulement quand il se « sent porté par l'opinion de toute l'Europe que Voltaire inter- « vient. *Il est moins un apôtre de la tolérance, qu'un adversaire de la Religion* (1). »

Et déjà Brunetière avait écrit : « Partout et toujours, il attend « qu'un courant d'opinion se dessine, et que de la complicité du « public, il puisse ainsi retirer un surcroît de gloire et de popu- « larité... »

III. Voltaire a-t-il « *plaidé partout la cause* **de la liberté ?** » p. 128.

Nous venons de citer les grandes causes où Voltaire prêcha la tolérance et la liberté. Mais s'il la prêchait si bien, il ne la pratiquait guère. Car il a donné des preuves d'*intolérance flagrante*, presque de cruauté. « Contre ses adversaires littéraires, reli- « gieux, politiques, il déploya une ardeur de persécution, un « zèle d'inquisition qui lui eussent fait pousser des cris de « fureur chez un autre que lui-même... (2). »

Il demande au chancelier Maupéou la « suppression » d'une brochure où un nommé Clément avait osé écrire que Voltaire était le neveu du pâtissier Mignot. Il ne pouvait tolérer qu'on écrivît contre sa *fausse noblesse* (3).

Il veut pour lui la liberté d'injurier, d'insulter, de salir, qui il voudra, comme il voudra, tant qu'il voudra, mais il ne tolère pas qu'on soulève un doute sur la validité d'un titre qui fait son orgueil...

Le comédien Poisson, ayant dit un mot un peu dur à M. Voltaire, celui-ci travaille à le faire « *embastiller,* » *car, dit-il* « *un* « *homme de sa condition ne se bat pas avec un comédien* (4).

N'a-t-il pas fait supprimer le Journal de Fréron, parce que celui-ci l'avait traité sans égards (5) ?

N'écrivait-il pas au prince de Condé pour le prier « *de dire* « *un mot à M. de Saint-Florentin pour qu'on prévienne une édi-* « *tion du volume* » où il lui est manqué de respect (6) ?

(1) *Etudes critiques,* t. I. Vous voyez, ce n'est pas aux cléricaux que la plupart du temps je demande des témoignages contre vous.

(2) *Revue d'Apologétique,* 15 février 1909, p. 774.

(3) *Œuvres complètes,* t, 68, p. 397.

(4) *Revue d'Apologétique,* p. 775.

(5) *Œuvres complètes,* t. 61, p. 281. *Revue,* p. 775.

(6) Id., t. 64, p. 296.

Et voilà l'homme que l'on nous représente comme *tolérant* et ami de la *liberté !* C'est trop fort. Quand même Voltaire aurait pu, dans certains cas, faire un peu de bien, cela ne suffit pas pour faire de lui un éloge pompeux, intéressé et menteur, à des enfants, impressionnables, qui en garderont un souvenir *délétère*, et qui pourra plus tard tuer en eux tout principe de foi et d'honneur.

IV. « *Voltaire a-t-il autant* DE CŒUR *que d'esprit ?* » p. 128.

Vous appelez Voltaire, un homme **de cœur ???** Vous n'avez pas dû écrire cette ligne *sérieusement*, autrement, Monsieur Aulard, cela ressemblerait à une **gageure.**

Voltaire fut « **un sans cœur.** »

Sa nièce, Mme Denis, qui le connaissait bien, le lui a jeté à la face : « L'amour de l'argent vous tourmente,... vous êtes le dernier des hommes par le cœur... (1) »

Marat a dit de lui : « ... Ecrivain scandaleux, qui pervertit la « jeunesse, dont le cœur fut le trône de l'envie, de l'avarice, de « la malignité, de la vengeance, de la perfidie et de toutes les « passions qui dégradent l'espèce humaine... (2) »

Osez donc parler du cœur de cet homme qui, à *douze ans*, ne craignait pas d'outrager sa mère : « *Je suis bien éloigné, ma foi,* « disait-il, *d'avoir une vierge pour mère...* (3). »

Oui, osez donc parler du cœur de cet homme qui ose féliciter les bourreaux de la Pologne, en écrivant à Catherine II, « **sa déesse** » (4), avec une ironie cruelle : « *Les Polonais doivent* « *vous remercier de leur donner la paix...?* »

C'est honteux !!!...

Frédéric II, roi de Prusse, à qui pourtant *ce cœur vil* prodigua la flatterie, écrivait de lui : « Cet homme est le plus méchant

(1) Lettre à son oncle, 20 février 1754. Cf. Lettre de Voltaire au comte d'Argental, 10 mars 1754.

(2) *Ami du Peuple,* 6 avril 1691.

(3) Les maîtres de Voltaire, ont consigné dans les registres du collège, cette appréciation : « *Enfant intelligent, mais franche canaille.* » « *Sodome* « *l'eut banni...* » a dit le comte de Maistre.

(4) C'est ainsi qu'il appelait l'impératrice de Russie. Il fut d'ailleurs le vil courtisan, le plat valet des grands, se vautrant à leurs pieds pour en obtenir quelques faveurs. Que de flatteries à Mme de Chateauroux, maîtresse de Louis XV, et plus tard, à celle qui lui succéda, la fameuse et triste Mme de Pompadour !!!!!

« fou que j'aie connu de ma vie. Il est étonnant que cet homme « ait une âme aussi lâche et soit si méprisable pour sa conduite « et pour son caractère... (1) »

M. Faguet a étudié Voltaire, et c'est lui qui nous dit : « *C'était « le cœur le plus sec qu'on ait jamais vu...* (2) »

V. Voltaire a-t-il « *autant de cœur que* **d'esprit ?...** (3). »

Ne vous en déplaise, Monsieur Aulard, votre héros ne fut pas un homme *vraiment spirituel*. Il ne sut faire de l'esprit qu'en attaquant les choses les plus respectables. Les saillies qui font pâmer ses admirateurs, ne sont que des traits orduriers qu'il décoche à l'adresse de ceux qui lui déplaisent.

Renan lui-même n'approuvait pas « *ses fades plaisanteries* (4). »

Marat trouve « *qu'il ne montre de finesse que dans l'originalité « de ses flagorneries...* (5) »

Lanson nous dit « qu'il n'y a rien de plus ordurier, de plus « bouffon, de plus haineux, dans l'œuvre de Voltaire, que ce « qu'il a écrit sur les origines chrétiennes... (6). » Et c'est pourtant là que les admirateurs de Voltaire, le trouvent surtout spirituel et amusant.

VI. Doit-il être aimé « *de tous ceux qui aiment notre France « libre et démocratique ?...* » p. 128.

Non, Monsieur, ceux qui aiment la France doivent mépriser cet homme qui fut **ennemi de notre patrie.**

Parcourez donc, je vous prie, cette immense correspondance que vous trouvez « **admirable,** » p. 128, et vous y trouverez les preuves de son *antipatriotisme*. Il vous faut une singulière audace pour oser ainsi mentir avec tant d'effronterie !...

Je vais vous citer quelques extraits de cette « **admirable** » correspondance.

Le roi prussien venait d'écraser notre armée à Rosbach ; aussitôt Voltaire lui écrit pour le féliciter : « L'uniforme prussien en « doit servir qu'à faire mettre les Welches (Français) à « genoux... (7) »

(1) *Œuvres de Frédéric II*, t. XX.

(2) Dix-huitième siècle. Etudes littéraires.

(3) Aulard et Debidour, p. 128... L'auteur nous dit encore : « *Il fait rire.* »

(4) *Revue des Deux-Mondes*, 1er novembre 1865.

(5) *L'Ami du Peuple*, 6 avril 1791.

(6) Lanson, ouvrage cité p. 171.

(7) J'ajoute avec dégoût, en *note*, la fin de la phrase : « *Allez, mes Wel-*

« Sire, me voilà dans Paris, c'est je crois, votre capitale... O « Paris, sois digne, si tu peux, du vainqueur que tu recevras « dans ton enceinte irrégulière et crottée !... (1) »

Le plat courtisan, le valet vil et méprisable qui ose applaudir aux revers de la France, dédie au vainqueur une poésie qui veut être spirituelle, mais qui n'est que le produit d'une intelligence pervertie et d'une âme bien noire...

Ecoutez, M. Aulard :

Héros du Nord, je savais bien
Que vous avez vu les derrières
Des guerriers du roi très chrétien
A qui vous tailliez des croupières
Mais que vos rimes familières
Immortalisent les beaux C..
De ceux que vous avez vaincus
Ce sont là faveurs singulières.

Et voilà le dieu que vous présentez à l'amour des enfants de la France !!!... Rien que ce fait suffit pour démontrer à tous que votre livre n'est qu'un *pamphlet*, et non une *histoire*.....

J'aime mieux entendre les paroles indignées de Jean-Jacques Rousseau :

« Vous me parlez de Voltaire ! Pourquoi le nom de ce baladin « souille-t-il vos lettres ? Le malheureux a perdu ma patrie. Je « le haïrais davantage, si je le méprisais moins. S'il reste dans « le cœur de nos neveux quelque amour de la patrie, ils détesteront sa mémoire, et il sera maudit (2). »

Nous pourrions vous citer encore bien d'autres passages de cette « *admirable* » correspondance, où Voltaire bafoue la France et les Français...

Il écrit à d'Alembert (3) : « Je mourrai bientôt, et ce sera en « détestant le pays des singes et des tigres, où la folie de ma « mère me fit naître, il y a bientôt soixante et treize ans... »

A Catherine II : « Daignez observer, Madame, que je ne suis pas « Welche (Français) (4). Je suis Suisse, et si j'étais plus jeune, « je me ferais Russe... (5).

Quelle horreur !!!...

« *ches* (mes Français), *vous êtes la chiasse du genre humain.* » (Lettre au roi de Prusse).

(1) Id.

(2) J.-J. Rousseau. Correspondance, p. 105.

(3) Lettre (1766).

(4) Il se sert de ce terme méprisant pour nommer les Français.

(5) Lettre, 1771.

VII. Doit-il être aimé « *de ceux qui aiment notre France* « **libre...** ? » p. 128.

Personne ne fut plus que Voltaire ennemi de l'*égalité* et de la *liberté*.

« Le système de l'*égalité*, écrit-il au duc de Richelieu, m'a « toujours paru l'orgueil d'un fou... (1) »

« C'est, à mon gré, le plus grand service qu'on puisse rendre « au genre humain, de séparer *le sot peuple* des honnêtes gens « pour jamais (2). »

Quant à la *liberté*, nous savons comment cet égoïste tyran l'entendait. Nous avons parlé de sa *tolérance*. Cet homme portait au cœur une telle haine contre le christianisme, que s'il avait eu la force entre les mains, il aurait persécuté la religion avec autant de rage que les empereurs païens. Il y avait chez lui l'étoffe d'un Néron.

VIII. Doit-il être « *aimé de tous ceux qui aiment la France* « **démocratique** ? » p. 128.

Vraiment, Monsieur, présenter votre héros au culte et à la vénération des « *démocrates*, » c'est un comble... Votre amour pour Voltaire, vous égare.

Mais, Monsieur, sachez bien que personne ne fut moins démocrate que lui. Il haïssait le peuple... *Il jouait au grand seigneur*. Il s'affubla d'un titre de noblesse, et poursuivit avec acharnement tous ceux qui osaient élever des doutes sur son authenticité. L'histoire nous dit les persécutions qu'il fit subir à ce sujet à Clément, à Poisson, à la Beaumelle.

Lavisse nous apprend lui-même que « le dimanche, Voltaire « mettait quelquefois un habit mordoré, une veste galonnée « d'or, des manchettes de dentelle, jusqu'au bout des doigts. Et « il disait : « Avec cela on a l'air noble... (3). »

Le même auteur ajoute : « Il avait d'ailleurs la vanité de faire « le grand seigneur. »

M. Lanson nous dépeint à son tour Voltaire à 30 ans, sous les traits « d'un bourgeois, avec l'ambition de s'anoblir, l'amour et « l'orgueil de l'argent, des belles relations. Il a une moralité de « coulissier, le mépris du petit gain journalier qui s'achète « durement, le respect du gros négoce et de la spéculation, le

(1) Lettre au duc de Richelieu, 1770.
(2) Lettre au comte d'Argental, 27 avril 1765.
(3) Lavisse.

« goût de la vie confortable, des beaux meubles, des bijoux, un « luxe de parvenu... (1) »

Vous êtes vraiment bien « *inconscient* » de présenter à nos enfants — dont vous voulez faire « *d'ardents démocrates* » — des héros qui furent **si peu** « amis du peuple !!... »

Mais consultez donc son « immense et admirable Correspondance » (2), pour vous rendre bien compte de sa démocratie, et de son amour pour le peuple...

Nous avons cité les lettres où il refuse au peuple le droit à l'instruction. Il le désigne sous le nom peu flatteur de « **canaille.** »

« Votre majesté, écrit-il à Frédéric de Prusse, rendra un ser« vice éternel au genre humain en détruisant la superstition. Je « ne dis pas chez la *canaille*, qui n'est pas digne d'être éclairée, « mais chez les honnêtes gens qui veulent penser... »

« Ce sont des bœufs auxquels il faut un joug, un aiguillon et « du foin... (3) »

« Les gens du peuple, en France, ont besoin d'être menés à « coups de pied... C'est ce que je fais... (4) »

« A l'égard de la canaille, elle restera toujours canaille... je « ne m'en mêle pas... (5) »

* * *

N'est-ce pas que notre France libre et démocratique a de singulières raisons d'aimer Voltaire ?

(1) Page 25.

(2) Lettre à Frédéric II.

(3) Lettre à Tabareau, 3 février 1769.

Votre ami Luther disait lui aussi : « A l'âne, il faut du chardon, un bât « et un fouet. Aux paysans, de la paille d'avoine. Ne veulent-ils pas « céder? Le bâton et la carabine : c'est de droit. Prions pour qu'ils obéis« sent, sinon point de pitié. Si l'on ne fait siffler l'arquebuse, ils seront « cent fois plus méchants... »

(4) Lettre à Damilaville.

(5) Lettre à d'Alembert, 4 juin 1767.

Il est curieux tout de même de voir les ennemis de la religion présenter aujourd'hui aux hommages du peuple ceux qui ont *détesté le peuple.* Ainsi, que d'encens brûlé en l'honneur de Renan ! On nous le présente comme une idole. Or, Renan écrivait : « Les paysans sont l'élément infé« rieur de la civilisation. N'améliorez pas leur sort. Ne les enrichissez « pas. J'aime mieux les paysans à qui on donne des coups de pieds dans « le... »

Voyez-vous, Monsieur Aulard, vous avez l'air de vous moquer de nous, de nous prendre pour des imbéciles, en venant nous raconter de pareilles calembredaines.

Pour moi, je ne crains pas de le dire, dussiez-vous une fois encore me ranger parmi « les fanatiques rétrogrades où pédants, » je vous déclare que je n'ai pour Voltaire, votre divinité, non pas que de la *haine* — il ne la mérite pas — mais qu'un **profond mépris**.

* * *

La seule raison pour laquelle vous exaltez Voltaire, on le devine, c'est son irréligion et sa lutte acharnée contre le catholicisme.

De fait, il fut bien irréligieux, cet homme qui en 1768, fit ostensiblement ses Pâques, adressa un petit sermon à l'auditoire, pour se vanter dans la suite de faire des communions sacrilèges,... etc...

Il fut bien irréligieux, cet homme, dont le mot d'ordre était « *Ecrasons l'Infâme.* » Pour arriver à ses fins, il ne recula devant rien, mentant avec une incroyable effronterie, et recommandant le mensonge à ses disciples... Oh ! c'est bien l'homme que vous pouvez revendiquer pour père ! C'est bien à lui que vous pourrez rendre un culte !!!...

Mais, du moins, Monsieur, que ce culte soit *personnel !!*... Il ne vous est pas permis, entendez-vous, de chercher à pervertir nos enfants, en leur faisant l'éloge d'un homme qui n'eut de grand que sa haine, sa rage diabolique contre leur religion et contre leur foi. Ce n'est plus de la neutralité, c'est une violation flagrante de la loi... Il est vrai que vous avez eu l'audace d'écrire : « *Ne disons plus : Nous ne voulons pas détruire la religion.* « *Disons au contraire :* **Nous voulons détruire la religion... (1)** »

Vous le prouvez bien... Mais nous ne craindrons pas de vous répondre et de montrer au grand jour les armes déloyales et mensongères que vous employez pour accomplir votre œuvre de destruction.....

(1) *Annales de la Jeunesse laïque*, août 1904.

XXIV. — CALAS

Pour donner une preuve *du grand cœur* de son héros, M. Aulard nous cite le plaidoyer de Voltaire en faveur de Calas.

Il a soin d'abord d'insinuer que Calas fut condamné **parce qu'il était protestant.**

« Calas, négociant à Toulouse et très honnête homme, était « protestant de naissance. Il eut le malheur de perdre son fils « qui, joueur (1) et d'un caractère bizarre, fut trouvé pendu à la « porte du magasin. On prétendit que ce n'était pas un suicide, « que le jeune Calas avait été étranglé par sa famille, parce qu'il « voulait se faire catholique. Le peuple fanatisé dénonça Calas « comme assassin. Calas fut arrêté avec sa famille. Il eut beau « protester de son innocence, le parlement de Toulouse le con- « damna au supplice de la roue, et il périt ainsi, en 1762, dans « d'atroces souffrances, pour un crime qu'il n'avait pas commis. « Son plus jeune fils et ses filles furent enfermés dans des cou- « vents pour y abjurer le protestantisme (2)... » p. 126.

Je ne veux pas entreprendre l'étude de cette affaire Calas. Je me contenterai de présenter à M. Aulard quelques remarques.

I

Vous êtes bien *affirmatif* lorsque vous prétendez que Calas fut exécuté « *pour un crime qu'il n'avait pas commis,* » p. 126.

La chose est au **moins douteuse.** L'étude de la procédure, conservée aux archives de l'ancien parlement de Toulouse, a été faite en 1854, par Théophile Huc, docteur en droit. Elle a été publiée dans le *Correspondant* (3). » Il a lu cette longue procédure, de la première à la dernière ligne et « dans toutes ces « pièces, dit-il, dans tous ces témoignages, ces monitoires, il n'a « rien trouvé qui ne soit la justification de la sentence qui frappa « Calas (4). »

(1) C'est Voltaire lui-même qui le prétend dès le début de son *Traité de la tolérance.* Il affirme que ce jour-là, Marc Antoine avait perdu son argent au jeu. Or, *rien ne le prouve.*

(2) L'insinuation de M. Aulard est absolument injustifiée. Calas ne fut pas du tout condamné, **parce qu'il était protestant.** Ce que M. Aulard *insinue* un de ses complices en mensonges le déclare catégoriquement : « *dont le seul crime était d'être protestant,* » Calvet.

(3) Tome 35, p. 690 à 721.

(4) P. 693. Le grand Larousse affirme catégoriquement qu'il y *eu terreur judiciaire* (art. Calas).

Feller recommande « une grande modération dans les jugements portés

Il a été prouvé que la famille Calas n'avait jamais pardonné à Louis Calas, un des fils, sa conversion au catholicisme. Quant à Marc-Antoine Calas, celui qui fut étranglé, la preuve a éte faite que son père le malmenait, le menaçait, *parce qu'il voulait lui-même se convertir au catholicisme.* Or, la veille du jour où il devait se confesser et communier, il fut trouvé étranglé dans des circonstances qui rendaient un suicide *impossible* ou *du moins très peu probable.* On releva dans les réponses des accusés toutes sortes de contradictions. Les témoignages contre eux furent accablants.

Tout cela constitue **un faisceau de preuves contre Calas père.**

Aussi, le comte de Maistre, cet esprit si pondéré, écrivait hardiment : « Rien de moins prouvé, je vous l'assure que l'inno-« cence de Calas. Il y a mille raisons d'en douter et même de « croire le contraire (1). »

Beaucoup d'autres historiens de Voltaire sont du même avis (2).

* * *

Vous nous dites que « *le jugement de Toulouse fut révisé à Paris. Calas déclaré innocent et sa mémoire réhabilitée...* » p. 126.

Oui, mais il paraît que l'arrêt porté par les « *maîtres des requêtes* » le fut après une *seule séance,* sans *avoir étudié la procédure* du parlement de Toulouse, sur le *seul rapport* qui leur fut fait de cette procédure (3) (9 mars 1765).

Quelque temps avant cet arrêt, le 1er mars 1765, Voltaire écrivait lui-même à Damilaville : « Ayant écrit en Languedoc sur « cette étrange aventure, *catholiques et protestants me répondi-« rent qu'il ne fallait pas douter du crime des Calas...* (4) »

« *contre les juges de Toulouse,* qui avaient *toute facilité* de juger, puis-« qu'ils étaient sur les lieux... pouvaient interroger les accusés, etc... Se « défier des philosophes du XVIIIme siècle qui se faisaient tous avocats, et « des avocats qui se faisaient philosophes... »

(1) Soirées de Saint-Pétersbourg, t. I, p. 43.

(2) Voir ces témoignages dans C. Barthélemy, t. II.

(3) Le maître des requêtes, Thiroux de Crosne, qui fit au Conseil d'Etat le rapport de l'affaire, était un ami de Voltaire. Il ne connaissait cette affaire que par les mémoires publiés et par ce qu'en avait dit Voltaire, mais son opinion n'en était pas moins arrêtée.... (Cf. Barthélemy, p. 51).

(4) Lettre de Voltaire.

Vous voyez par là, Monsieur Aulard, combien cet homme était de mauvaise foi. Il avoue lui-même que les *protestants* témoignent contre son client, leur coreligionnaire...

Donc, l'arrêt de Paris qui réhabilite Calas, ne **prouve** pas absolument son innocence. L'affaire reste au *moins douteuse*, comme l'affaire Dreyfus reste encore mystérieuse, *même après l'arrêt de réhabilitation*. Vous le savez... Monsieur, il y a des arrêts qui sont portés quelquefois sous la pression d'un parti !!..

Ce que je viens de dire ne vous plaira pas, vous qui avez osé écrire : « *La République a prouvé une fois de plus qu'elle est le* « *régime de la justice, en proclamant l'innocence du capitaine* « *Dreyfus, officier de religion juive, que les passions cléricales et* « *réactionnaires avaient fait condamner à tort comme traître, et* « *que la plus haute juridiction du pays, la Cour de Cassation, a* « *solennellement réhabilité...* » (1906) (1).

Ah ! Monsieur, si nous n'étions pas *si près* de ces événements, comme je serais heureux de vous citer le mot du ministre Barthou ! ! !

Quoiqu'il en soit, vous **exagérez** à dessein, en **affirmant** l'innocence de Calas, et en accusant d'injustice les membres du Parlement de Toulouse (2).

II

Voltaire entreprit-il cette campagne de presse en faveur de Calas, parce qu'il « *aimait à secourir les malheureux, à faire réparer les injustices?* » P. 126.

Non, non, mille fois non.

Les Calas, lui était bien indifférents. Il appelait Mme Calas « **une huguenote imbécile...** (3). »

Mais : 1° En écrivant son fameux *Traité sur la tolérance*, en soulevant ainsi l'opinion en faveur des Calas, Voltaire voulait simplement faire du « **bluff**. » Ce pédant cherchait les applaudissements des philosophes et des *grands* du monde. Ils ne lui manquèrent pas (4).

(1) Aulard et Debidour, p. 265.

(2) Dareste nous déclare que « les plaidoyers de Voltaire eurent un « immense retentissement. Non qu'ils aient fait une lumière complète ; « *la critique a le droit de garder bien des doutes...* » *Histoire de France*, t. VI, p. 336.

(3) Lettre à d'Alembert, 28 novembre 1762.

(4) Il écrivait à Elie de Beaumont pour l'exciter à prendre la défense

2° Il voulait surtout satisfaire sa *haine contre le catholicisme.* « Je me flatte, écrivait-il à Damilaville, que cette affaire Calas « fera un bien infini à la raison humaine, et **autant de mal** « **à l'infâme...** » (1).

« C'est la philosophie **toute seule** qui a remporté cette « victoire. Quand pourra-t-elle écraser toutes les têtes de l'hydre « du fanatisme !... » (2).

On sent que Voltaire défend surtout le « **protestant,** » qu'il cherche à réhabiliter un homme condamné pour un crime qu'il aurait commis *par haine de la religion catholique* (3), et ce qui le fait agir, c'est surtout la rage contre cette même religion.

3° Il voulait satisfaire sa haine contre les *Parlements,* qui avaient censuré ses livres.

***

D'ailleurs, toute la correspondance de Voltaire, concernant cette affaire Calas, est un mélange de sensiblerie, de quolibets (4), de cocasserie, de mensonges qui prouve le peu d'intérêt qu'il prenait réellement à l'affaire. Pour lui, ce qui dominait tout, c'était la haine de Dieu et de la religion.

Nous pourrions en citer beaucoup d'exemples. Mais nous nous sommes déjà trop occupé de cet homme, de ce ricaneur, de ce haineux, de ce menteur qui osait écrire à Thiériot : « *Le mensonge n'est un vice que quand il fait du mal. C'est une très* « *grande vertu quand il fait du bien. Soyez donc plus vertueux* « *que jamais. Il faut mentir comme un diable, non pas timidement, non pas pour un temps, mais hardiment et toujours* (5). »

des Calas : « *Ce procès peut vous faire un honneur infini... qui amène tôt ou tard la fortune.* » (Lettre de Voltaire, 11 juin 1762).

(1) Lettre de Voltaire (5 mars 1763).

(2) Lettre à d'Argental (17 mars 1765).

(3) C'est la remarque de beaucoup d'auteurs qui ont écrit sur Voltaire. Le meurtre de Marc Antoine, si meurtre il y a vraiment, aurait été commis parce qu'il voulait quitter le protestantisme.

(4) Le comte de Maistre nous rapporte une lettre de Voltaire à Tronchin de Genève, au moment le plus animé dans la discussion de l'affaire Calas, où le pédant « *bouffonne comme s'il avait parlé de l'opéra-comique... Vous* « *avez, dit-il à son correspondant, trouvé mon mémoire trop chaud, mais* « *je vous en prépare un autre au* **Bain-Marie...** » *Soirées de Saint Pétersbourg*, t. I, 3me édition, p. 44.

(5) Lettre de Voltaire, 21 octobre 1736.

Le mensonge fut la règle de sa vie : sa seule vertu. C'est la vertu de ses disciples qui, à son exemple, veulent détruire la religion de Jésus-Christ : **l'Infâme !...**

IV. LA RÉVOLUTION FRANÇAISE

Dans sa préface (1), M. Aulard nous affirme qu'il écrit son histoire « *dans un esprit franchement démocratique et laïque,* « *comme il convient quand on s'adresse à des enfants qui seront* « *citoyens d'une République... L'œuvre de raison et de justice* « *accomplie par la Révolution y est glorifiée comme elle mérite* « *de l'être, et ces principes sur lesquels reposent nos institutions* « *s'y trouvent justifiés par la leçon des événements* (2)... »

L'auteur a bien tenu sa promesse. Personne ne saurait le contester. C'est du *pur laïcisme.* Quant à la prétention de « *jus-* « *tifier les principes sur lesquels reposent nos institutions par la* « *leçon des événements,* » c'est autre chose. L'auteur n'y justifie rien, car tous les événements y sont présentés sous un faux jour.

Ce n'est plus de l'*histoire.* C'est un **pamphlet.** C'est une violation flagrante de la **neutralité.**

On sent que l'auteur s'en moque. N'est-ce pas lui, d'ailleurs, qui écrivait un jour : « *On me demande ce que je pense de la* « *neutralité scolaire. Je pense que c'est un mot — un mot équi-* « *voque — un mot dangereux. Je suis d'avis qu'il ne faut plus* « *recommander aux instituteurs cette chose impraticable ou* « *indéfinissable qu'on nomme la neutralité scolaire, qu'il faut* « *leur recommander au contraire, d'être plus que jamais mili-* « *tants pour la vérité, par la science, de n'être jamais neutres au* « *profit de l'erreur... Ne parlons plus de la neutralité sco-* « *laire* (3)... »

***

Il faudrait **tout** citer, **tout** réfuter. C'est un tissu de *faussetés,* de *mensonges,* d'*exagérations* voulues, d'*insinuations* mal-

(1) Cours supérieur.

(2) Avertissement, page 1.

(3) Aulard.

Ecoutez Viviani : « Il faut en finir avec la neutralité scolaire et user de « contrainte légale à l'égard de la famille.

« On vous parle de neutralité scolaire, mais il est temps de dire que la « neutralité scolaire n'a jamais été qu'un mensonge diplomatique et une

veillantes et calomniatrices. La tactique de l'**omission** y est pratiquée aussi avec un art perfide. On se gardera bien de parler des *horreurs* de ce régime de sang et de boue qu'est la Révolution.

Quant aux faits **douteux** et sur lesquels l'histoire impartiale n'a pas jeté la lumière, l'auteur continuera à les donner comme **certains**. Ce qui est d'autant plus répréhensible, qu'il s'agit d'un *manuel* destiné aux *enfants*.

Nous avons eu occasion déjà de le dire plus haut. Il ne faut donner à l'enfant que les faits vraiment *historiques*... Que dans un livre écrit pour des personnes capables de *discuter*, l'historien émette des *hypothèses*, qu'il bataille pour défendre ses idées, je le comprends. La lumière pourra même jaillir de ces joûtes historiques. Mais quand on écrit pour des *enfants*, il faut ne leur présenter que des faits **absolument certains**, ou du moins, donner comme *douteux* et *légendaire*, ce qui est *légende* et *doute*.

Or, ce n'est pas le procédé de M. Aulard. Le lecteur pourra en juger par ce qui va suivre. Nos chapitres correspondront à ceux de l'auteur.

CHAPITRE PREMIER

(De la page 132 à 139. Cours moyen).

1° Causes de la Révolution

L'auteur accumule ici les « *niaiseries*. » Nous ne voulons pas les relever.

Evidemment, à cette époque, il y avait à faire des Réformes profondes et nombreuses. Nous ne le nions pas. Sachant « que « la vérité est la première loi de l'histoire (1), » nous avouons loyalement qu'alors il y avait beaucoup d'abus.

Mais la France pouvait obtenir ces réformes par des moyens *pacifiques*. Il n'était pas du tout nécessaire pour cela, de suivre le courant de haine déchaîné sur notre patrie par tous ces philosophes du XVIIIme siècle, tant vantés par M. Aulard (2). Nous n'aurions pas alors dans notre histoire nationale ces pages honteuses que nous voudrions voir arrachées pour jamais.

« tartuferie de circonstance... Nous l'invoquions pour endormir la conscience des timorés, etc... »

(1) Paroles de Léon XIII.

(2) Voir plus haut et page 133.

2° Lettres de cachet

« *Le roi et ses agents pouvaient mettre en prison qui bon leur* « *semblait, sans jugement aucun. Il suffisait pour cela d'une* « *lettre de cachet, et on les vendait, ces lettres, avec le nom en* « *blanc, à quiconque était assez riche pour en acheter. Même* « *sous Louis XVI qui n'était pas méchant, on en distribua* « *14.000...* » p. 133.

Il est certain que ce récit, court et dramatique, fera sur les jeunes âmes d'enfants une impression « *favorable.* » L'auteur, pour mieux produire son effet, a joint une gravure double, « *bien vivante* » (1) et bien suggestive, qui gravera dans la mémoire le souvenir de ces fameuses lettres de cachet qui sont un thème banal à toutes les déclamations modernes contre la Monarchie et contre l'Eglise.

On voit, en effet, d'un côté, un seigneur, l'échine pliée, recevant la lettre, au-dessous cette devise : « *On pouvait acheter des* « *lettres de cachet, en blanc, c'est-à-dire, revêtues simplement* « *du sceau du roi, et sur lesquelles il suffisait ensuite d'apposer* « *le nom d'une personne quelconque...* » p. 132.

De l'autre côté, une voiture qui emmène le malheureux en prison, avec cette autre devise : « *Immédiatement, la personne* « *dont le nom avait été inscrit sur la lettre de cachet était arrêtée* « *et conduite en prison...* » p. 133.

Il y a dans tout ce récit et dans la mise en scène une *exagération voulue* pour arriver au but cherché.

Le **fait** des lettres de cachet est indéniable. Mais avaient-elles d'une façon générale ce caractère odieux et arbitraire. Non, mille fois non.

Voici ce qu'en dit le nouveau *Larousse*, que l'on ne saurait accuser de cléricalisme : « Une foule de légendes et d'exagéra- « tions ont cours à ce sujet. Les prisonniers, par lettres de « cachet se répartissaient en trois classes : les prisonniers d'Etat, « relativement très peu nombreux ; les prisonniers de famille, « de beaucoup plus nombreux ; enfin les prisonniers de police.

« En ce dernier cas, la lettre ne faisait que suppléer à la len- « teur judiciaire d'autrefois. Le criminel arrêté, intervenait un « décret de prise de corps, décerné par un tribunal constitué, et « la lettre de cachet perdait son effet.

(1) Paroles de l'auteur dans la préface.

« Sauf de **très rares exceptions**, il ne paraît pas vrai-
« semblable que l'administration de l'ancien régime ait délivré
« des lettres de cachet **en blanc** à des particuliers et dont
« ceux-ci se seraient servis pour satisfaire des vengeances pri-
« vées (1)... »

D'où il suit, que : 1° Parmi les prisonniers, dus aux lettres de cachet, il y avait des fils débauchés et incorrigibles, pour lesquels les parents avaient sollicité eux-mêmes un internement (2). *Cela se voit encore de nos jours.*

2° Souvent, ce n'était qu'une simple *mesure de précautions*, pour empêcher un coupable de s'enfuir, puisque, dit Larousse, après l'arrestation du criminel, un tribunal constitué décrétait la prise de corps, et « *la lettre de cachet perdait son effet* (3). »

3° M. Aulard ment effrontément quand il affirme d'une façon générale qu'on « *pouvait acheter des lettres de cachet en blanc* (4) » ou qu'on « *les vendait avec le nom en blanc* (5)... »

Il y eut peut-être **quelques cas d'arbitraire.** Nous trouvons des abus partout. On a même **vendu les décorations** sous la troisième République ! ! ! !.....

Mais affirmer que **ce fut général,** c'est faux, c'est méchant...

4° En étudiant certains *cas particuliers,* on constate que souvent cette mesure était prise pour amener un coupable récalcitrant à résipiscence, lorsque les autres moyens de coercition présentaient de réels dangers. Voir, pour notre diocèse, l'affaire de l'abbé Lhermite, curé des Trois-Vallois, contre lequel l'évêque de Saint-Dié, Chaumont de la Galaizière, sollicita une lettre de cachet.

C'était l'esprit le plus inquiet, *le plus brouillon* que l'on puisse trouver. Il était indocile et indépendant (6)... Il n'y avait guère d'autre moyen de dompter cette nature rebelle et turbulente.

5° Nous pourrions enfin retorquer l'argument à M. Aulard et lui dire : « Monsieur, vous qui clamez l'indignation contre les « lettres de cachet de l'*Ancien Régime,* ignorez-vous donc que

(1) Tome V, p. 659.
(2) Voir plus haut.
(3) Voir Larousse.
(4) Page 132.
(5) Page 133.
(6) Voir la belle étude critique de l'abbé Thomassin, sur l'ouvrage de Félix Bouvier : *Les Vosges pendant la Révolution.*

« dans le « *Nouveau* » dont vous vantez les li»ertés, on a vu « des innocents, jetés en prison « *préventive* » sur dénonciations « *anonymes??*... Pensez-»ous que cela n'est pas aussi odieux « que les lettres de cachet?... »

3° Quelques insinuations tendancieuses contre l'Eglise

« *La presse n'était pas libre... Si on publiait quelque chose qui « déplût au gouvernement ou à l'église (sic) catholique, on s'ex- « posait à la prison ou à la potence...* p. 133 (1).

« *La religion catholique exerçait une véritable tyrannie. Ceux « qui n'y croyaient pas s'exposaient à être odieusement persé- cutés!!!* » p. 134.

Aujourd'hui, c'est le contraire. Ceux qui croient à la religion et qui en pratiquent les devoirs, sont *odieusement persécutés*, avouez-le, Monsieur Aulard.

4° Impôts

Après **l'insinuation**, voici le **mensonge** *avéré, effronté, cynique...*

Ils (le clergé et la noblesse) *se refusaient à payer presque tous « les impôts...* » p. 134. « *C'était le Tiers-Etat qui les payait...* »

« *Le clergé et les nobles possédaient sans avoir à payer d'im- « pôts, les trois autres quarts* » (du territoire). p. 135.

Je me demande, Monsieur Aulard, si vous **pensez** ou non, ce que vous **dites** ici. Si oui, vous n'êtes pas très fort en histoire. Si non, vous êtes un *historien faussaire.*

Car, il **est certain** que *le clergé payait sa part d'impôts.* Dans mes recherches pour l'histoire de Gérardmer, j'ai eu cent fois l'occasion de le constater. Il les payait sous la forme de **don gratuit**. Mais ce **don** n'avait de gratuit que le nom, et c'était bel et bien un impôt qui s'est élevé à des sommes fantastiques.

Vous n'avez qu'à consulter les procès-verbaux des Assemblées du Clergé avant 1789 (2), vous y verrez que de 1561 à 1786, la

(1) Quand on parle de « la société catholique, » on met *Eglise*, avec majuscule. L'*e* minuscule ne s'emploie que pour désigner le *temple*, où se réunissent les fidèles.

(2) Le calcul a été fait par M. Bourlon (les assemblées du clergé sous l'ancien régime). Voir apologétique, n° 108, p. 893.

seule caisse générale du clergé a fourni à l'Etat **un milliard sept cent millions de livres.** Or, la livre à cette époque, valait à peu près trois fois le franc d'aujourd'hui, ce qui ferait au moins **cinq milliards.**

Au XVIIIme siècle, de 1714 à 1789, le clergé versa au trésor plus de 500 millions de livres, soit une valeur de plus de un milliard.

« En outre, la caisse générale du clergé dut payer encore « 5.106.000 livres pour la pension des nouveaux convertis : « 22 millions 200.000 livres pour le « *droit d'oblat* » en faveur « des invalides; 74.000 livres pour les appointements des officiers, « des décimes et des sommes moins importantes pour d'autres « services (1). » Ce qui nous amène au chiffre de plus de *cent millions de livres.* Total : 574 millions en 75 ans, soit plus de **sept millions et demi** par an (2). (7.666.666 livres par an) (3).

Remarquez en outre que pour faire face à ces *dons gratuits* (?), le clergé avait dû contracter des emprunts, pour lesquels il payait annuellement 11.948.000 livres d'intérêt. Il est juste d'ajouter cette somme aux précédentes, ce qui porte chaque année les contributions du clergé à près de **vingt millions de livres.**

Il y avait encore une foule d'autres taxes qui s'élevaient annuellement pour le clergé à plus **dix millions de livres,** ce qui porte à 30 millions la contribution annuelle de l'Eglise de France à l'Etat. (Bourlon).

C'est ainsi, Monsieur Aulard, que le clergé de l'Ancien Régime **versait annuellement au Trésor la somme**

(1) Soit 384.400.000 livres par dons gratuits et 115.700.000 livres en vertu du contrat décennal. (Bourlon).

(2) Taine a dit faussement que « le clergé a pu réduire son don gra- « tuit à 16 millions tous les cinq ans, c'est-à-dire à un peu plus de 3 mil- « lions par an. Bien mieux, comme il emprunte pour y fournir, et que les « décimes qu'il lève sur ses biens ne suffisent pas pour amortir le capital « et servir les intérêts de sa dette, il a eu l'adresse de se faire allouer « par le roi et sur le trésor du roi, chaque année 2.500.000 livres. De « sorte qu'au lieu de payer, il reçoit... » C'est faux. Nous avons donné le calcul consciencieusement fait par M. Bourlon. (Voir apologétique, n° 108, p. 893).

(3) Bourlon.

de plus de 30 millions de livres, valeur qui, de nos jours, représenterait **90 millions de francs** (1).

Vous êtes donc un *impudent menteur*, quand vous enseignez aux enfants de la France que ce clergé « **se refusait à payer** « **tous les impôts.** » p. 134.

5° La Dîme

« *Au clergé, le paysan payait la dîme ou le dixième de son* « *revenu ; mais souvent ce dixième se trouvait en fait porté au* « *quart ou au tiers du revenu net...* p. 135 (2). »

Ces lignes, pleines de fiel, appellent certaines remarques et rectifications.

1° Il est **faux** que la dîme fût « toujours le *dixième* du « revenu et souvent le *quart* ou le *tiers.* »

C'est le contraire qui est la vérité. « La dîme n'était pas tou- « jours égale au dixième, dit Larousse, elle lui était même très « inférieure... »

Les archives nous en apportent des preuves nombreuses. Qu'il nous suffise de citer la déclaration des habitants d'Annecy-le-Vieux affirmant que « de, temps immémorial, ils laissaient « plus ou *moins de gerbes, suivant l'abondance et la pénurie de la* « *récolte, de façon à payer une gerbe sur 12, sur 18, sur 20 et sur 30.*

Il paraît même que, dans certains endroits, on payait la dîme « *selon leur volonté et libéral arbitre* (3). »

2° Il faut remarquer, en outre, que la dîme se payait sur des

(1) Dans le nouvel impôt « *des vingtièmes* » établi en Lorraine par Stanislas, en 1749, sous la pression de Louis XV, le clergé lorrain contribuait, par don gratuit (?) (en 1787), pour la somme de 186.338 livrées, 4 sous, 11 deniers... » Cf. L'ancien Régime, p. 168. Et vous appelez cela « *ne pas payer l'impôt ? ? ?...* »

(2) Il ne faut pas confondre la dîme seigneuriale avec la dîme ecclésiastique. La dîme seigneuriale, *decima indominicata*, allait en certains pays jusqu'au 1/4. Elle variait du quart au dixième. La dîme ecclésiastique ne fut jamais plus du dixième, alla jusqu'au 1/25 et même 1/30. Au prieuré de Bonneval, la grosse dîme était de 1/21 et généralement en Lorraine, la menue dîme était 1/11, 1/12 et 1/15. A partir du XIIme siècle, la *decima indominicata* n'existait plus. Elle était remplacée par le *cens seigneurial,* prenant place du *cens féodal.* Dans d'autres pays, elle fut remplacée par le *Champart.* Voir du Cange. (Note communiquée par M. l'abbé Idoux).

(3) Cf. Pernoud, p. 87.

revenus **réels**. Le décimateur recevait plus ou moins, selon la *récolte*. Tandis que les contributions aujourd'hui sont calculées sur des revenus **possibles**. Que l'année soit bonne ou mauvaise, le cultivateur doit quand même payer la contribution de son champ, ou bien gare l'huissier (1) !

Croyez-moi, Monsieur Aulard, le système actuel ne vaut guère mieux. On a calculé qu'en moyenne le cultivateur paye en impôts le tiers de ce que sa terre produit. Cela fait en réalité trois dîmes.

3° Aussi, il est bien certain qu'autrefois, la dîme était l'impôt que les habitants payaient le plus volontiers. D'abord, ces redevances **en nature** leur pesaient moins. Ensuite, ils savaient bien à quoi étaient destinés ces revenus donnés à l'Eglise. Ces revenus aidaient le clergé à soutenir les œuvres de charité et d'enseignement, car alors, il était le seul pour avoir soin des malades, pour donner l'instruction. La dîme représentait en somme, à elle seule, le budget de l'Assistance et de l'Instruction publique (2).

Les plaintes formulées au sujet de la dîme concernaient seulement certains abus. Tel, en particulier, celui qui conférait les revenus à certains « *gros décimateurs*, » seigneurs laïques ou ecclésiastiques, *loin du territoire dîmé*. Il résultait de cet état de choses que, trop souvent, les bienfaits des décimateurs ne se faisaient pas sentir à ceux-là mêmes qui payaient la dîme... « *Tout va aux pauvres de Remiremont* (3), » disent les gens de Totainville, dans leurs Doléances. Ce mot résume bien « un *état d'âme*. » Il y avait encore quelques abus dans la *levée* de l'impôt, dans la *répartition*. Mais, mon Dieu ! où donc n'y a-t-il pas d'abus ? Croyez-vous que le mode actuel de lever les contributions n'en présente pas ? Et celui de demain ???

(1) Il y avait certainement plus de *justice* dans l'appréciation du revenu. Au moment où j'écris ces lignes, les pluies continuelles ont compromis les récoltes. Jadis, le décimateur en eût pâti comme le « *décimé*. » Aujourd'hui, le propriétaire devra payer *quand même* les contributions à l'Etat...

(2) « L'Eglise prenait courageusement les affligés sous sa protection. « Elle appelait à elle la veuve et l'orphelin, le pauvre, le proscrit, et c'est « parce qu'elle avait avec elle tous les faibles qu'elle fut si forte, car les « faibles et les opprimés, c'était à peu près tout le monde. » (Victor Duruy).

« L'évêque et le moine... travaillent à rétablir et à maintenir la piété, l'instruction, la justice, la propriété... » (Taine).

(3) Voyez *L'Ancien Régime*, de l'abbé Mathieu, mort cardinal.

Quoi qu'il en soit, malgré ces quelques difficultés, le grand ingénieur Vauban a pu écrire ces lignes (1) : « Rien ne prouve « tant la bonté de ce système que la *dîme ecclésiastique*, qui se « lève partout sans plainte, sans frais, sans bruit et sans ruiner « personne. C'est celui de tous les impôts qui s'exécute avec le « plus de facilité et de douceur... (2). »

* * *

Ce que vous **omettez** aussi de dire aux enfants, Monsieur, c'est que, dans la nuit du 4 août, le Clergé s'était montré magnanime. La Constituante avait déclaré les dîmes *rachetables*, Mirabeau en demanda *l'abolition pure et simple*.

Le Clergé sacrifia tout pour soulager la détresse financière. Il offrit même de solder la dette publique au moyen d'un emprunt hypothécaire sur les biens d'Eglise. Le 10 octobre, lorsque Talleyrand proposa de mettre ces biens à la disposition de la nation — ce qui était un vol et une injustice, — le Clergé ne se révolta pas, et se soumit au droit du plus fort.

Pourquoi donc ne pas noter cela, ne fût-ce que par un mot ? Mais vous ne cherchez qu'à bafouer l'Eglise.....

6° La Corvée

« *Il lui fallait faire pour le seigneur dss travaux gratuits appelés* **corvées...** » page 135.

Vous parlez sans doute des **corvées seigneuriales**. Or, sachez bien que c'était là un **droit** librement consenti autrefois au seigneur par le peuple, en échange de certaines concessions de territoire. Quelquefois ces corvées étaient bien peu de chose.

Quant aux **corvées royales** pour l'entretien des routes, elles étaient absolument légitimes en principe. C'était notre « *prestation actuelle.* » Il faut bien créer et entretenir des chemins.

J'avoue que dans l'ancien régime il y avait des abus à ce sujet. Je l'ai reconnu et dit lorsque j'ai traité cette question dans mon *Histoire de Gérardmer*. Il y eut en Lorraine des Intendants qui se montraient exigeants. On peut citer des faits d'arbitraire, de tyrannie. Ce qu'il y avait surtout de plus cruel, c'était d'envoyer les habitants travailler *bien loin de leur domicile*.

(1) *La Dîme royale.*

(2) Je recommande la lecture du livre de M. Buet : *La Dîme, la Corvée et le Joug.*

Mais à part ces abus, la *corvée* était admise par le peuple, et lorsque le gouvernement royal voulut convertir en *argent* ces impôts en *nature*, cela ne fut pas possible. Le peuple préféra le *Régime des Corvées*. Il ne les trouvait donc pas si odieuses que vous.

7° Moulins et fours banaux

« *Il fallait se servir moyennant finances, de son pressoir, de son moulin, de son four...* » page 135.

Oui, c'était un monopole...

Mais sous votre chère République, si brillante, si prospère, combien n'y a-t-il pas de monopoles ?...

Il faut fumer le *tabac* de la République... moyennant finances. Il faut brûler ses *allumettes*, etc., etc...

....

D'ailleurs, ces banalités se rachetaient à prix d'argent. Jusqu'en 1618, nos ancêtres de Gérardmer avaient été exempts de cet impôt. A cette époque, Henri II, duc de Lorraine, voulut l'établir dans ses Etats. Les habitants versèrent en échange annuellement quatre-vingts francs, et ils demeurèrent exempts. Même, quand certains accidents arrivaient aux fours ou aux moulins, les dames de Remiremont, seigneur de Gérardmer, avec le duc de Lorraine, faisaient remise pour deux ans, de leur part dans la redevance, soit quarante francs (1).

Vous voyez donc qu'il est absurde de pousser au noir les couleurs de votre tableau. Cela **sue le parti-pris** et la mauvaise foi.

8° Une peinture atroce

« *Il devait entretenir, sous des peines terribles, son gibier (du* « *seigneur) qui dévorait les récoltes...*

« *Quand les paysans avaient payé tout cela au roi, aux sei-* « *gneurs et aux prêtres, il ne leur restait pas toujours un mor-* « *ceau de pain. Bien souvent le revenu ne suffisait pas à payer* « *l'impôt, et l'on préférait laisser le terrain en friche.*

« *Cet odieux système faisait de notre fertile France un pays* « *pauvre: la majorité de la nation souffrait pour le bien-être de* « *quelques privilégiés...* » page 135.

Quel pathos ! Si après cela l'enfant de la France n'a pas en horreur les *prêtres oppresseurs*, ce ne sera pas la faute de M. Aulard.

(1) Archives communales. Série D. D., 18.

D'autant plus que tout cela est corroboré par des gravures « *bien vivantes* » (1).

9° Les Serfs

« *Il y avait encore en France, en 1789, beaucoup de serfs,* « *sortes d'esclaves,* etc... » Page 135 (2).

Vous dites : **beaucoup.** Un de vos complices en histoire, condamné comme vous, M. Devinat, dit : « En 1789, on amena « **le dernier** serf devant l'Assemblée Constituante. Il appar- « tenait aux moines de Saint-Claude dans le Jura. »

Il y a entre vous une *légère* contradiction : « *le dernier...* » « *beaucoup.* » (3).

Mais la vérité vous importe peu. Il vous suffit de frapper l'imagination de l'enfant. Vous y réussissez. L'enfant, après vous avoir lu, va se représenter toutes ces abominations commises par l'Eglise, contre les petits et les faibles.

Mais qu'étaient donc les *serfs* aux XVIIme et XVIIIme siècles ?

C'étaient des *fermiers perpétuels,* ni plus ni moins. Le seigneur, soit ecclésiastique, soit laïc, ne pouvait l'expulser. Il n'avait pas le droit de le déplacer. D'ailleurs, le serf pouvait, moyennant argent, se libérer du servage et aller s'établir ailleurs (4).

Cette condition n'était pas toujours aussi mauvaise qu'on le prétend. Certains serfs refusaient la liberté que le maître leur offrait. Ils trouvaient leur vie et celle de leur famille plus assurée dans cet état.

La situation du paysan à cette époque n'était pas si détestable que vous voulez le faire croire.

Dernièrement, M. Gasquet pouvait dire publiquement, que « au moyen âge la France était à peu près aussi peuplée, aussi « riche, aussi prospère, et *le peuple aussi heureux qu'aujour-* « *d'hui.....* » (5).

(1) Aulard. Préface.

(2) L'auteur, *par un manque de précision voulue,* laisse croire qu'il s'agit encore, en 1789, de *l'ancien servage,* existant avant les chartes d'affranchissement. Tout est perfide.

(3) « Le servage avait encore laissé *des traces* jusqu'à la Révolution. » (Larousse).

(4) Pour avoir une idée juste et complète du « *servage,* » voir ce qu'en dit Larousse, t. VII, page 666.

(5) Discours aux Normaliens de la Seine, par M. Gasquet, directeur de l'Enseignement primaire, autrefois inspecteur d'académie à Nancy.

Il faut lire le bel ouvrage de Ch. Buet, « La Dime, la Corvée et le Joug. »

L'abbé Mathieu, mort Cardinal, que vous n'accuserez pas de faiblesse pour l'ancien régime, nous dit lui-même : « Les écri-
« vains de nos jours ont pris l'habitude d'apprécier l'ancien
« régime sommairement et en bloc, sans distinguer entre les
« époques et les pays. Presque tous, jugeant le paysan d'après
« cinq lignes de Labruyère, le représentent comme une sorte
« de fauve grondant sourdement dans sa tanière, et n'attendant
« que d'être démuselé pour se jeter sur ses oppresseurs. Ce
« tableau n'est pas le portrait du paysan lorrain qui, j'en suis
« convaincu, a été souvent heureux, même sous l'Ancien
« régime, même au XVIIIme siècle, même en payant des droits
« seigneuriaux devenus injustes et surannés... » (1)

On peut en dire autant, à peu de choses près, de tous les paysans de France (2).

10° Inégalité

« *L'inégalité des personnes s'étendait jusqu'à l'armée. On ne*
« *pouvait pas passer officier, si l'on ne prouvait pas qu'on était*
« *noble depuis quatre générations...,* » page 135.

Nous nous contentons de citer ces phrases venimeuses.

Il est bien certain que la bourgeoisie occupait presque tous les emplois secondaires, beaucoup plus lucratifs. Elle pouvait même arriver à des emplois supérieurs, tel Necker, qui fut d'abord simple employé de banque, Terray, Turgot et beaucoup d'autres.

D'ailleurs, combien pourrions-nous aujourd'hui citer de braves soldats, qui n'arriveront jamais aux grades auxquels ils ont droit, non pas par manque de quartiers de noblesse, mais parce qu'ils n'ont pas donné de gages à la franc-maçonnerie ! ! !

L'égalité n'existe plus guère, savez-vous, pas plus que la *justice*. N'accusez pas trop l'ancien régime. On pourrait vous signaler autant et plus d'abus dans le régime actuel qui vous est si cher...

11° Instruction

« *L'instruction publique était aux mains du clergé.....* » (Page 135).

(1) L'Ancien Régime, page 312.

(2) S'il avait été si pauvre, si miséreux, comment aurait-il pu acheter tant de biens d'églises, déclarés *nationaux* ?...

Comment la valeur de la propriété ne cessait-elle de croître ? Toutes ces affirmations de l'auteur ne sont que des contre-vérités.....

Tout le monde est d'accord pour reconnaître qu'il s'acquittait fort bien de ce devoir.

« *Sans doute les écoles étaient nombreuses en quelques régions,* « *mais des instituteurs ignorants n'y enseignaient guère qu'une* « *obéissance servile au roi et à l'Eglise.* » page 136.

Combien d'illettrés voyons-nous aujourd'hui, dans ce siècle où les instituteurs sont remplis de science ! ! !

12° Soldats

« *Les soldats, arbitrairement recrutés, étaient châtiés comme* « *des animaux...* » page 135.

Toujours le même système de placer les faits hors de leur cadre naturel. Evidemment on ne doit pas juger les mœurs militaires du XVIIIme siècle d'après le code militaire du XXme siècle. Alors les punitions, même dures, étaient admises. Il faut dire encore que ces troupes, arbitrairement recrutées, étaient bien indisciplinées.

CHAPTRE II

(De la page 139 à 143).

Prise de la Bastille

« *C'était à la fois une prison d'Etat* (1), *instrument et symbole* « *abhoré des iniquités de l'Ancien Régime, et aussi une forteresse* « *formidable* (2) *avec une garnison et des canons. Le peuple de* « *Paris en fit le siège, se procura des canons à l'Arsenal, menaça* « *de son artillerie la principale porte, et, après une bataille san-* « *glante, où beaucoup de citoyens périrent héroïquement, le gou-* « *verneur, M. de Launay, dut baisser le pont-levis et ouvrir la* « *porte. Il avait fait tirer sur les parlementaires. On se vengea* « *de lui en le tuant, ainsi que le prévôt des marchands, Flesselles,* « *qu'on accusait d'avoir trahi le peuple...* » p. 142.

Ce récit romanesque serait absolument comique, s'il n'était écœurant. On se demande s'il sort de la plume d'un *inconscient.*

Non, vraiment, il n'est pas permis d'accumuler tant d'exagérations, de faussetés, pour donner à un fait, en soi *banal* (3) et répréhensible, un relief puissant et glorieux.

(1) Souligné par l'auteur.

(2) Idem.

(3) Ce ne fut qu'une *émeute vulgaire* qui eut un contre-coup terrible, en déchaînant l'anarchie dans tout le royaume.

Je sais bien que l'auteur veut expliquer pourquoi la troisième République a choisi le 14 juillet comme fête nationale... « *La* « *prise de la Bastille, c'est la victoire du peuple sur le roi, c'est la* « *victoire de la raison libre sur l'ancien droit despotique, c'est* « *l'avènement du droit nouveau, par le triomphe de la liberté, de* « *l'égalité et de la fraternité...* »

« *...La prise de la Bastille fut saluée dans toute la France,* « *comme le signal de l'émancipation de notre pays et aussi de* « *l'humanité...* » p. 144.

Le but est digne d'un bon républicain, mais tout de même, ce n'est pas une raison de **fausser** l'histoire (1).

* * *

Je vous conseille, Monsieur, de lire les pages très impartiales et très documentées, écrites sur ce sujet par L. Auger, dans la Revue des *Contemporains* (N° 921). Vous y verrez combien vous êtes coupable de fausser ainsi l'esprit des enfants de la France, par vos *exagérations* et vos *mensonges*.

Il ne reste rien debout, savez-vous, de tout ce que vous avez osé écrire pour les tromper.

Examinons chacune de vos assertions.

1° « *Cette prison d'Etat était-elle un instrument et symbole* « *abhorré des iniquités de l'ancien régime* (2) ? »

Qu'est-ce que veut bien dire tout ce pathos ? Est-ce que l'Etat n'a pas eu toujours et n'a pas encore ses prisons ?

a) La Bastille respectée par Richelieu, le démolisseur des forteresses féodales était devenue *prison d'Etat* : c'est vrai.

On y enfermait des prisonniers de *droit commun*, sous Louis XIV et sous Louis XV. Ces criminels n'y étaient pas, en somme, plus malheureux que dans les autres prisons d'autrefois (3).

(1) Nous relevons ces erreurs, parce qu'elles ont un rapport indirect avec l'Eglise. On nous reproche, en effet, à nous, *catholiques*, de « *manquer d'enthousiasme pour le 14 juillet*. » Le jour est mal choisi pour une fête de France.

(2) Cela sent Louis Blanc et Michelet. Ce dernier a dépeint la prison de la Bastille, comme un séjour d'horreurs et de tortures : « *On s'y sentait mourir*, » dit-il.

(3) Ils étaient enfermés dans les cachots souterrains qui furent interdits dès 1770, par Necker.

Il y avait aussi les *prisonniers politiques*. Ceux-là étaient **fort bien traités.**

Lisez donc la préface de Victorien Sardou, au livre si documenté de Funk-Brentano, « *Légendes et Archives de la Bastille.* »

Vous en aurez la preuve.

Dumouriez, embastillé en 1772, nous dit « qu'on est fort bien « nourri à la Bastille. Il y avait toujours cinq plats pour le dîner, « trois pour le souper, sans le dessert... » Vous avouerez que « *c'est bien.* »

Il y avait une glacière pour « *rafraîchir les boissons en été...* » Les chambres étaient spacieuses, bien éclairées, bien meublées. Les prisonniers d'ailleurs étaient autorisés à faire apporter leur mobilier, leur bibliothèque, à prendre avec eux leur domestique, à recevoir leur famille..., etc...

Ils avaient à leur disposition des jeux variés : cartes, trictracs, quilles, boules, tonneau, même billard.

Reconnaissez que c'était là un doux régime, et qui ne répond guère à votre description fielleuse.

b) La Bastille était encore une sorte *de maison de correction.* Des pères y faisaient interner leurs fils, lorsque ceux-ci ne leur donnaient pas satisfaction. C'est ainsi que Mirabeau y fut enfermé par mesure correctionnelle sur *la demande de son père lui-même.*

Il paraît que les prisonniers de cette dernière catégorie, entraient pour une part importante, sinon prépondérante dans le contingent des pensionnaires ; de sorte, dit V. Fournel, que sous Louis XVI, tout au moins « *la Bastille était devenue un « établissement pénitentiaire, de grande maison de correction « paternelle* (1). »

c) On y mettait aussi des prévenus dont *le procès s'instruisait régulièrement* (2).

Mais tout ce monde n'était pas du tout maltraité, et vos lignes, Monsieur, sont un mensonge dans leur exagération voulue.

2° *Combien y avait-il de prisonniers à la Bastille, dans ce jour fameux du 14 juillet 1789?*

Michelet prétend « *qu'on alla vite délivrer les prisonniers... « malheureuses victimes du despotisme.* »

C'est faux. On les avait complètement oubliés. Ce n'est qu'a-

(1) Cf. *Contemporains*, p. 5.
(2) Idem.

près le pillage et la tuerie que l'on y songea. Les clefs de leurs chambres avaient été prises aux guichetiers et emportées comme trophées. Il fallut enfoncer les portes.

Ces « *malheureuses victimes* » **étaient sept**. Il y avait **quatre faussaires** convaincus d'avoir falsifié des lettres de change. Puis un certain comte de Solages, incarcéré à Vincennes dès 1765, sur la demande de son père, pour « **crimes atroces et notoires**, » transféré à la Bastille depuis 1784.

Cette prison servant aussi d'asile d'aliénés, on y trouvait encore alors **deux fous** : un Irlandais Whyte de Melville, enfermé pour démence dès 1782, et un nommé Tavernier, autre fou, interné depuis 1759. Il venait des Iles Sainte-Marguerite (1)... **Pas un seul prisonnier d'Etat**...

Ces gens-là ne valaient certes pas une seule goutte de sang qui fut versé, et les gens sensés regretteront toujours que pour délivrer ces tristes personnages, nous ayons à enregistrer dans nos annales une page de sang et de brigandages.

3° La Bastille était-elle une « *forteresse formidable avec une* « *garnison et des canons?* » p. 142.

La garnison se composait alors de **82 invalides**, auxquels étaient venus s'ajouter, les jours précédents, **32 soldats**.

L'armement était des plus sommaires.

« Sur les tours, 15 pièces de canon, montées sur affûts de « marine, et qui ne pouvaient tirer que droit devant elles et à « distance, sans battre le pied des murailles ; trois pièces de « campagne, amenées de l'arsenal, et 12 fusils de rempart, con- « nus sous le nom d'*amusettes du maréchal de Saxe*... enfin les 100 à 120 fusils de la garnison (2)... »

Avouez, Monsieur Aulard, qu'il y a loin de la réalité, au récit hyperbolique que vous faites aux enfants, pour leur faire *croire à un grand exploit*.

4° Y eut-il une « **bataille sanglante ?** » Non, Monsieur, il n'est pas possible de se moquer ainsi de la vérité. Vous voulez à tout prix faire de ce 14 juillet une *éclatante victoire*. C'est pourquoi vous parlez à l'enfant de « **bataille sanglante**. » Il est nécessaire que sa jeune imagination se représente une mêlée immense, où peut-être plus de 100.000 hommes se trouvèrent aux prises....

(1) Cf. *Contemporains*, p. 14. *La Bastille* du 18 juillet 1908.

(2) Cf. de Launay, p. 8, par L. Auger.

Or, il n'y eut pas l'ombre **d'une bataille**. Ce fut à peine un *simple et petit combat* (1).

Le chancelier Pasquier, très bien placé pour tout voir a écrit à ce sujet : « Ce qu'on appelle combat, ne fut pas sérieux. La « résistance fut complètement nulle. »

Marat en est convenu : « La prise de ces murs mal défendus « doit s'attribuer à un concours inouï de circonstances. »

Le sous-lieutenant Elie (2) déclare lui-même, au témoignage de Marmontel, « que la Bastille n'a point été prise de vive force : « elle s'est rendue avant d'être attaquée (3). »

Or, il avait 43 ans, 25 années de campagne : il savait ce qu'était un siège et une bataille. S'il ne regarde pas comme *sérieuse* l'attaque de la Bastille, c'est que vraiment il n'y avait pas de quoi.

5° « **Beaucoup** *de citoyens périrent-ils héroïquement ?* »

Imprécision voulue pour laisser dans l'imagination et le souvenir de l'enfant, le tableau d'un vaste champ de bataille, **semé de morts**..., etc...

Or, il y eut **très peu de morts**, et environ 160 blessés (4).

L'Assemblée nationale fit dresser plus tard une liste des victimes. Elle porte 65 morts sur la place et 15 des suites de leurs blessures, plus 73 blessés ou estropiés, en tout 153 victimes, dont un grand nombre tombées sous le feu maladroit de leur propre camp.

Parmi les défenseurs, un seul avait péri dans la fusillade (5).

Quant à la « *Bastille dévoilée* (6), » elle déclare que « le nombre des victimes ne fut pas aussi considérable qu'on se l'était « imaginé... »

(1) Il n'y eut, dit la « *Bastille dévoilée* » qu'un *seul coup de canon*. Une des petites pièces à mitraille de la grande cour fut déchargée au moment où les insurgés voulaient brûler vive, sous les yeux de son père, Mlle de Monsigny, fille du commandant des Invalides. On ne se défendit qu'avec des fusils.

(2) Officier du régiment de la Reine, venu avec 63 gardes-françaises.

(3) De Launay, par L. Auger, p. 12.

(4) Abbé Thomassin.

(5) *Contemporains*, p. 14. Note.

(6) Cette publication anonyme parut en livraison en 1789. On la considère comme le document le plus authentique et le plus sûr de ces tristes événements. L'auteur est un partisan déclaré de l'insurrection. Il semble néanmoins impartial et sincère. (*Contemporains*, p. 8).

Dans les registres des décès des paroisses, on a fait, après coup, le relevé. Il en résulte que les morts furent peu nombreux. La paroisse de Saint-Paul qui avait fourni le plus fort contingent à l'émeute n'en mentionne que trois.

La publication citée plus haut mentionne encore qu'il « y « avait beaucoup de blessés, mais plus par leur propre fait, soit « en maniant les canons, soit en abaissant les ponts, que par le « feu de la place... »

6° *Ce fut-il le « **peuple de Paris** » qui fit le siège de la Bastille?*

Quel peuple! Des émeutiers, des pillards, qui entraînèrent la foule. Le vrai peuple de Paris ne doit pas être rendu responsable de ces orgies. « La Révolution, dit M. Léon de Poncins, a « décerné un brevet d'héroïsme aux vainqueurs de la Bastille. « Ce sont, à peu d'exceptions près, les émeutiers vulgaires, les « pères des socialistes de 1848 et des communards de 1871 (1). »

Parce que les communards de 1871, que vous connaissez, ont tué ou laissé tuer les généraux Lecomte et Thomas, vous ne direz pas pour cela que le « *peuple de Paris* » s'est rendu coupable de cet horrible assassinat.

7° *« M. de Launay avait-il fait tirer sur les parlementaires?... »*

Vous *truquez* l'histoire, Monsieur, avec un art perfide. Pour expliquer les excès sanglants de cette populace que vous applaudissez, vous énoncez une *contre-vérité historique.*

Le futur conventionnel, Thuriot de la Rozière avait fait prêter à de Launay le serment de ne pas se servir de ses armes, s'il n'était attaqué.

La populace poussée aux pires violences, se précipite dans la première cour *en faisant une décharge générale de mousqueterie.*

Le gouverneur et la garnison se trouvaient donc déliés de leur serment. Il ripostèrent par une autre décharge qui coucha quelques hommes sur la place...

« La foule cria à la trahison, se retira dans la cour de l'Orme, « en continuant de fusiller les murailles. La garnison n'avait « pas renouvelé son feu : le peuple en revanche tiraillait tou- « jours (2).

« ...Arrive une troisième députation... Les Invalides crient du « haut des murailles, en levant la crosse en l'air : ne craignez

(1) Questions controversées, I, p. 276.

(2) *Contemporains*, p. 10.

« pas, nous ne ferons pas feu. Restez où vous êtes. Faites « avancer votre drapeau et vos députés. Le gouverneurva des- « cendre pour leur parler... »

Mais les délégués ne veulent rien voir, ni rien entendre. Ils se retirent dans la cour de l'Orme, où ils restent plus d'un quart d'heure à se consulter.

De Launay alors croit à une trahison. *La fusillade ayant repris du côté de l'attaque,* il ordonne lui-même de faire feu une seconde fois.

Les délégués s'éclipsent. Ils reviennent à l'hôtel de ville, accusant le gouverneur de les avoir reçus à coup de fusil...

Voilà comment se **fait** l'histoire. Des hommes ont repris cette fausse accusation, et vous, Monsieur Aulard, dans un esprit de parti, vous écrivez après eux : « *Il avait fait tirer sur des parle-* « *mentaires.* » p. 142.

Vous ajoutez : « *On se vengea de lui en le tuant.* »

Ne savez-vous donc pas que l'on avait promis à de Launay et à la garnison *la vie sauve?...*

« *La Bastille s'est rendue, dit* Elie, l'officier des gardes, *sur la* « *parole que j'ai donnée, foi d'officier français et au nom du* « *peuple, qu'il ne serait fait aucun mal à personne si l'on se* « *rendait* (1)... »

Le peuple ne sut pas faire honneur à la parole d'un officier français. C'est regrettable. C'est honteux.

Rien de plus méprisable que celui qui viole la foi jurée. Il faut plaindre un pays qui a pour historiens des hommes qui *applaudissent le parjure* (2).

CHAPITRE III

(De la page 144 à 151)

1° *Déclaration des droits de l'homme et du citoyen...* p. 145.

Vous citez, Monsieur, cette Déclaration comme une des plus précieuses conquêtes de la Révolution. Il faut que les enfants de la France le sachent.

(1) De Launay, par L. Auger, p. 13.

(2) Quant aux « *manifestations de joie qui accueillirent la prise de la* « *Bastille dans toute la France...* » p. 144, l'auteur devrait ajouter qu'elle fut aussi, en province, comme à Paris, l'occasion de véritables *scènes de brigandage.* Il paraît que pour manifester leur enthousiasme, les paysans du Val-d'Ajol répandirent la terreur à Remireront, pendant plusieurs jours. (Cf. Etude critique, p. 9).

Je me permettrai seulement de proposer à vos méditations, l'article 10 :

« *Nul ne doit être inquiété pour ses opinions, même religieuses,* « *pourvu que leur manifestation ne trouble pas l'ordre public* « *établi par la loi...* »

Or, aujourd'hui, malheur à celui qui garde ses convictions religieuses et veut remplir ses devoirs chrétiens !!... Il sera vite dénoncé par quelque mouchard et se verra refuser tout poste ou tout avancement, même le plus mérité !...

Journées des 5 et 6 octobre 1789

« *Poussé par Marie-Antoinette, Louis XVI s'apprêtait une fois* « *encore à résister par la force à la Révolution. Des régiments* « *étrangers furent appelés à Versailles. Les Dames de la cour,* « *dans un banquet, ôtèrent aux officiers, la cocarde tricolore,* « *pour la remplacer par la cocarde blanche. Un coup d'Etat se* « *préparait, tandis que les Parisiens souffraient de la famine...* » p. 148.

Tout cela est de la pure fantaisie. Il n'y eut *qu'un* régiment appelé à Versailles, celui de Flandres.

Suivant l'usage, les gardes du corps fêtèrent ce régiment. Ils donnèrent le 1er octobre un repas aux officiers dans la salle de spectacle du château. « Les courtisans commirent l'imprudence « de s'y rendre et de remplir les loges. Louis XVI et la reine y « parurent. On porta leur santé... La salle retentit d'acclama- « tions. Les officiers escaladèrent la loge royale, aux applaudis- « sements de l'assistance, pour protester de leur dévouement. La « reine se montra encore aux soldats le lendemain et sollicita « leur enthousiasme. Les femmes distribuèrent dans le palais « des cocardes blanches... (1). »

Evidemment, c'était là un *incident sans importance*. Dareste le constate lui-même. Seulement les meneurs en profitèrent pour ameuter le peuple de Paris, de même que M. Aulard le réédite aujourd'hui, pour ameuter l'opinion. Ce n'est pas l'œuvre d'un historien sincère.

(1) Dareste, t. VII, p. 199.

CHAPITRE IV

(Page 151 à 157)

La fuite à Varennes

« *Il comptait bien revenir à la tête des soldats de Bouillé pour* « *châtier la nation d'avoir voulu être libre...* » p. 153.

Je voulais seulement relever dans cette histoire les erreurs *qui attaquent l'Eglise*. Mais il y a des calomnies tellement écœurantes que je ne puis les laisser passer, sans un mot de protestation.

Ici encore, le roi est représenté comme un traître. « *Il comp-* « *tait revenir châtier la nation d'avoir voulu être libre.* »

C'est faux, archifaux. La situation du roi devenant insupportable à Paris, il résolut de s'y soustraire par la fuite. Son but était de se retirer à Montmédy, ville française située près de la frontière. Mais il n'y avait nulle armée pour attendre le roi fugitif. Bouillé avait simplement « massé quelques troupes « autour de Montmédy... et envoyé des détachements de cavale- « rie sur la route que le roi devait suivre en fuyant Paris... (1). »

« Louis XVI voulait éviter la guerre civile... (2). »

Par suite d'un malentendu, les détachements envoyés par Bouillé arrivèrent un jour trop tôt. Ne voyant pas venir la berline royale, ils se replièrent sur leurs campements, de sorte que le roi ne rencontra personne (3).

Voilà l'histoire vraie.

Il est certain que la Révolution faisait à Louis XVI et à la reine, une situation atroce. Qu'y a-t-il d'étonnant que les princes se soient plaints à leurs parents et à leurs amis ? Quoi de plus naturel ? (4).

Mais, vous mettez, Monsieur, à les accabler, une méchanceté insigne. Vous employez le mensonge, quand vous dites « *qu'il* « *était excité au parjure par des prêtres mécontents...* » p. 152,

(1) Dareste, t. VII, p. 271.

(2) Ibid.

(3) Cette fuite du roi était peut-être une *faute politique*, son but de servir d'intermédiaire entre les puissances et ses sujets, était peut-être une *illusion*. Son plan fut *mal combiné*. Je reconnais tout cela. Mais tout cela ce n'est pas **la trahison.**

(4) « La reine voulait que l'Autriche intervînt, mais que son interven- « tion se bornât à entourer la frontière française d'un cordon de troupes. » Lettre de Marie-Antoinette, mars 1791. Dareste, t. VII, p. 270.

ou quand vous prétendez que « *le comte d'Artois avait émigré « pour armer les rois.* » p. 152.

Oh ! quelle œuvre infâme vous avez faite en écrivant votre livre !

Louis XVI

M. Aulard veut représenter Louis XVI comme *traître* à la France, nous l'avons dit déjà. **C'est une calomnie.** Louis XVI ne fut pas un traître (1).

Dites, si vous le voulez, Monsieur, que ce roi manqua de clairvoyance, qu'il ne sut jamais prendre des décisions énergiques et promptes, mais ne l'accusez pas de trahison. Très sincèrement il voulait le bien de son peuple. S'il n'avait pas manqué de décision, et s'il avait été mieux aidé par les hommes qui l'entouraient, il aurait pu donner à notre pays les *vrais avantages* issus de la Révolution, en lui épargnant toutes ces horreurs et ces attentats, qui font encore frémir les grandes âmes.

Mais de grâce, Monsieur, ne *calomniez pas*. Ne dites pas qu'il voulait se mettre à la tête des soldats de Bouillé, pour marcher sur Paris et châtier la nation. C'est faux, c'est contre l'histoire. Louis XVI n'a jamais voulu la guerre civile. Lors de l'assaut des Tuileries, le 10 août 1792, il donna l'ordre de cesser le feu des Suisses qui commençaient à tirer sur les assaillants. C'était plutôt un manque d'énergie, qui augmenta l'audace des émeutiers, et le jeune Bonaparte, alors simple lieutenant d'artillerie, ne put s'empêcher de s'écrier, en voyant cette capitulation : « Il fallait en balayer cinq ou six cents avec le canon, et le reste « courrait encore. »

C'est par suite de son horreur pour la guerre civile que Louis XVI a perdu sa famille, son trône et la vie, et il a pu dire sur l'échafaud : « *Français, je meurs innocent des crimes que l'on « m'impute...* »

Que vous détestiez la royauté, c'est votre affaire. Mais, du moins, Monsieur, *comme historien*, ne mentez pas, ne calomniez pas et n'insultez pas !!...

Massacre du Champ de Mars (17 juillet 1791)

« *Ce fut un massacre affreux au profit du monarque par« jure...* » p. 153.

Rarement on a vu chez un historien un semblable parti-pris.

(1) « Louis XVI était d'intelligence avec nos ennemis... *Il trahissait la « France...* » p. 158. Cette idée est répétée presque à chaque ligne.

Il accable sous le sarcasme et le mensonge tous ceux qui, pour défendre le droit et maintenir l'ordre, eurent recours aux moyens de répression, énergiques et nécessaires, tandis qu'il rejette sur les *victimes elles-mêmes*, la responsabilité dans les horreurs sanglantes de la Révolution. S'il y eut une **Terreur**, dira-t-il, c'est parce que le gouvernement devait se défendre contre les nobles et contre les prêtres... qui *trahissaient*... Nous le verrons plus tard. C'est d'un cynisme révoltant.

Quant au massacre (?) du Champ de mars, que reproche amèrement M. Aulard, nous en apprenons la *cause* dans les historiens impartiaux.

L'ordre et la paix étaient alors menacés par des meneurs (1) qui soulevaient le peuple de Paris, et le poussaient à la révolte.

« Le Champ de Mars, envahi par une foule immense, ressem-« blait à une mer houleuse... La municipalité s'y rendit, sous « la conduite de Bailly et précédée de grenadiers. La Fayette « vint se joindre à elle avec des gardes nationaux. A sept heures « du soir, le cortège et les troupes débouchèrent, par trois rues « dans le Champ de Mars. *La foule leur lança des pierres. Une « décharge en l'air ne servit à rien.* Les pierres recommencèrent « à pleuvoir et blessèrent plusieurs gardes ou soldats. Faire les « sommations ordinaires n'était pas possible. La Fayette com-« manda le feu (2). Trois ou quatre cents personnes furent cou-« chées par terre, blessées pour la plupart. Une charge de la « garde nationale et de la cavalerie acheva de déblayer le ter-« rain... (3) »

Voilà les faits. La troupe était certainement en état de légitime défense. Ce qui n'empêchera pas M. Aulard d'écrire, *pour des enfants : « Ce fut un massacre affreux au profit du « monarque parjure... »*

O vérité ! O neutralité !...

(1) Marat, Danton, Fréron, Robespierre, Camille Desmoulins.

(2) Remarquez bien que La Fayette et Bailly étaient d'ordinaire très indulgents pour les émeutiers ; il fallait pour les forcer à l'action que la situation fût devenue dangereuse.

(3) Dareste, t. VII, p. 284.

CHAPITRE V

(De la page 157 à 165)

Dans ce chapitre, l'auteur accumule les *exagérations,* les *mensonges,* les *attaques calomnieuses.*

1° Attaques contre les prêtres insermentés

Il les appelle « *rebelles* » « fomentant des séditions. » p. 158.

Non, Monsieur, les prêtres, en refusant un serment qui répugnait à leur conscience, n'étaient pas des « *rebelles.* » Ils étaient les dignes fils de l'Eglise, à laquelle ils restaient fidèles. Ils se rappelaient la grande parole des apôtres : **« Il vaut mieux « obéir à Dieu qu'aux hommes. »** Ils se sont montrés forts et vaillants, et dignes de l'admiration des peuples. Cette admiration ne leur a pas été ménagée... Il n'y a que vos pareils, pour leur jeter la pierre, et baver l'injure à leur face de héros...

2° Les volontaires

Tout ce qui peut « *embellir* » la Révolution est exploité par l'auteur avec une emphase, une exagération enfantine !

Voyez cette question des « *volontaires,* » quel bluff !...

Certainement, dans cette levée de 1792 — qui fut nombreuse — il y eut de l'enthousiasme. Il faut dire pourtant que cet enthousiasme n'était pas absolument pur. Ce n'était pas toujours le vrai patriotisme.

Un contemporain a dit : « Nos jeunes gens encore sans expé « rience, volaient au théâtre de la guerre, comme à une partie « de plaisir. Un grand nombre d'ouvriers, dans l'espérance de « s'enrichir, quittèrent femmes et enfants pour aller grossir les « armées. Ils étaient tous dans la plus ferme persuasion qu'ils « amasseraient des richesses immenses, dans la déroute des « ennemis et le pillage des villages, et qu'au retour de la « campagne, ils vivraient dans une aisance qui leur était incon- « nue... (1). »

Remarquez bien que si je cite ce témoignage, ce n'est pas par esprit de *dénigrement.* L'abnégation est tellement rare parmi les hommes, que si on la rencontre, même à une dose très minime, il faut savoir s'en contenter. Mais, j'ai le respect de la vérité.

(1) Cité par l'abbé Thomassin. Etude critique sur l'ouvrage de Félix Bouvier, 1885, p. 10.

Elle a des droits qui priment tout. Or, dans le cas présent, s'il faut reconnaître de l'abnégation et du dévouement chez les volontaires de 1792, il ne faut *pourtant pas exagérer*.

Quant *aux autres volontaires* levés en 1793-1794-1795, louer leur enthousiasme et leur dévouement, est un mensonge historique. Ces « *volontaires* » étaient bel et bien levés par « *conscriptions*. » Les communes devaient fournir un nombre d'hommes déterminés. On *achetait*, on *payait* « **des volontaires** » qui s'en allaient la plupart du temps malgré eux, pour *déserter* en grand nombre. Il faut consulter les comptes de nos communes, les registres d'écrou de nos anciennes prisons de district (1)... On sera édifié sur « le patriotisme ardent et pur de « ces volontaires » *achetés* et qui une fois payés, ne songeaient qu'à rentrer chez eux...

3° Massacres de Septembre

Voici l'une des cruautés les plus hideuses de la Révolution. Ecoutez la manière méchante et perfide dont l'auteur présente les faits :

« *Aussi sage qu'audacieux, Danton essaya de calmer la colère* « *du peuple contre ses ennemis de l'intérieur. Ceux-ci, aristo-* « *crates et prêtres réfractaires, correspondaient avec l'ennemi du* « *dehors, avec l'armée qui nous envahissait. A la nouvelle* « *de nos revers, ces mauvais citoyens se réjouissaient. Beaucoup* « *d'entre eux avaient été enfermés dans les prisons de Paris :* « *Danton aurait voulu qu'on les jugeât promptement et sévère-* « *ment, afin d'éviter au peuple la dangereuse tentation de se* « *faire justice lui-même. Mais, quand, le 2 septembre 1792, on* « *apprit à Paris l'investissement de la ville de Verdun, dont la* « *chute inévitable allait ouvrir aux Prussiens la route de Paris,* « *il y eut une explosion de colère. Une foule de furieux se porta* « *sur les prisons, y improvisa des tribunaux populaires, et fit* « *périr une partie des prisonniers. Les bons citoyens dans ces* « *tristes journées, se gardèrent bien de souiller leurs mains du* « *sang d'ennemis désarmés...* » p. 162.

Ce **récit est simplement odieux**.

1° Pour dissimuler l'horreur de cette tragédie sanglante, épouvantable, M. Aulard essaye de jeter le discrédit sur les vic-

(1) Voir l'Etude critique, p. 10 et 11, Note.

times. Il les représente comme **traîtres** à la patrie. C'est sa tactique (1).

Or, c'est faux, absolument faux. C'est **lâche.** Les historiens vraiment impartiaux protestent tous contre cette assertion calomnieuse. Taine, en particulier. Il faut dire la vérité. Le Clergé n'avait guère boudé la Révolution à ses débuts. Avec un peu d'étourderie peut-être — sûrement avec générosité — il lui avait sacrifié ses privilèges et ses biens.

Il ne voulut pas la suivre jusqu'au bout, parce qu'elle tenta d'en faire un clergé schismatique, en le séparant du Pape. Alors, il résista en grande partie et resta fidèle.

Cette fidélité même fut la cause de toutes les persécutions qui accablèrent le Clergé français. On fusilla, on noya, on déporta, on guillotina, les prêtres et les religieux sous des *prétextes futiles,* mais **en réalité par haine de la religion.** « *Le Clergé* « *fut pour la Révolution, un gibier de prédilection,* » dit Taine. C'est vrai. Plus on interroge les documents authentiques, plus on pénètre les détails de l'histoire, plus on est convaincu de cette vérité... Et il faut à M. Aulard une singulière audace pour affirmer que les persécutions contre le Clergé eurent pour cause les « *révoltes et les trahisons.* »

2° Il rejette la responsabilité de ce crime horrible sur « *une troupe de furieux.* » Il veut ainsi faire croire que ce fut le résultat d'un déchaînement populaire, spontané et irrésistible.

C'est encore faux. Les documents historiques, récemment mis en lumière, prouvent d'une façon irrécusable qu'il y eut « *résolution réfléchie* » des meneurs.

« Les services des assassins furent retenus d'avance, le prix « de leur « travail » fut discuté et arrêté, une large fosse creu- « sée dans le cimetière de Vaugirard, avant la date fatale, était « prête à recevoir les cadavres... (2). »

(1) Tous les historiens modernes, admirateurs de la Révolution, se servent de ce procédé. Pour excuser les fautes, les « *quelques excès* » de cette Révolution, ils prétendent que ce sont ses ennemis qui les ont provoqués, et rendus nécessaires. Eux seuls doivent, en assumer la responsabilité. Si elle a persécuté les prêtres, c'est parce qu'ils fomentaient des troubles, des séditions. F. Bouvier, l'auteur « *des Vosges pendant la Révolution* » fait de même.

(2) *Contemporains,* N° 777. Dans le quartier du Luxembourg où se trouve la prison des Carmes, l'organisation du crime fut confiée à un nommé Maillard, surnommé « *Tape-Dur.* » Cf. Lenôtre.

Il est certain que les trois cents prêtres, enfermés dans les prisons de Paris, en août et septembre, avaient été ainsi groupés « *en vue d'un massacre concerté et imminent.* »

« Tout se passa dans les différentes prisons, dit Dareste, avec « une uniformité qui suffirait à prouver un plan concerté (1). »

3° L'auteur laisse supposer que, dans cette boucherie atroce, les prêtres furent massacrés comme « *traîtres* » ou *royalistes*... Or, ils furent surtout massacrés comme *prêtres, refusant le serment schismatique*... La preuve, c'est qu'à plusieurs on offrit la vie en échange du serment. Ils refusèrent. Ils préférèrent mourir...

L'Eglise a permis d'ouvrir leur procès de béatification, parce qu'elle les considère comme des martyrs de la *religion*, et non comme des martyrs *politiques*, mourant pour affirmer leur fidélité à une dynastie.

* * *

« *Les bons citoyens, dans ces tristes journées, se gardèrent bien* « *de souiller leurs mains du sang d'ennemis désarmés*... » p. 162.

C'est tout ce que vous trouvez à dire, Monsieur Aulard, sur l'attentat honteux et sans excuse qui déshonore notre histoire. Au lieu de plaindre les victimes, vous cherchez à les déshonorer, en les représentant comme « *traîtres*, » et vous qui avez tant gémi sur le massacre de la Saint-Barthelémy, vous n'avez pas un mot de pitié pour ceux qui trouvèrent une mort horrible dans les prisons. Il y en eut pourtant près de 1.400 (2) : guère moins que de protestants massacrés à Paris, dans la nuit du 24 août 1572 ! !...

...Il est vrai, qu'ici les victimes sont des catholiques et des prêtres, là ce sont des protestants... et l'on sait bien de quel côté vont vos sympathies...

Mais tout de même, on ne comprend pas qu'un homme puisse ainsi, pour satisfaire ses haines religieuses, faire mentir l'histoire, la défigurer, la maquiller. On ne comprend pas davantage qu'une génération d'hommes se fassent les complices du *mensonge*, dans le but de perdre de jeunes âmes d'enfants ! !

(1) Tome VII, p. 374.

(2) On n'a pu déterminer le chiffre exact avec une certitude absolue. M. Ternaux donne treize cent soixante-huit victimes comme le chiffre le plus probable. Cf. Dareste, t. VII, p. 374. Note.

Ubinàm gentium sumus ! Dans quel peuple vivons-nous donc, grand Dieu !...

4° Danton

Quel héros ! M. Aulard ne trouve pas assez de fleurs pour les jeter à ses pieds.

« Les Prussiens envahirent la France, et la Révolution sem-
« blait perdue. Mais l'énergie de la Commune de Paris, l'élo-
« quence et la fermeté de Danton surexcitèrent les courages. Les
« ministres voulaient fuir, transporter le gouvernement à Blois :
« d'un mot, Danton les cloua à leur poste. Ni la capitulation de
« Longwy, ni celle de Verdun, n'ébranlèrent sa confiance. Le
« 2 septembre 1792, comme on sonnait le tocsin à Paris pour y
« provoquer une nouvelle levée de volontaires, Danton dit à
« l'Assemblée législative : ce tocsin n'est pas un signal d'alarme,
« c'est la charge sur les ennemis de la patrie. Pour les vaincre,
« Messieurs, il nous faut de l'audace, encore de l'audace, toujours
« de l'audace, et la France est sauvée... » p. 161.

Quel lyrisme !!!

* * *

Ce héros fut en même temps, si l'on en croit M. Aulard un homme « *aussi* **sage** *qu'audacieux.* **Il essaya de calmer « la colère du peuple contre ses ennemis de l'inté- « rieur.** *Ceux-ci, aristocrates et prêtres réfractaires.* » p. 161.

Or, tout cela est absolument faux. Le culte pour vos divinités révolutionnaires, vous fait commettre, Monsieur, je le répète ici encore, des « *faux en histoire.* »

Il n'est donc pas vrai que « *Danton ait essayé de calmer la colère du peuple.* »

Au contraire. S'il ne fut pas l'instigateur direct des massacres de septembre, il en doit néanmoins porter la responsabilité devant l'histoire, car : 1° il avait ameuté les foules par ses discours révolutionnaires ; 2° il ne fit rien pour empêcher ces massacres ; 3° il les approuva. L'étude sérieuse des documents authentiques en fait foi.

1° Danton avait habilement profité de la prise de Longwy pour affoler les habitants de Paris. Dans un discours fougueux, il annonçait que le pays tout entier allait se lever contre l'ennemi commun, mais qu'il fallait auparavant détruire les ennemis du dedans : les royalistes et les prêtres.

En même temps, pour faire croire au peuple qu'un grave danger le menace, il fait fermer les portes de la ville, répand avec adresse le bruit qu'un vaste complot se trame à l'intérieur de la capitale, il fait sonner le tocsin pour appeler les citoyens aux armes.

On comprend la surexcitation du peuple. Si elle ne fut pas la cause immédiate des massacres de septembre, bien certainement elle en facilita l'exécution (1).

2° Il ne fit rien pour les empêcher. Car, le 2 septembre, l'inspecteur des prisons, Grandpré, attendait les ministres à la sortie du Conseil, pour leur dire ses inquiétudes sur le sort des prisonniers. Le premier qu'il rencontra fut Danton. Il lui exposa la situation. Mais lui, s'écria avec fureur et blasphème : « Les « prisonniers, qu'ils deviennent ce qu'ils pourront !... » Et il passe outre (2).

3° Danton ne cessa d'approuver ces massacres horribles qui durèrent plusieurs jours, à ceux qui le pressaient d'arrêter l'effusion du sang, il répondait : « N'est-il pas temps que le peu- « ple ait sa revanche ? »

Le soir de Valmy (20 septembre), il disait au jeune fils de Philippe-Egalité, le futur Louis-Philippe : « Le massacre, c'est « moi qui l'ai fait. Il fallait mettre une rivière de sang entre « Paris et les émigrés... »

Que l'on ne vienne donc pas nous représenter ce monstre altéré de sang comme un modèle de douceur et de sagesse. Il reste un monstre dont les mains sont souillées. C'est lui qui fut le principal auteur de la condamnation de Louis XVI, il fut l'organisateur du comité du Salut public, qui envoya tant de victimes à l'échafaud, il sacrifia Marie-Antoinette, etc...

Cet homme fut « *corrompu et vicieux,* » au témoignage de Michelet et de Louis Blanc, historiens d'extrême gauche. La Révolution lui avait fourni l'occasion de s'enrichir. Il en profita pour satisfaire ses passions et sa débauche, jusqu'au jour où lui-même porta en rugissant sa tête sur l'échafaud (5 avril 1794).

A la suite d'Alfred Bougeard (1861), il s'est formé un parti *dantoniste,* pour glorifier l'ignoble tribun.

M. Aulard en est (3). Soit. Mais il ne lui est pas permis de

(1) *Contemporains,* n° 777, p. 6.
(2) *Contemporains,* n° 731, p. 6.
(3) Aulard a fait l'éloge de Danton. Les Grands Français.

tromper les enfants, en transportant dans une histoire qui leur est destinée, ses appréciations mensongères et intéressées (1)...

5° Bataille de Valmy

« *Les Prussiens, fiers de leur vieille renommée militaire, se* « *moquaient de nos soldats improvisés, de nos volontaires mal* « *équipés et novices à la guerre. Ils rencontrèrent à* **Valmy** « *(20 septembre 1792), l'armée française commandée par Dumou-* « *riez et Kerllermann. Cette armée fit si bonne contenance que les* « *Prussiens battirent en retraite...* » p. 163.

Evidemment, nous sommes heureux du succès des troupes françaises. Si nous relevons ces lignes de l'auteur, c'est uniquement pour montrer son esprit de **partialité.** Il veut chanter les gloires de la Révolution, et pour cela, il en présente les *hommes* ou les *faits* sous un jour faux.

C'est ainsi qu'à Valmy, les « *Volontaires* » nous apparaissent comme des héros...

Or, il a été démontré péremptoirement par d'éminents historiens (2), que les bataillons de volontaires ne furent nullement engagés. Seules les vieilles troupes de la Monarchie firent résistance.

D'ailleurs, cette résistance elle-même ne fut ni longue ni héroïque. Il n'y eut pas de vraie bataille engagée. Après une cannonade quelque peu bruyante, mais inoffensive, les Prussiens se retirèrent. Cette retraite parut même tellement inexplicable et extraordinaire, qu'elle fit planer des soupçons sur le duc de Brunsvick, général prussien... « Dans la campagne dont « l'événement apparent fut la résistance inespérée à Valmy, la « politique joua un plus grand rôle que la stratégie. La retraite « des Prussiens fut négociée, et même, selon toute vraisem- « blance, achetée en bonne partie à l'aide des fonds secrets dont « disposait Danton, et qu'avait, dit-on, accrus dans de vastes

(1) Voir la biographie de Danton dans les *Contemporains*, n° 731. Cette revue est très documentée.

(2) Marius Sepet et Camille Rousset. Ce dernier, dit Larousse, « a laissé « des ouvrages d'histoire estimés... *(Les Volontaires de 1791-1794)* où il « soutint, non sans justesse, que les Volontaires n'auraient rien donné, « s'ils n'eussent été encadrés par les soldats de l'Ancien Régime... » t. VII, p. 407.

« proportions le cambriolage du garde-meuble, savamment orga-
« nisé par le ministre de la Justice (1)... »

Qu'y a-t-il de vrai ? Faut-il attribuer la retraite inexplicable des Prussiens, à *l'excès de prudence* du duc de Brunsvick (2)?...

Quoi qu'il en soit, il ne faut pas en faire rejaillir la gloire sur les « *Volontaires.* » Ils n'y sont pour rien (3).

CHAPITRE VI

(De la page 165 à 171).

1° Procès et exécution de Louis XVI

M. Aulard raconte cet horrible attentat, comme un simple **fait divers.**

Il a soin d'ajouter que « *la veille* (4), *un des conventionnels* « *qui avait voté la mort du roi, Le Peletier de Saint-Fargeau* « *avait été assassiné par un ex-garde du corps.* » p. 167.

Ces quelques mots ont pour but *d'excuser* aux yeux de l'enfant, le crime abominable de la Convention.

Mais l'acte de Pâris, tuant un régicide, n'excuse rien du tout. La mort de Louis XVI reste un **forfait.**

Encore un peu, — pour faire oublier le Roi Martyr, — M. Aulard referait — ce qu'on fit en 1793, — l'apothéose de Lepelletier de Saint-Fargeau (5).

La Convention fit porter au Panthéon la dépouille mortelle de « *ce premier martyr de la liberté.* » M. Aulard placerait volontiers au Panthéon de l'Histoire cet infâme gredin qui n'eût d'autre célébrité que celle d'avoir voté la mort du roi (6).

(1) Albert Sorel.

(2) Cf. Dareste, t. VII, p. 386.

(3) Il est bien difficile à l'heure présente d'avoir de l'histoire **vraie,** surtout l'Histoire de la Révolution. Les documents « *compromettants* » ont disparu. C'est ainsi que dans les archives secrètes de la Loge de Lyon *existait* la preuve que le duc de Brunswick — que l'histoire nous montre à Valmy — assistait alors à un *convent maçonnique* tenu à Lyon. (Intermédiaire des Chercheurs).

(4) La veille de l'exécution du roi, c'est-à-dire le 20 janvier 1793.

(5) Il est prouvé que le vote de Saint-Fargeau entraina bien des hésitants. Voir dans les *Contemporains* (N° 837), la biographie de ce « *Révolutionnaire névrosé...* »

(6) On éprouve un profond dégoût en lisant tout ce que la Convention fit en faveur de cet « *assassiné* » qui fut lui-même « *assassin.* » Elle adopta sa fille unique.

* * *

A propos de la mort de Louis XVI, il est bon de citer ces lignes de l'*intermédiaire* des *chercheurs et des curieux*.

« Nul n'ignore aujourd'hui que la Franc-Maçonnerie avait « décrété la mort de Louis XVI et que, pour obtenir ce résultat, « le scrutin relatif à la condamnation du roi aurait été **faussé** « par ordre des Loges. La preuve que la **déportation** aurait « été votée, existait, paraît-il, dans les archives secrètes de la « secte, dont un grand maître fut le dépositaire...

« Les Archives en question comprenant registres, correspon- « dances, etc., garnissaient tout un meuble ou cartonnier, et « en 1899, elles étaient proposées sous le manteau par un anti- « quaire lyonnais chargé du placement de ces précieux docu- « ments. Que sont-ils devenus ?... »

On ne connaîtra jamais la *véritable Histoire de la Révolution*, car les documents vrais et authentiques, seuls capables de jeter la lumière sur cette époque ténébreuse, sont entre les mains de la secte qui a pris soin de les enfouir dans l'oubli et peut-être de les détruire...

2° Insurrection vendéenne

« *La Convention nationale décréta une levée de 300.000 soldats.* « *Excités par les nobles et les prêtres réfractaires, les paysans* « *vendéens et angevins se révoltèrent contre ce décret (mars 1793)* « *et prirent les armes. Ce fut une guerre cruelle au profit de* « *l'Autriche et de la Prusse...* » p. 168.

Comme toujours, Monsieur, *vous mentez*. Les nobles et les prêtres ne soulevèrent pas les Vendéens contre le décret du 24 février.

Royalistes, les Vendéens avaient été profondément indignés de l'assassinat judiciaire de Louis XVI.

Catholiques (1), ils souffraient de voir leur religion persécutée et leurs consciences violentées (2).

Sachez qu'alors l'indignation était générale... Le Décret du 24 février, ordonnant la levée de 300.000 hommes y met le

(1) Les Vendéens étaient autant *catholiques* que *royalistes*. Ils déposèrent les armes quand on leur eut donné la paix religieuse.

(2) Dans le Cours supérieur, M. Aulard dit : « *Excités par des prêtres* « *fanatiques, les Vendéens se montrèrent aussi féroces que courageux.* », p. 256.

comble (1). Les paysans réclament, les gendarmes leur répondent par des coups de fusil. C'est alors qu'ils se révoltent. *Ce sont eux qui vont trouver les « nobles* (2) » pour leur demander de se mettre à leur tête. Ceux-ci hésitent (3), mais sur les instances des paysans, ils vont, peins de bravoure, défendre « *la « religion, la royauté et la patrie* (4)... »

Voilà l'histoire vraie.

3° Coalition contre la République

« *Nous comptions encore parmi nos ennemis déclarés, outre la « Prusse et l'Autriche, les autres Etats allemands, la Hollande, « le Piémont, Naples et le Pape, qui, en janvier 1793, avait « laissé assassiner à Rome, par sa police, notre agent Basse- « ville...* » p. 168.

Voyez quelle perfidie dans le trait final !... L'enfant aura l'impression que le Pape était « *l'ennemi de la France.* »

C'est le thème que l'on reprend dans tous les temps quand on veut semer dans le peuple la haine de la Papauté.

Ce sont des mensonges odieux.

Voici ce que dit *Larousse*, touchant l'incident Basseville. Cette Revue, je le répète, ne saurait être suspecte de cléricalisme.

« Basseville, né à Abbeville, en 1753... tout en vivant de « l'enseignement qu'il donnait, s'adonna à la littérature... Dès « 1789, il se lança ardemment dans le mouvement révolution- « naire... Lebrun le fit nommer secrétaire de la légation à « Naples (1792). Dix jours après son arrivée, il demandait une « légation. Envoyé en mission officieuse à Rome, il ne réussit « qu'à susciter une manifestation de la populace qui le massacra.

« L'opinion publique transforma ce tragique incident, qu'on « représenta comme ordonné par le gouvernement pontifical.

(1) Tous les jeunes gens à partir de 18 ans et les hommes non mariés étaient convoqués pour ce tirage au sort.

(2) Tous les chefs ne furent pas nobles, Stofflet et Charette étaient roturiers.

(3) En particulier de Bonchamps et d'Elbée.

(4) « Jurez donc d'être fidèles à notre sainte *religion, à la royauté et à « la patrie...* »

Tous en firent le serment aux cris de : « *Vive la religion ! Vive le roi !...* » (*Contemporains*, N° 791, p. 5).

« On fit de cet intrigant, sans valeur ni conviction, un martyr « de la liberté (1)... »

4° Tribunal révolutionnaire et Comité du Salut public

« *Contre tant d'ennemis du dehors et du dedans, la Convention* « *déploya une énergie terrible, établit un tribunal révolution-* « *naire, pour juger sans appel les conspirateurs et un Comité du* « *Salut public, pour exercer une sorte de dictature dont Danton* « *fut le chef...* » p. 168.

Pour expliquer les horreurs sanglantes de la *Convention*, — qui *restent une honte* pour notre France, — l'auteur nous représente partout des ennemis de la patrie (2).

C'est son plan. Il **excuse** tous les crimes de la Révolution, lorsqu'il se voit *contraint d'en parler*.

Pas un mot de blâme pour l'institution du *Comité du Salut public* (3), *ni du Tribunal révolutionnaire*.

Elle mit pourtant la France entre les mains de quelques Jacobins féroces qui dressèrent les échafauds et éclaboussèrent le pays de sang et de boue... N'importe. On entonne l'apothéose de la Convention, « *qui, par son indomptable énergie, parvint à* « *sauver la France...* » p. 177, et l'on réservera ses anathèmes pour « *la tyrannie des rois...* »

5° Représentants en mission

« *Des représentants en mission se rendirent dans les départe-* « *ments et auprès des armées...* » p. 169.

Pour donner plus de relief à cette institution, l'auteur lui consacre une de ses « *gravures vivantes* » où il représente un de ces « *représentants, pour surveiller l'organisation et la conduite* « *de l'armée...* » p. 164.

Ces hommes, armés d'un pouvoir absolu, surveillant les généraux, au besoin les destituant, furent la plupart des *monstres de*

(1) Dorat-Cubières a chanté la gloire de Basseville dans : « *La mort de* « *Basseville ou la conjuration de Pie VI dévoilée...* » *Larousse*, t. I, p. 767.

(2) Il est certain que la France voyait se dresser devant elle une vaste coalition. Mais aussi bien, puisque la Convention, en assassinant Louis XVI, avait « *voulu jeter une tête de roi en défi aux tyrans,* » devait-elle s'étonner si les Souverains répondaient à sa provocation ? Etait-ce un motif pour faire mourir tant de Français innocents ?...

(3) Composé de 9 membres.

tyrannie et de cruauté. Près d'eux, Cartouche et Mandrin auraient été d'honnêtes gens.

Il faut lire ce qu'ont fait chez nous, dans la Meurthe et dans les Vosges, Balthazard Faure et Lacoste, représentants en mission, sous la Terreur (1). Les archives communales renferment de volumineux registres qui témoignent de la barbarie et de la cruauté de ces bandits, dont M. Aulard fait des héros... *parce qu'ils représentent la Révolution...*

6° Coups d'Etat du 31 mai et du 2 juin 1793

« *Les querelles des Girondins et des Montagnards étaient dan-*
« *gereuses en présence de l'ennemi. Le peuple de Paris y mit fin*
« *dans les journées des 13 mai et 2 juin 1793, où il força la Con-*
« *vention à expulser de son sein et à décréter d'arrestation les*
« *chefs des Girondins.* **Ce coup d'Etat** *devait, par l'exemple,*
« *en amener d'autres qui, peu à peu, en détruisant chez le peu-*
« *ple le respect de la loi, perdirent la République...* » p. 169.

Dans cette histoire, nous l'avons dit, tous les crimes de la Révolution s'expliquent. « *Ces querelles étaient dangereuses,* » on y mit fin en envoyant à l'échafaud 22 députés girondins. C'est aussi simple que cela.

L'auteur déplore pourtant ce coup d'Etat. Mais ne vous y trompez pas. Ce n'est pas à *cause de l'odieux qui s'attache toujours à une exécution injuste.* C'est uniquement parce qu'il en amènera d'autres. Il amènera surtout les coups d'Etat qui *renverseront la République pour établir l'Empire.* Il ne le dit pas expressément, mais sa pensée est évidente (18 brumaire, an VIII (9 novembre 1799), qui établit le Consulat. Celui du 2 décembre 1851)...

7° Carnot

« *Le Comité du Salut public fut renouvelé en juillet 1793, et*
« *Robespierre y remplaça Danton. Un des membres de ce nou-*
« *veau Comité,* **Carnot,** *dirigea la partie militaire et fut sur-*
« *nommé l'organisateur de la victoire...* » p. 169.

Glorifiez-le tant que vous voudrez, mais n'oubliez pas de dire pourtant que la signature du grand Carnot, se lit à côté de celle de Robespierre, au bas des arrêtés les plus monstrueux du Comité du Salut public.

(1) Taine a fait à ce sujet des révélations foudroyantes. Il est vrai que M. Aulard a essayé de faire passer Taine pour faussaire en histoire (??) Pauvre Aulard.

8° Soldats de la République

« Ils *surent être héroïques avec gaieté...* » p. 169.

A la page 166, dans une gravure, l'auteur nous les montre allant au combat, d'un air bien décidé et la chanson aux lèvres... Voyez surtout ce petit tambour qui ouvre la marche.

Vous pouvez, Monsieur Aulard, louer leur héroïsme, leur bravoure. Mais, croyez-moi, toutes ces vertus n'étaient pas si *désintéressées* que vous voulez le dire. Est-ce que la Convention ne dut pas stimuler leur vaillance, en leur promettant une récompense nationale?... Elle s'engagea à leur donner un *million,* sur les biens nationaux. Naturellement, elle ne tint pas son engagement. Mais tout de même quand l'héroïsme doit être stimulé par l'or (1)!!!...

Par contre, à la page 189, l'auteur, selon sa méthode de dénigrement, nous parlera de soldats de l'Empire. Ecoutez :

« *L'armée de la République combattait pour le plus grand honneur* « *de maintenir l'indépendance du territoire, contre l'invasion des rois* « *étrangers : c'était la levée en masse pour défendre la patrie en* « *danger.*

« *Le sentiment du devoir envers la Révolution menacée et de la* « *liberté à donner au monde, entretenait leur enthousiasme, malgré le* « *dévouement, les fatigues, les périls !*

« *Bonaparte, ambitieux d'avoir une armée à sa dévotion, changea* « *tout cela. Le premier, il parla d'intérêts personnels. Il dit à l'ar-* « *mée d'Italie : je vais vous conduire dans les plus fertiles plaines du* « *monde : vous y trouverez honneur, gloire et richesses. Il dit à l'ar-* « *mée d'Egypte : je promets à chaque soldat qu'au retour de cette* « *expédition, il aura à sa disposition de quoi acheter six arpents de* « *terre...* » p. 190.

Nous venons de voir ce qu'il faut penser du *désintéressement* des soldats de la République.

Ceux de l'Empire ne furent pas moins vaillants que ceux-là. Ils furent plus *désintéressés*... Que Bonaparte, dans ses proclamations, ait entraîné les troupes d'Italie, pauvres et déguenillées, en leur promettant ce qui leur manquait... et puis de l'honneur et de la gloire... Où est le mal?... Je ne sache pas que les soldats de l'Empire aient rapporté des millions de leurs campagnes glorieuses à travers le monde. Il faut être bien haineux pour s'arrêter à de si minimes détails...

(1) Cf. abbé Thomassin, avril 1910.

CHAPITRE VII

(De la page 171 à 178).

1° La Terreur

« *Les patriotes crurent que pour comprimer les ennemis intérieurs* « *et extérieurs de la nation, il fallait les terroriser. C'est pourquoi* « *cette période de notre histoire s'appelle la Terreur...* » p. 172.

« *Les Girondins et Marie-Antoinette périrent sur l'échafaud, ainsi* « *que des généraux soupçonnés de trahison ou coupables de négligence* « *Le sang coula à flots. Il y eut des injustices, des crimes odieux et* « *inutiles à la défense nationale. Mais harcelés par mille dangers,* « *les patriotes affolés frappaient avec rage. On établit un gouverne-* « *ment révolutionnaire, dictature exercée au nom de la Convention,* « *par le Comité du Salut public, dont Robespierre était le chef...:*

« *Cette énergie, parfois inhumaine, souvent sublime, força la vic-* « *toire...* » p. 172.

En lisant ces lignes, on se demande vraiment si on rêve. On dirait un feuillet arraché au fameux « *Père Duchesne* » de Hébert (1).

M. Aulard, fidèle ami de la Révolution, fait aux enfants *en quelques lignes*, l'histoire de cette période de sang et de boue, appelée *la Terreur*. Or, dans ces quelques lignes, il **excuse** ces forfaits, puis, dans un trait final, préparé tout exprès, il en fait de **l'héroïsme**.

1° Si les révolutionnaires « *ont frappé avec rage* (2), » c'est qu'ils étaient « *affolés.* » Pourquoi? Eh! mon Dieu, parce qu'ils étaient « *harcelés par mille dangers* » et tous ces dangers venaient « *d'ennemis extérieurs et intérieurs...* » Le professeur rappellera à l'enfant, comme M. Aulard le répète sans cesse, que les « *ennemis intérieurs de la nation* ,» ce sont les prêtres et les nobles, dont le fanatisme religieux, etc., etc... L'enfant alors comprendra que les « *patriotes* » *eurent raison* de se montrer barbares. C'est tout ce que veut M. Aulard.

Mais dites-moi, Monsieur, à supposer que les révolutionnaires aient vraiment perdu la tête, en face des dangers que je veux bien croire *réels* (?), pourquoi donc n'avez-vous pas apporté la même *excuse* dans les quelques faits de représailles sanglantes

(1) Paru en 1791.
(2) Aulard.

que nous avons eu à noter au cours de cette revue historique?... Dans ces cas, les dangers étaient *vraiment réels*... et l'on aurait pu sincèrement plaider la cause de « *l'affolement*... »

Mais... tout cela, n'est-ce pas, dépend du point de vue auquel on se place, et le vôtre est bien connu. Il ne change pas.

2° Ecoutez le trait final : « **Cette énergie parfois inhu- « maine, souvent sublime, força la victoire...** » p. 172.

Ces lignes sont le comble de l'audace et de l'impudeur historique !!! Je n'ai rencontré qu'une fois, un pareil défi au bon sens et à l'histoire, c'est dans « *les Vosges pendant la Révolution,* « *de Félix Bouvier.* »

L'auteur n'y voit « *qu'une sorte d'idylle, pleine de calme et de* « *fraicheur... d'un ensemble un peu terne et quasi fade* (1)... » Heureusement que « *l'élan patriotique de la défense nationale* « *est venu y apporter une note grave et virile* (2)... »

Quelles lignes atroces et monstrueuses ! Comme elles dénotent chez ces auteurs une mentalité haineuse !

Eh ! quoi ! Les Noyades de l'infâme Carrier qui prétendaient « *faire de la France un cimetière* » qui empoisonna la Loire par l'amas des cadavres décomposés (3), toutes ces horreurs dont nous parle l'histoire impartiale, tout cela ne fut que de « **l'éner- « gie parfois inhumaine, souvent sublime !!!** »

Oh ! pauvres enfants, contraints d'étudier de semblables choses, comment pourrez-vous désormais comprendre les nobles et grands sentiments — les **vrais** — de justice et d'héroïsme, lorsque vous verrez les crimes les plus odieux, changés en « **énergie sublime !!!** »

Mais c'est fausser le jugement des enfants, c'est fausser leurs sentiments. C'est leur présenter ce qui fut un crime, comme un idéal d'énergie et de grandeur. C'est horrible !!!...

2° Robespierre

« *Il organisa une religion d'Etat, le culte de l'Etre suprême dont il* « *fut le Pontife.* **Il opprima les consciences...** » p. 173.

Comment ? Evidemment, en imposant *une religion*, un culte.

(1) Introduction, page XIII.

(2) Ibid.

(3) « Repus de chair humaine, les poissons devinrent une nourriture « dangereuse, au point que la Municipalité défendit d'en pêcher... » Thiers.

Il n'en faut pas. Même la religion de Robespierre est une « *oppression.* »

« *Dès lors, la Terreur redoubla et une foule de Français furent « guillotinés, aussi bien des républicains que des royalistes...* » p. 173.

Vous comprenez que cette conduite de Robespierre est abominable. S'il n'avait fait guillotiner que des royalistes... Passe... mais *des républicains???*... Ce n'était pas tolérable.

« *Il eût été odieux, maintenant que la patrie était victorieuse, de « continuer la Terreur...* » p. 174.

Jusque-là, ce régime était bon, n'est-ce pas, Monsieur Aulard???...

« *La Convention renversa Robespierre. Il eut suffi de lui ôter le « pouvoir... On le mit hors la loi, puis il fut conduit à la guillotine...* » p. 174.

Ces lignes, destinées aux enfants, ne font-elles pas frissonner? Elles sont dégoûtantes. Eh ! quoi, Monsieur, vous n'avez pas eu un seul mot de pitié pour Louis XVI..., et vous venez de dire de Robespierre : « *Il eût suffi de lui ôter le pouvoir.* » C'est infâme!!!...

Et voyez, ô parents, avec quelle rage on s'acharne à détruire chez vos enfants tous les sentiments de *justice!* On les aveugle. On les empoisonne. On tue leur âme.

M. Aulard n'a pas eu un seul mot de pitié pour tant *de victimes innocentes,* et il verse des pleurs sur des bandits qui expient leurs crimes. Voilà ce qu'on appelle « *neutralité!!!...* »

Il *déplore* qu'à « *Lyon et en Provence les patriotes furent égor- « de la façon la plus barbare...* » p. 174.

« A Paris, dit-il encore, la famine amena en avril et en « mai 1795, deux insurrections populaires. *Elles furent cruelle- « ment réprimées.* On fusilla ou l'on déporta une partie des « républicains dont l'énergie avait sauvé la France... » p. 174.

C'est écœurant !

3° La Terreur blanche

Ici, M. Aulard emploie l'un de ses « **trucs** » pour fausser l'histoire. Il prend quelques faits, les généralise, en rend responsable tout un parti, et crie très haut « *à la cruauté et à la Barbarie.* » Il veut ainsi faire oublier les horreurs de la Révolution.

Lisez : « *Une nouvelle terreur s'établit, la* **Terreur royaliste**

« ou **Terreur blanche**, *ainsi dénommée à cause de la cocarde*
« *blanche que portaient les royalistes, à Lyon et en Provence, les*
« *patriotes furent égorgés de la façon la plus barbare...* » p. 174.

« *C'est à eux* (1) *(aux ultras)* (2), *qu'est due la nouvelle Terreur*
« *blanche, persécution violente que, sous la protection des baïonnettes*
« *étrangères, ils firent lâchement subir aux anciens serviteurs de la*
« *République et de l'Empire. Beaucoup d'entre eux furent condam-*
« *nés à mort ou assassinés, tels que les maréchaux Ney et Brune,* (3)
« *d'autres furent emprisonnés ou exilés...* » p. 206.

Il y a à ce sujet à la page 209, une gravure et une lecture *de 39 lignes.*

Permettez-moi, Monsieur Aulard, de vous faire quelques remarques.

1º Vous donnez ici une preuve manifeste de *partialité*. C'est clair. Vous trouvez de *l'indignation* pour parler de la **Terreur blanche** et vous êtes resté *froid* en face des horreurs sanglantes de la **Terreur rouge**.

2º Vous faites preuve encore de *mauvaise foi*. Vous opposez les deux terreurs l'une à l'autre. Vous vous exprimez de façon à faire croire qu'elles se compensent, qu'elles furent aussi criminelles l'une que l'autre.

Ceci n'est pas franc. Car si vous êtes *historien* et non *romancier*, vous savez que si l'on considère le *nombre* des victimes, la *Terreur blanche* en a fait 50 fois moins que la *Terreur rouge*.

En outre, ce qui fait spécialement l'horreur de la *Terreur rouge*, c'est qu'elle fut le fait du **gouvernement français**, ou du moins, avec la complicité effective des hommes du gouvernement. Cela restera une honte pour la France.

Tandis que la *Terreur blanche* fut surtout le fait de *certaines gens* qui avaient été les victimes de la Révolution, ce furent **des vengeances particulières.**

(1) Sous Louis XVIII.

(2) A la page 209, l'auteur *insinuera* que ces excès furent dus encore au *fanatisme religieux*. « Après la seconde Restauration, dit-il, les roya-
« listes et *les fanatiques*, protégés par les étrangers, se livrèrent à tou-
« tes sortes de brigandages et de violences... » Aulard, p. 209. Lecture.

(3) « Il fut assassiné par des énergumènes qui l'accusaient d'avoir porté
« au bout d'une pique la tête de Mme de Lamballe. » *(Larousse*, t. 2e p. 312). « Les assassins ne furent pas poursuivis. » (Id.) Il avait été l'ami de Danton.

Il y eut sans doute quelques exécutions ordonnées par le gouvernement. Vous les racontez en y mêlant le *côté religieux* (1). Ce furent des exécutions purement *politiques*.

Je ne dis pas que le gouvernement n'eût pas tort. Je ne le défends pas. Je relève surtout vos attaques à la religion et à l'Eglise. Mais tout de même, vous êtes *vraiment trop partial*. Vous critiquez *tous les actes* de la monarchie et vous applaudissez à tous ceux de la Révolution et de la République. Ce n'est pas faire œuvre **d'historien**, mais de **pamphlétaire**.

On sent que pour vous, notre France ne date que de la Révolution. Vous employez pour redire cette épopée glorieuse, avec les grandes actions de la Républiqne **cent cinquante-trois pages.**

L'histoire qui précède, n'est pour vous qu'esclavage, tyrannie, noir chaos, dont il ne faudrait plus s'occuper, sauf pour en relever les horreurs et mieux chanter l'hymne de nos modernes libertés. Aussi, à **tous ces vieux** *siècles*, vous ne consacrez que **cent trente et une pages !!!...**

Ceci dénote votre mentalité et votre but.

En particulier, pour ce qui concerne le maréchal Ney, j'avoue qu'il aurait fallu l'épargner. Il y avait certes bien des circonstances atténuantes à sa défection en 1815. Le cœur parla plus fort que le devoir. J'avoue encore que cette exécution fut une *faute politique*.

Mais vous devez tout de même reconnaître que sa condamnation fut **absolument légale.** Ney fut vraiment « *traître au gouvernement*. » Il n'y avait donc pas lieu de le citer en parlant de la Terreur blanche, non plus que La Bédoyère. N'avait-il pas ouvert à Napoléon les portes de la ville de Grenoble que lui avait confiée le Roi ?...

4° Grandes fondations de la Convention

« *Pendant qu'elle combattait l'Europe, la Convention s'occupa* « *avec un zèle admirable d'organiser la France. Son principal* « *souci fut d'organiser l'éducation du peuple, en fondant trois* « *ordres d'enseignement primaire, secondaire et supérieur. Elle*

(1) « Le général La Bédoyère subit la peine capitale, malgré les efforts « de sa jeune femme pour obtenir sa grâce de Louis XVIII qui lui répon- « dit froidement qu'il ferait dire des messes pour le repos de son âme... » Aulard, p. 210.

« *établit l'Ecole nationale, l'Ecole normale, l'Ecole polytechnique,* « *le Muséum d'histoire naturelle. Elle décréta l'affranchissement* « *des noirs dans nos colonies: elle prépara le code civil, elle cor-* « *rigea et compléta l'œuvre de la Constituante; elle établit, sur* « *le rapport de Cambon, le grand livre de la dette publique...* » p. 174.

« *Dans les derniers jours de sa carrière, la Convention eut à* « *réprimer une insurrection qui éclata à Paris.* »

« *C'est le 26 octobre 1795, qu'eut lieu la dernière séance de* « *cette assemblée... Elle avait bien mérité de la France et de* « *l'humanité....* » p. 175.

« ... La Convention, par son indomptable énergie, parvint « à sauver la France... » p. 177.

Laissez-moi, vous demander une fois encore, Monsieur Aulard, si vous *croyez* ce que vous écrivez ici.

Si oui — si vous êtes vraiment convaincu de ce que vous dites — je dois avouer qu'il y a une circonstance atténuante dans le *méfait historique*, que vous commettez. Mais par contre, je me demande si le culte que vous professez pour la Révolution, ne vous a pas fait perdre l'équilibre de vos facultés.

Si non — si vous écrivez contre votre pensée — c'est un crime. Car il n'est jamais permis de mentir, pas plus en histoire qu'ailleurs et quand le mensonge a pour but de pervertir l'intelligence des enfants, c'est atroce !...

Voyez-vous, Monsieur Aulard, l'impression qui reste de toute votre histoire est celle-ci : Tout est écrit sous la poussée d'une passion, la haine du Catholicisme et de l'Eglise. Or, pour un historien **vrai,** il ne faut qu'une passion, une seule, la **passion du vrai.** Toute autre passion en fera un homme de parti, le portant à revêtir le crime des couleurs de la vertu, et le mensonge des couleurs de la vérité.

C'est ici le cas. Vous n'avez pas la passion **du vrai.** Il n'y a dans votre cœur que la haine de la religion. Cela fausse vos jugements, et vous inspire des lignes menteuses.

Ainsi, cette Convention, que vous célébrez avec lyrisme, ne fut en réalité qu'une assemblée de *fous furieux,* de *saltimbanques*, d'*esclaves* et de *pleutres*.

Je vais vous le prouver (1).

(1) J'engage M. Aulard à lire les pages que l'abbé Thomassin consacre à la Convention (Etude critique sur l'ouvrage de M. Bouvier). C'est un curé,

a) Assemblée de fous furieux

« De loin, a dit très bien M. Taine, en parlant de la Convention, de loin sa majesté est formidable, plus auguste que celle « du sénat républicain à Rome. »

« Mais ne vous en tenez pas à cet effet de perspective, trompeur comme presque tous les effets lointains. Approchez du « sanctuaire, soulevez les draperies sous lesquelles, comme « dans les temples d'Egypte, on cache aux yeux des profanes, le « dieu trop hideux pour être montré publiquement. Ce sont « exclusivement des témoins oculaires, acteurs du drame ou « spectateurs des premières loges, qui vont nous en révéler « tous les mystères soigneusement dissimulés à la postérité.

« Au début de chaque séance, les députés entrent inquiets, « pleins de défiance (1). »

« Une bonne partie d'entre eux n'arrivent qu'armés de sabres, « de pistolets, d'espingoles (2).

« La discussion vient de s'ouvrir. « Vils intrigants, calomniateurs, scélérats, monstres, assassins, gredins, » sans compter « les invectives que la plume se refuse à écrire, tels sont les « termes les plus communs de la langue parlementaire que les « échos renvoient à tous les coins de la salle.

« Parfois les députés, l'œil en feu, le visage enflammé de « fureur, poussant des rugissements (3) » se précipitent de « leurs sièges, prêts à en venir aux mains... (4). »

La Convention est devenue « une arène de gladiateurs (5) » « où l'on peut contempler des « scènes de démons dignes de « Milton (6). »

On ose dire en face à cette assemblée que « si la nation pouvait être présente aux délibérations de ses représentants, elle « les chasserait à coups de fouet (7). »

c'est vrai, aujourd'hui archiprêtre. Mais, croyez-moi, il y a encore quelques curés intelligents, celui-là surtout.

(1) Témoignages de Durand-Maillane et de Thibaudeau.

(2) Témoignage de Meillan.

(3) Mot de Grégoire.

(4) Ouvrage cité p. 15.

(5) Mot de Julien de Toulouse.

(6) Mot de Grégoire.

(7) Souvenirs de Focquedeoy, député du Nord à la Convention.

b) Assemblée de saltimbanques

« Presque chaque jour, on y assiste à des parades ignobles qui « soulèvent le dégoût, même de Danton et de Robespierre.

« Six semaines durant (à la suite de la journée du 2 juin), des « bandes de mégères et d'escogriffes, ivres de l'eau-de-vie qu'ils « ont bue dans les calices, » viennent défiler sur deux rangs, « vêtus d'ornements sacerdotaux, avec des ânes affublés de cha- « pes et de mitres et conduits par une étole qui sert de bride (1).

« Au milieu des applaudissements de l'assemblée, ils s'arrêtent « pour danser *la Carmagnole,* dans l'enceinte législative, et les « députés descendent de leurs sièges pour danser avec eux...

« La Convention décrète solennellement qu'elle ira toute « entière, en corps, chanter à Notre-Dame, l'hymne de la liberté, « en présence d'une drôlesse, court vêtue, qui, assise sur l'autel, « figure la déesse Raison.

« Au chant succède une danse générale, accompagnée de « prostitutions à peu près publiques... (2) »

c) Assemblée d'esclaves

Ils reçoivent leur mot d'ordre des « *brigands et des bacchantes* « *qui peuplent les tribunes* (3), » des francs-maçons qui leur rappellent par des signes maçonniques le serment des loges (4). C'est ainsi que fut formée la majorité régicide de janvier. La lie féroce qui composait les tribunes, s'agitait menaçante, toutes les fois qu'un député suspect s'approchait du bureau, et beaucoup qui le matin voulaient sauver la vie du roi, laissèrent, égarés par la peur, tomber dans l'urne un bulletin de mort (5).

d) Assemblée de pleutres

qui, à l'*unanimité*, approuvent l'horrible conduite de Lebon ; à l'*unanimité*, adoptent tous les décrets sanguinaires ; à l'*unanimité*, livrent à Robespierre toutes les têtes qu'il demande, même celles que l'Assemblée a plus aimes, comme Danton.

Voilà l'Assemblée *dégoûtante*, pour laquelle M. Aulard ne

(1) Abbé Thomassin, ouvrage cité.

(2) Ouvrage cité p. 17.

(3) Mot de Brissot.

(4) Meillan.

(5) Témoignage du régicide Jean Debry.

Voir toutes ces preuves dans l'ouvrage de l'abbé Thomassin, p. 16 et notes.

trouve pas de termes assez élogieux, devant laquelle il brûle l'encens.

Comme tout cela est écœurant !

*
* *

Quant aux *grands bienfaits* de la Convention, chantés par M. Aulard, il serait mieux de dire qu'elle *a accumulé de gigantesques ruines*. Nous allons suivre pas à pas notre auteur, et montrer que **chacune** de ses paroles est un mensonge.

1° « *Son principal souci fut d'assurer l'éducation du peuple...* »

Que dites-vous là, Monsieur Aulard ? Mais la Convention anéantit au contraire tous les établissements d'instruction, elle confisqua les immenses revenus des universités et des collèges, dûs à la charité chrétienne.

La Convention envoya à l'échafaud tous les meilleurs éducateurs du peuple, condamnant tous les petits Français à l'ignorance complète pendant dix ans, et la moitié au moins pendant cinquante.

Lisez donc nos archives départementales. On se plaint partout que les écoles primaires sont rares, « *parce que les instituteurs ne* « *peuvent plus vivre.* » Et pourquoi ? Parce que la Convention les a réduits à la misère, en supprimant le culte, en volant les fondations des paroisses, d'où ils tiraient la meilleure partie de leur salaire. Elle supprima, en particulier, la dîme de la troisième charrue, qui était un revenu pour eux.

D'un autre côte, la Convention en imposant aux instituteurs des conditions absurdes et impies, les détournaient de l'enseignement.

Sachez que la Révolution avait trouvé les écoles florissantes en 1789, elle les a presque toutes tuées.

Tout ce que fit la Convention pour l'éducation du peuple ne fut qu'en **théorie**, les projets restèrent sur le papier (1). *En fait*, elle ne créa ni écoles primaires, ni écoles secondaires. Il n'y en avait presque aucune en 1800, comme le constatèrent Portalis et Chapsal.

« L'instruction primaire est nulle depuis dix ans... Si on la « compare telle qu'elle est avec ce qu'elle a été, on ne peut

(1) Voir les déclarations d'Albert Duruy, à propos de tous ces projets incohérents et extravagants... (La Bastille, 18 juin 1910).

« s'empêcher de gémir sur le sort qui attend les générations « présentes ou futures... (1) »

2° « *Elle s'occupa avec un zèle admirable, d'organiser la France.* » p. 174.

De fait, la Convention fit beaucoup de décrets. En trois ans, elle en porta 8,370.

Elle semble déployer une activité étonnante, pour tout ce qui touche aux intérêts de la France... Mais il n'y **eut rien** ou **presque rien d'exécuté.**

Un jour (floréal an II), elle ouvre le livre de la *bienfaisance nationale*. Elle annonce qu'elle va secourir toutes les infortunes. Elle donnera 160 livres aux cultivateurs, 120 livres aux artisans qui auront vieilli dans le travail, 60 livres aux veuves, mères de deux jeunes enfants, etc... C'est un élan de générosité !...

Qu'en est-il résulté? **Rien.** On savait tellement bien, par expérience, ce que valaient toutes ces promesses de la Convention, que presque personne ne se présenta pour se faire inscrire sur les registres des « *secourus.* » C'est ainsi que toutes les lois de la Convention, qui semblent de prime abord revêtir un caractère de sagesse et d'équité, furent des lois inappliquées. C'est un stock de grandes paroles et de grandes promesses qui n'aboutirent à rien.

Il faut remarquer encore que la Convention, tout en faisant parade de ses promesses de bienfaisance, ruinait les œuvres déjà existantes, en réunissant au domaine tout l'actif des hôpitaux et des œuvres de charité. Tout s'engouffra dans la caisse sans fond de la République. Rien ne reparut, et les malheureux crièrent misère (2).

3° « *Elle établit, sur le rapport de Cambon, le grand Livre de la « Dette publique...* » p. 175.

Oui, je sais que l'Etat s'était engagé à payer à perpétuité les intérêts des dettes de la République et de la Monarchie, portées au Grand Livre.

Mais vous ne dites pas la façon dont il tint ses engagements (3).

On avait émis des assignats pour 24 milliards, l'Etat les remboursa au taux de *800 millions* seulement, par un autre papier. « Cet autre papier inspira si peu de confiance qu'il tomba pres-

(1) Portalis. Discours prononcé le 15 germinal an X.

(2) Cf. abbé Thomassin, ouvrage cité p. 24.

(3) Cf. abbé Thomassin, avril 1910.

« que à zéro, et les porteurs ne reçurent de l'Etat aucun dédommagement : ceci pour la dette *flottante*. Quand à la dette *consolidée*, d'un trait de plume, on la réduisit des deux tiers. C'est « ce qu'on appela le *tiers consolidé*. C'était une pure et simple « banqueroute. Ce cinq pour cent réduit se cota dix-sept francs. « Telle fut l'œuvre financière de la Révolution... (1) »

On est écœuré vraiment de voir ainsi *falsifier* l'histoire, pour faire une œuvre de parti et tromper de pauvres enfants qui sont encore incapables de *juger*, de *discuter*, et qui acceptent les affirmations qu'on leur donne.

Il faudrait, pour trouver la vérité, prendre absolument la *contre-partie* de ce qui est affirmé dans ce manuel. Ainsi, à l'éloge de la Convention, instituant le *grand Livre de la Dette publique*, il faut opposer le *gaspillage* éhonté auquel se livra cette assemblée sinistre. Les biens nationaux furent vendus à vil prix, payés en assignats, au *taux nominal*, tandis que l'assignat perd vingt, quarante, quatre-vingts pour cent, et qu'un billet de cent livres ne vaut plus que quinze, puis cinq sous.

On vit la dette de l'Etat s'élever de quatre à plus de cinquante milliards. Le gaspillage avait tari la source des revenus. Les dépenses publiques étaient quadruplées. La « *hideuse banqueroute* (2) » était inévitable. Elle fut bientôt consommée !...

Et voilà le Régime dont on célèbre les bienfaits économiques !!! (3).

4° « *Elle avait bien mérité de la France et de l'humanité !* » p. 175.

Oui, sans doute, en la noyant dans le sang de *deux millions de victimes* (4) ! en la bouleversant de fond en comble. Il est temps enfin de détruire cette *légende* qui nous montre la Révolution comme l'origine de la **vraie France**. Cette légende a attendu pour naître, que les témoins **oculaires** de cette époque sinistre aient disparu... (entre 1825 et 1830). Taine l'a fort bien montré dans son dernier volume.

Mais il faut en revenir aux témoignages de ces contemporains. Ce sont les seuls dont l'histoire doive tenir compte.

Le fameux Grégoire — juge peu suspect — écrivait le 24 décem-

(1) Ouvrage cité, abbé Thomassin.
(2) Mot de Mirabeau à l'Assemblée Constituante.
(3) Cf. abbé Thomassin. Etude critique, p. 22.
(4) Delmont, p. 43.
« *Les têtes tombaient comme des ardoises,* » dit le féroce Fouquier-Tinville.

bre 1796 : « Je sais gré à la Convention d'avoir décrété la République, mais elle a terni cette gloire par des crimes à l'aspect « desquels la postérité reculera d'effroi. C'est elle qui vomit « dans tous les départements cette horde de proconsuls près « desquels Néron, Sardanaple et Cartouche eussent été des « hommes à canoniser... (1) »

Il disait encore : « Il y a deux ou trois cents membres de la « Convention, qu'il faut bien n'appeler que **scélérats,** puisque « la langue n'offre aucune épithète plus énergique !! »

Barbé-Marois, un constitutionnel modéré, disait de son côté : « A cinquante hommes près, qui étaient honnêtes et éclairés, « l'histoire ne présente point d'assemblée souveraine qui ait « réuni tant de vices, tant d'abjection et tant d'ignorance... (2) »

Et c'est ainsi que l'on écrit l'histoire !! pour *des enfants !!...* C'est vraiment odieux !!...

5° La Fraternité républicaine

« *En 1789, les Français s'étaient rendus* **libres** *en prenant la « Bastille (???) En 1792, ils s'étaient rendus* **égaux** *en établissant « le suffrage universel. Une fois libres et égaux, ils voulaient être frères, et c'est ainsi qu'après avoir conquis la liberté et l'égalité, ils « voulurent établir la fraternité...* »

Comment ?

« On prit l'habitude de dire « *citoyen, citoyenne.* » Non plus : « *Monsieur, Madame.* »

On se « *tutoya.* »

« *Les ouvriers tutoyaient les patrons, les soldats tutoyaient les « généraux.*

« *C'était bien naturel, puisqu'on ne formait qu'une grande famille « dans la république démocratique...* » p. 175.

Est-ce assez bête ??... Faut-il apprendre à des enfants de pareilles stupidités, au lieu de les instruire de nos vraies gloires?

6° Eloge de Viala et de Bara

Cette histoire est du *bluff*. Autour de ces deux noms, la Révolution a créé une *légende de gloire* (3). Nous pourrions leur

(1) Ce témoignage corrobore ce que nous avons dit plus haut des « *Représentants en Mission.* »

(2) Cité par l'abbé Thomassin, p. 24.

(3) « La légende s'est emparée du nom de Bara, dont elle a fait un

opposer, du côté des « *victimes* » bien d'autres enfants et des jeunes gens qui surent mourir avec vaillance, guillotinés, fusillés ou noyés par la Convention, pour prétendu crime d'aristocratie.

D'ailleurs, la Convention parut elle-même avoir honte de son décret de panthéonisation, puisque... **elle ne le réalisa pas.**

Ce qui n'empêche pas M. Aulard d'écrire : « *La Convention* « **décerna** *à Bara et à Viala les honneurs du Panthéon.* » p. 177.

Et voilà comment on enseigne l'histoire.

CHAPITRE VIII

(De la page 178 à 184)

1° Socialisme

« *La misère publique, bien qu'elle ne pût se comparer à celle qui* « *qui régnait sous l'ancien régime, donna naissance aux premières* « *théories socialistes...* » p. 179.

On devine les tendances et les idées de l'auteur. C'est tout au plus s'il n'approuve pas les théories de Babeuf qui « *plaida avec* « *ardeur la cause des pauvres. Il aurait voulu que l'on procédât* « *à un nouveau partage des biens... il fut arrêté avec ses amis,* « *jugé, condamné à mort et exécuté...* » p. 179.

Il dira un peu plus loin : « L'emploi des machines très coûteuses et que les gros capitalistes peuvent seuls se procurer, a mis les ouvriers, agglomérés et pour ainsi dire enrégimentés dans de « *grandes usines, à la disposition des patrons. Le tra-* « *vail libre leur est devenu difficile : de là leur mécontentement* « *et le mouvement* **socialiste** *qui grandit depuis plus d'un* « *demi-siècle...* » p. 284.

M. Aulard est adroit. Il ménage les socialistes parce que demain ils peuvent être les maîtres de la France.

Mais à quoi bon en parler aux enfants avec tant de complaisance ! Tout au moins, faudrait-il faire une distinction entre le socialisme honnête, loyal, et cet autre qui n'est que le chambar-

« tambour de treize ans, et qu'elle associa à Viala dans un vers du *Chant* « *du Départ..* » Larousse, p. 721, qui donne comme référence : *La Légende de Bara,* par G. Bord, dans la *Revue des Questions historiques* (juillet 1882).

Voir la belle gravure : **Mort de Bara.**

Cours supérieur, p. 256.

dement de la société !!!... Il faudrait mettre l'enfant en garde contre ces théories abominables, qui déjà ont eu des conséquences si funestes.

Mais il n'y a pas de danger que vous ayez cette honnêteté historique, n'est-ce pas, Monsieur Aulard ??...

2° Le général Hoche

« *Faute d'être noble, il ne fut jamais devenu officier, et son génie* « *aurait été inutile à la France, si la Révolution n'avait proclamé* « *l'égalité des droits...* » p. 180. Note.

Cette phrase est tendancieuse. Elle laisse croire que cette mesure, *en soi regrettable,* était très ancienne dans l'ancien régime. C'est faux. Elle ne datait que de *fort peu de temps avant la Révolution.* L'ancienne armée avait des roturiers, même aux grades supérieurs. Nous avons vu Fabert, maréchal de France, mort en 1662, fils de l'imprimeur Abraham Fabert. Nous avons vu aussi le général Chevert, mort à Paris, en 1769. Ils n'étaient pas nobles.

V. HISTOIRE CONTEMPORAINE

Ici, nous allons toucher aux événements plus rapprochés de nous, *même contemporains.*

Il y a certaines choses délicates que l'auteur aurait dû taire. Il n'a pas eu cette pudeur. Au contraire, il affecte d'en parler. Mais, comme toujours, en faussant l'histoire, pour épargner le blâme à ses amis, et discréditer sa grande ennemie, l'Eglise.

A notre tour, nous serons *obligé* de lui répondre... sommairement, malgré notre répugnance à parler d'hommes « *trop voi-* « *sins de notre époque.* » Mais la vérité a ses *droits.* Il est de notre devoir de la défendre.

1° Concordat

« *Bonaparte voulut être un despote. Assuré de l'appui de* « *l'Eglise par le Concordat (1801) qui rendait au Clergé son* « *salaire aboli sous la Convention...* » p. 187.

« *Déjà il rêvait d'être empereur. Pour réaliser ce rêve, il crut* « *avoir besoin du Pape et de l'Eglise romaine. Alors il détruisit* « *le régime de la Séparation de l'Eglise et de l'Etat établi par la*

« *Convention. Il signa avec le Pape une convention connue sous « le nom de Concordat (1801-1802), par laquelle le premier « Consul et le Pape devaient s'entendre pour nommer les évêques, « et par laquelle un salaire était accordé aux évêques et aux « curés de canton.*

« *L'Eglise catholique non papiste (formée du ci-devant clergé « constitutionnel) fut abolie. L'Eglise romaine reçut, en sus du « Concordat, une foule d'avantages entre autres celui-ci que « tous les desservants (c'est-à-dire tous les curés autres que ceux « des chefs-lieux de cantons) furent salariés par l'Etat...* » p. 281. Cours supérieur.

Combien tout cela est perfide ! plein de fiel !

1° Sachez bien, Monsieur Aulard, que le *traitement (?)* accordé au Clergé par le Concordat, n'était pas un « **salaire,** » c'était une **indemnité**, une **dette** que lui payait l'Etat. Le Clergé était son **créancier**.

La Constituante (1), en effet, n'avait mis les biens ecclésiastiques à la disposition de la nation, qu'avec l'**expresse condition** que le gouvernement « *aurait la charge de pourvoir d'une « manière convenable aux frais du culte, à l'entretien de ses « ministres et au soulagement des pauvres.* »

Par conséquent, le Concordat ne faisait que payer au Clergé l'**indemnité** qui lui était due, il acquittait une *dette de la France.* **Nous n'étions donc pas des « salariés. »**

La suppression du budget des cultes, consommée par la troisième République, n'est donc ni plus ni moins qu'un **vol**.

Il était, je crois de **quarante millions**. On a promis, pour tromper le peuple, de les employer à améliorer la condition des travailleurs. En ont-ils profité ? Non. En profiteront-ils ? Nullement (2). Le budget général n'en profitera même pas, puisque depuis la suppression il a augmenté de plusieurs centaines de

(1) Gustave Gautherot traite avec une grande compétence et avec impartialité, ce sujet de « l'*Assemblée Constituante* » dans ses leçons à l'Institut catholique de Paris. C'est là qu'il faut aller chercher la vérité, et non dans les écrits des sectaires.

(2) Le gouvernement le distribue « *aux communes.* » Quel bien particulier en retire le travailleur ?... Tout cela s'envole avec le fameux milliard des Congrégations, qui devait servir à fonder des « *Retraites ouvrières.* » Quel bluff !!!

millions. Voilà la vérité, Monsieur Aulard. Je dois la dire franchement, et l'opposer à vos mensonges...

2° Il faut souligner aussi la confusion voulue, consciente, commise par M. Aulard. Il regarde les prêtres « *assermentés* » et les « *prêtres réfractaires* » comme « *deux sectes de la religion* « *catholique,* » l'une « *papiste,* » l'autre « *non papiste.* » Remarquez, Monsieur, que les « *non papistes* » ne sont plus catholiques. Ils sont **schismatiques**. Il n'y a pas de catholicisme contre le Pape. Les « *Papistes* » ne formaient pas une « *secte.* » Ils étaient purement et simplement l'Eglise catholique.

2° Déportation des républicains

« *Ayant en main la preuve de l'innocence des républicains,* « *Bonaparte n'en persista pas moins à les envoyer à la Guyane* « *et aux îles Seychelles, où presque tous moururent de maladie* « *et de misère...* » p. 189.

Avez-vous eu un mot de pitié pour tant de prêtres, innocentes victimes, qui sont morts déportés par la sanglante Révolution??? Non, pas un mot!!! Au contraire, pour excuser leurs bourreaux, vous en avez fait des conspirateurs contre l'ordre public.

3° Louis XVIII

« *Ils auraient voulu rétablir l'ancien régime...* » p. 200.

Ceci est une fausseté et une absurdité. L'ancien régime était bel et bien aboli. Personne ne songeait à le rétablir. Tout au plus, le gouvernement voulait-il réparer quelques-unes des *injustices* les plus flagrantes de la Révolution. Seulement, dans le peuple, on répandait ces bruits absurdes, que M. Aulard répète aux enfants.

« *Les émigrés qui avaient fait campagne contre la France,* « *reçurent des grades dans l'armée...* » p. 200.

Le plus grand nombre des émigrés n'avaient pas pris les armes contre leur pays. La phrase *est trop générale.* L'affirmation est donc inexacte. Ce serait vrai pour les émigrés *protestants,* après la révocation de l'Edit de Nantes...

4° La Réaction en 1814

« *Le clergé voulut rendre la religion catholique aussi prépon-* « *dérante qu'avant la Révolution. On rétablit les processions* « *dans les rues, on força les habitants à pavoiser leur maison*

« *sur le passage, on frappa ceux des passants qui ne se décou-* « *vraient pas devant le Saint Sacrement...* » p. 203.

« *Il y eut des communes où les indigents ne purent obtenir de* « *secours que s'ils produisaient un billet de confession...*

« *Une caricature représenta Louis XVIII obèse et impotent,* « *assis dans un fauteuil à roulettes, que poussait un prêtre, et* « *une inscription placée au bas de la caricature faisait dire à ce* « *prêtre :* « *Va, comme je le pousse...* » p. 204.

Tout cela est idiot !... absurde !...

5° Un salon de la Restauration

« *Sous la Restauration, le Clergé essaye de diriger la politique..* » p. 205.

Par tous moyens, l'auteur veut semer dans l'esprit de l'enfant, la *défiance* contre les « *curés.* » Il les représente partout sous des couleurs sombres : gens ambitieux, accapareurs, tyrans...

6° Les biens des émigrés

« *Villèle fit accorder aux émigrés un milliard d'indemnité* (1) « *pour leurs biens* **si justement confisqués.** » p. 211.

Vous n'avez pas eu, Monsieur, assez d'anathèmes, pour accabler Louis XIV, à propos de la confiscation des biens des émigrés protestants, après la Révocation de l'Edit de Nantes, *parce qu'il s'agissait de vos amis les protestants.*

Ici, quand il s'agit de « *catholiques,* » vous prétendez que leurs biens furent **justement confisqués.** Est-ce là, Monsieur, faire preuve d'impartialité en histoire ?...

Sachez donc que les mesures prises en 93 contre les émigrés catholiques étaient mille fois plus **odieuses** que l'Edit de Louis XIV.

L'Edit du roi ordonnait, en effet, aux protestants de rester dans le royaume, *en leur garantissant la sûreté et la liberté de conscience.* Malgré cet ordre et ces garanties, un grand nombre émigrèrent. Pour les punir, le roi ordonna la confiscation de leurs biens.

Quelque temps après, il revint en partie sur cette mesure. Il

« (1) La loi d'indemnité a surtout profité aux acquéreurs des biens natio- « naux. C'est seulement à partir de son vote qu'ils ont senti leurs proprié- « tés assises, et celles-ci ont aussitôt augmenté de valeur... » (Abbé Thomassin, février 1910).

lui substitua provisoirement le *séquestre*. Il espérait que les émigrés protestants se décideraient à rentrer dans le royaume, et il voulait se réserver alors la possibilité de leur rendre leurs biens.

Quant aux « *émigrés catholiques* » en 93, non seulement on ne cherchait pas à les faire revenir en France, en leur promettant la restitution de leurs biens, mais, au contraire, s'ils revenaient, on les faisait monter à l'échafaud... La noblesse et le clergé *devaient* émigrer... ou mourir...

Et c'est ainsi que l'on écrit l'histoire, lorsqu'on fait une œuvre de parti...

7° La loi contre le sacrilège

« *Villèle* (ministre de Charles X) *fit voter une loi qui punissait* « *de mort le sacrilège, c'est-à-dire, par exemple, le vol dans les* « *églises ou la profanation des vases sacrés...* » p. 211.

Ceci n'est pas exact. La peine de mort ne s'appliquait qu'aux sacrilèges *publics*, avec *profanation intentionnelle de l'Eucharistie*. La cour de cassation avait demandé elle-même des *pénalités plus fortes* contre ce crime qui se multipliait d'une façon inquiétante. En quatre ans, il y avait eu 538 vols de vases sacrés.

Toutefois, il faut convenir que la peine de mort était excessive, et ne répondait plus à l'esprit du temps. Aussi la loi ne fut **jamais** appliquée. Elle demeura lettre morte... (1).

8° Les Jésuites

« *Charles X consentit même à publier des Ordonnances contre* « *les Jésuites. Mais il ne le fit qu'à contre-cœur. Et à la première* « *occasion, il retourna vers ses amis de prédilection...* » p. 212.

Combien dans toutes les lignes perce la haine de l'auteur ! Est-ce que l'enfant, après avoir si souvent entendu parler contre les Jésuites, ne finira pas par se convaincre que ce furent tout de même d'affreux brigands !

En Portugal, lors des derniers événements, le peuple n'a-t-il pas cru à des « *souterrains mystérieux,* » où ces hommes funestes se retiraient comme dans des repaires de crimes ?...

(1) Cf. abbé Thomassin, avril 1910.

9° Drapeau

« *Le Drapeau tricolore, emblème de nos gloires et de nos liber-*
« *tés, reparut et chassa ce drapeau blanc qui ne nous rappelait*
« *que l'invasion ou l'ancien régime...* » p. 215.

Avouez que le drapeau blanc portait tout de même dans ses plis le souvenir de bien des gloires et de bien des grandeurs. Mais il ne faut pas que l'enfant le sache. La France pour lui ne doit dater qu'à la Révolution, au drapeau tricolore...

10° Les députés

« *Ils continuèrent à ne pas recevoir de traitement. Aussi les*
« *pauvres ne pouvaient remplir cet emploi...* » p. 217.

Dieu merci ! il faut dire que la troisième république a été généreuse pour ses députés, ou mieux, **qu'ils ont été généreux pour eux-mêmes** !! Ils se sont voté, subrepticement, la jolie somme de **quinze mille francs** par an !... et le reste...

Aussi, « **les plus pauvres,** » aujourd'hui, peuvent-ils s'en aller à Paris, passer quatre années de repos... Faut-il apprendre aux enfants de semblables bêtises !!!...

11° Instruction publique

« *Avant 1830, le gouvernement ne faisait presque rien pour*
« *les écoles où le peuple apprend à lire. Elles étaient dominées*
« *par les curés. On y apprenait très peu de chose. Les institu-*
« *teurs étaient misérables, souvent ignorants. Beaucoup de com-*
« *munes n'avaient pas d'écoles...* » p. 218.

Nous ne reviendrons pas sur cette question. Tout cela est faux. Nous avons montré plus haut l'œuvre de l'Eglise dans l'enseignement avant la Révolution.

Avant 1789, le Clergé s'occupait de l'instruction *primaire* et de l'instruction *secondaire* (1).

« Il y avait en France 900 collèges, jouissant d'un revenu
« annuel de 30 millions et donnant à plus de la moitié de leurs
« élèves le bienfait total ou partiel de l'instruction publique... (2) »

(1) « L'instruction publique était, avant 1789, plus accessible aux clas-
« ses moyennes et aux classes pauvres. » (Rapport de Villemin en 1843).

(2) Rapport du célèbre Villemin, ministre de l'Instruction publique (3 mars 1843).

« De plus, les couvents et les monastères avaient presque tous « une école secondaire attachée à leurs maisons. »

« Il était peu de bourgs importants et de petites villes qui « n'eussent un régent de latinité, parfois secondé par un ou « deux adjoints... (1) »

Tout cela a été englouti, dilapidé, dispersé par la Révolution. Dès 1794, de tout ce patrimoine scolaire considérable, il ne resta pas un centime.

Ce qui ne vous a pas empêché, Monsieur, de faire pompeusement l'éloge de la Convention et de son zèle pour l'enseignement du peuple, p. 174 (2).

Depuis, et avant 1830, l'enseignement public s'était relevé peu à peu des ruines *accumulées pendant la Révolution...* (3).

Je vous conseille, Monsieur, de lire à ce sujet les articles fort documentés que public *la Bastille* (4). Vous y trouverez des témoignages probants de Taine (5) et d'Albert Duruy. Si vous étiez de bonne foi, bien certainement ces témoignages vous convaincraient, et vous améneraient à retirer vos affirmations mensongères...

13° Louis-Philippe

« *L'irritation devint d'autant plus vive contre lui, en 1847, que* « *par suite de la disette, la misère était alors très profonde et que des* « *procès scandaleux prouvèrent la corruption de certains membres du* « *gouvernement...* » p. 226.

Il s'agit de la *royauté*, par conséquent, dans la rédaction de votre phrase, vous laisserez croire, Monsieur, qu'il y eut des faits *horribles*, *épouvantables*.

En réalité, **deux** ministres furent alors accusés de concussion. Ils furent sévèrement punis. **Un seul** avait touché un pot-de-vin.

Lorsqu'il sera question de la République, à propos de ce fameux scandale du Panama, où **104 parlementaires** ont

(1) Abbé Thomassin.

(2) Voir plus haut. *Grandes fondations de la Convention.*

(3) Les ruines accumulées par la Révolution avaient été si nombreuses, si profondes, qu'après 50 ans, le niveau d'instruction n'avait pu encore être atteint.

(4) Revue antimaçonnique. En particulier, 18 juin 1910.

(5) *Les origines de la France contemporaine*, tome x.

touché l'argent des souscripteurs, vous aurez une rédaction doucereuse, destinée à voiler ces horreurs. Vous direz :

« *En 1892, à propos de* **quelques hommes** *politiques qui* « *s'étaient laissé corrompre, les ennemis du gouvernement ont encore* « *à grand bruit accablé la République d'outrages et de menaces*... « *Elle n'en a pas moins triomphé aux élections générales*... » p. 264.

Toujours deux poids et deux mesures ! Toujours la *partialité* se servant du *mensonge* avec une impudeur historique révoltante !...

13° L'Assemblée législative et la Réaction

« *Louis Bonaparte dut aussi, pour conserver l'amitié du Clergé,* « *laisser voter par la nouvelle assemblée législative une loi qui livrait* « *en grande partie à l'Eglise l'enseignement de la jeunesse (1850).* « *Le Clergé put dès lors ouvrir des collèges que l'Etat n'inspectait* « *pas. Il put surveiller les instituteurs. Il put faire entrer dans les* « *écoles primaires, des religieux et des religieuses, sans qu'ils eussent* « *les grades exigés des maîtres laïques*... » p. 231.

Ah ! cette loi Falloux ! Loi que vous détestez ! On y a déjà bien mordu !... Il faudra l'abroger,... n'est-ce pas ? la ronger... l'anéantir... Vous voulez être les *seuls maîtres* de l'enfance et de la jeunesse !...

14° Guerre d'Italie

« *Menacé par la Prusse, voyant la nation italienne se soulever et* « *redoutant l'opposition du parti clérical, qui craignait pour le pape,* « *il fit la paix à Villafranca, laissant la Vénétie aux Autrichiens*... » p. 237.

Ce parti clérical, selon vous, est cause de tous les malheurs et de toutes les ruines. C'est grâce à lui que toutes les catastrophes tombent sur le monde !... La peste, la famine, la grêle, les incendies, collisions de chemin de fer !!!

15° Louis-Bonaparte

« *Pour s'assurer l'appel de l'Eglise qui a tant d'influence sur le* « *peuple, il envoya en Italie, une armée qui, contre tout droit,* « *détruisit la République romaine, récemment fondée* (1), *et rétablit* « *à Rome le pouvoir du pape.*

« *Cette armée dut y rester pour défendre le pape, car si nos trou-*

(1) Dites donc qu'elle était née d'une révolution infâme.

« *pes l'avaient abandonné ses sujets se seraient aussitôt soulevés* « *contre lui*... » p. 231.

M. Aulard ne pardonne pas cela à Napoléon. Il sera plus heureux quand l'empereur dira enfin à Cavour, l'astucieux ministre: « *Faites, mais faites vite.* »

Il faut bien que les enfants apprennent à se « *détacher* » du Pape. Ce sera se détacher de l'Eglise.

Je ferai simplement remarquer à M. Aulard, qu'en rétablissant à Rome le Pape Pie IX, Louis Bonaparte n'agisssait pas « *contre tout droit.* » Il défendait dans la personne des Papes, la cause de **l'autorité légitime, dépossédée contre tout droit.** En même temps, lui, chef d'un gouvernement en majorité catholique, il pouvait donner satisfaction à ses sujets, en défendant la cause de la religion chrétienne, menacée par cette Révolution, qui voulait détruire la Papauté.

16° Le Clergé se retourne contre Napoléon III

« *D'autre part, le Pape et le Clergé ne savaient aucun gré à Napo*- « *léon III de ce qu'il faisait pour eux. Ils le regardaient comme un* « *traître, et l'Eglise commençait à l'attaquer ouvertement*... » p. 238.

Ce Clergé a donc tous les vices, même celui de l'*ingratitude*. Il faut que l'enfant le sache, afin qu'il s'en détourne et revienne vers ses maîtres laïcs, qui ont toutes les vertus !...

17° Gambetta

« *Le grand orateur, qui devait tant faire pour la Patrie et pour la* « *République*... » p. 244.

« *Son cœur était aussi généreux que son esprit était élevé. Son* « *ardeur ne l'empêchait pas d'avoir la finesse et le bon sens d'un vieux* « *politique*... *Il fut pendant plusieurs mois l'âme de la patrie*... » p. 250.

« *Gambetta, après un court ministère, mourut jeune encore (31 décem*- « *bre 1882), pleuré de la France, qui lui fit de solennelles funé*- « *railles*... » p. 263.

Quel panégyrique !!! On sent, Monsieur Aulard, que votre héros est bien l'homme *haineux*, *l'anticlérical* que je connaissais. Sans cela, vous ne l'auriez pas accablé de fleurs !...

L'irréligion et la franc-maçonnerie, en ont fait le plus grand homme d'Etat des temps modernes, mais l'histoire *impartiale* l'a fait descendre de ce haut piédestal, pour ne lui conserver que sa valeur **vraie,** en le dépouillant de tout l'éclat mensonger dont la « *secte maudite* » avait environné son nom...

Faisons donc passer vos paroles à la critique de l'histoire.

1° « *Fut-il un grand orateur...?* »

Oui, il avait reçu de Dieu des dons merveilleux. D'aucuns pourtant prétendent que c'était plutôt un « *rhéteur superficiel* « *et pompeux.* » Quoiqu'il en soit, il est certain qu'il n'usa des dons de Dieu que pour combattre le Christ et son Eglise : « **Le** « **cléricalisme, voilà l'ennemi !** »

Cette formule était *hypocrite.* Il savait dire tout bas que « *l'Ennemi* » c'était « *Rome*, le *Pape*, l'*Eglise*... (1) »

2° « *Fit-il beaucoup pour la patrie?* » « *Fut-il, pendant plu-* « *sieurs mois, l'âme de la patrie?* (2) »

Il ne faudrait tout de même pas se payer de *mots.* En histoire, il faut donner les *faits* dans leur réalité.

Or, il est vrai qu'après le désastre de Sedan, Gambetta fut l'âme de ce complot qui se hâta de proclamer la République, sans consulter la nation. Il réclama la continuation de la guerre, voulut la lutte à outrance, excita le sentiment public, releva le moral des troupes, reconstitua des armées (3), sur la Loire, sur les rives de la Somme et de l'Escaut. La France à ce moment, humiliée de ses défaites, honteuse de ses revers, saluait comme un sauveur cet avocat éloquent, qui s'était fait conférer le titre de Ministre de la Guerre.

Mais, hélas ! Tout devait se borner à ce bel enthousiasme. Gambetta pouvait bien *soulever* nos soldats, il était incapable de les *entraîner à la victoire,* car il était **poltron** (4). Jamais il ne parut sur les champs de bataille. « Le bruit du canon avait sur « ses nerfs un pouvoir qui le faisait rétrograder à des distances « ridicules. Il poussait au feu, mais il n'y allait pas. Trois fois, « après Coulmiers (5), à Orléans, avant le Mans, il eut occasion

(1) Il l'a répété souvent dans ses conversations avec les agents allemands, alors qu'il complotait la guerre religieuse.

(2) Aulard, p. 250.

(3) Aulard, p. 250.

(4) M. de Villefranche. Cf. Biographie de Gambetta. *Les Contemporains*, n° 39.

(5) M. Aulard accuse Aurelle de Paladines. « *Ce général indocile*, dit-il, « *ne voulut pas pendant plusieurs semaines, poursuivre sa marche en* « *avant.* » p. 251.

Or, l'*histoire vraie* accuse Gambetta. Cf. Biographie, n° 39.

« de sauver le pays; trois fois, il le perdit par sa présomption et « son étrange mobilité... »

Gambetta ne sut organiser que des *défaites,* et rendre inutiles le courage et le sang versé de nos généraux et de nos soldats. L'histoire le prouve.

Faut-il lui faire un reproche d'avoir voulu continuer la guerre après Sedan? Il est certain que cette prolongation aggrava nos désastres, nous coûta deux milliards de plus de rançon, avec la perte d'une partie de la Lorraine, d'après M. Thiers lui-même. Mais il faut dire que, dans la circonstance, il eut la France pour complice. Par un sentiment de fierté et de pudeur nationale, la nation réclamait la continuation de la guerre, malgré la raison qui conseillait la paix.

Faut-il croire aussi aux accusations portées alors contre le Dictateur? (1). On sait qu'il était pauvre en arrivant au pouvoir. Il avait connu la gêne...

Mais, au lendemain de nos malheurs, il était dans une aisance qui était presque le *luxe*... Il menait la vie de grand seigneur.

C'est pourquoi on l'a accusé de *concussions,* de *malversations éhontées*...

Jusqu'à quel point de semblables insinuations sont-elles exactes?... Je ne juge pas. Je rapporte l'accusation et les *faits certains* qui l'ont motivée.

En tout cas, s'il est vrai qu'il a profité de nos détresses et de nos revers pour s'enrichir, il faut dire que son « *ardeur* » (2) ne fut guère désintéressée, et il est ridicule de saluer avec lyrisme celui qui « fut l'*âme de la patrie* » (3).

3° « *Son cœur était-il aussi généreux que son esprit était « élevé?...* » p. 250.

Cœur généreux pour qui?

Ce n'était certes pas pour sa **patrie,** car ce ne fut pas un **patriote de cœur.**

a) Il était surtout dirigé par l'*ambition,* par la haine de la religion, et non par l'**amour de son pays...**

b) Il a été dit de cet homme « *qu'il correspondait avec Bis-*

(1) Ce serait plus vrai de dire qu'il s'était improvisé le maître des destinées de la France.

(2) Aulard, p. 250.

(3) Aulard, p. 250.

« *march, par l'entremise du comte de Donnesmarck...* (1). » Quel cœur !

c) Il a été dit encore « que ce jouisseur égoïste fumait voluptueusement des cigares exquis sous les orangers en fleurs de « Saint Sébastien » pendant que l'armée de Versailles reprenait Paris aux *Communards* vandales et destructeurs...

Quel cœur généreux de patriote !

d) On parle enfin d'une photographie, dédiée à une « *amie,* » au bas de laquelle le « *grand patriote* » avait écrit et signé cette dédicace : « **A ma petite Reine que j'aime plus que « la France...** (2). »

Avouons qu'ici il y a du cœur, beaucoup de cœur... Mais est-ce pour la France ? Non. C'est pour la « *petite reine ?* » qu'il aime **plus que la France !!!...**

Cœur généreux pour qui ?

Est-ce pour l'Alsace et la Lorraine, ces deux provinces-sœurs que nous venions de perdre ?

Non, car il a cherché à tuer dans l'âme française le **souvenir** des provinces perdues. Il a dit : « *Pensons-y toujours : n'en « parlons jamais...* » Il savait qu'à force de ne plus en parler, on arriverait à ne plus y *penser...*

Comment donc, Monsieur, osez-vous faire de cet homme, un cœur généreux ?...

4° « *Avait-il la finesse et le bon sens d'un vieux politique !* (3) »

Non. Il était resté avocat beau parleur et ambitieux. Il n'eut jamais « *le bon sens politique.* »

C'est ainsi qu'après la capitulation de Paris, le 28 janvier,

(1) Voir Delmont, p. 23.

Il est certain qu'entre Gambetta et l'Allemagne, il s'établit, après la guerre, des « **relations interlopes.** » On cite le nom d'une juive : la Païva, qui a aussi servi d'intermédiaire.

Lire la conversation de Mme Adam avec Gambetta (fin août 1877) au sujet de Bismarck. *(Après l'abandon de la Revanche).*

(2) C'est encore Mme Adam, une autre amie et confidente du grand Cœur, qui nous le révèle dans son livre : *Après l'abandon de la Revanche.* Elle a vu la photographie, la dédicace et la signature, puisqu'elle l'acheta, avec un paquet d'autres lettres compromettantes, pour la somme de 6.000 francs. Il s'agissait alors de sauver l'honneur de l'homme qu'elle admirait.

(3) Aulard, p. 250.

pendant l'armistice de vingt et un jours qui fut signée (1), M. Thiers voyant les folies dont était capable ce Dictateur, déclara qu'il « *fallait enlever les pouvoirs à ce fou furieux.* »

Pour conserver son portefeuille, Gambetta voulait dénoncer l'armistice et reprendre les hostilités, alors que la France vaincue n'avait même plus d'armée... Etait-ce *du bon sens politique?* Non certes, ce n'était que de l'ambition et un égoïsme fou...

D'ailleurs, au seul point de vue humain, l'anticléricalisme de Gambetta a été tout à fait **impolitique**. Après la guerre surtout, notre pays avait besoin de calme et d'union. Il a sottement déchaîné sur lui cette guerre religieuse, acharnée, stupide, dont le régime actuel vit depuis quarante ans, et dont notre pauvre France se meurt.

... Napoléon fut bien plus « **politique** » au lendemain de la Révolution, en « *favorisant* » l'Eglise...

5° Quand il mourut « *jeune encore, fût-il pleuré de la France?..* »

Comment mourut-il si jeune ??? Mystère !... Mystère !...

Il aurait mieux valu, voyez-vous ne pas en parler... Il y a de ces tombes autour desquelles il est prudent de faire silence...

Il fut pleuré (?) par la France maçonnique, dont il fut « le « **premier** *commis-voyageur.* » Mais ce n'est pas la France, la **vraie France**.

Il faut présenter aux enfants de la France d'*autres héros* que celui-là !!! (2).

18° Déclaration de guerre à la Prusse (3)

« *Elle aurait pu avoir l'alliance de l'Autriche et de l'Italie. Mais* « *la première de ces puissances ne voulait pas marcher sans la*

(1) Aulard déclare que le gouvernement « *eut le tort de signer un* « *armistice non-seulement pour cette ville (Paris), mais pour toute la* « *France...* » p. 252.

Evidemment, Aulard est de l'avis de Gambetta...

(2) L'histoire « *truquée* » à la manière d'Aulard a toutes les audaces pour grandir ses héros. Mais ces « trucs » finissent par se découvrir. C'est ainsi qu'on sait aujourd'hui que les fameux discours du « *grand orateur* » Mirabeau, lui étaient composés par le pasteur protestant Reybaz, et recopiés par sa femme. C'est un savant bibliophile suisse, M. Ph. Plan qui a découvert la correspondance échangée à ce sujet, dans les fonds de la bibliothèque de Genève. (Voir le document, 8 septembre 1910, p. 393).

(3) Il faut lire l'étude si documentée qui a paru à ce sujet dans le « *Vosgien.* »

« *seconde, et celle-ci demandait qu'on lui laissât prendre Rome. Le* « *parti clérical et l'impératrice empêchèrent Napoléon III de faire* « *cette concession. Il paya en 1870 le mal qu'il avait fait en 1849.* « *Mais le châtiment qui lui était dû retomba sur la France qui était* « *innocente.* » p. 246.

Il est vrai que Napoléon III maintint, malgré tout, la Convention du 15 septembre 1864. Malgré cela, l'Autriche et l'Italie *avaient fini par céder*. Les signatures de l'alliance allaient être données, quand survinrent nos défaites de Wissembourg et de Frœschwiller. Ces signatures étaient désormais impossibles.

D'ailleurs, je ne crois pas que le roi Victor-Emmanuel eût été pour nous un allié *bien ardent*, lui qui, apprenant la défaite de Frœschwiller, au lieu d'avoir pour nous un mot de pitié, ne trouva que cette phrase cynique : « **Je l'ai échappé belle !** »

Enfin, Emile Ollivier et Emile Bourgeois (1) ont démontré que cette alliance ne nous aurait pas été d'un grand secours.

Par conséquent, Monsieur, insinuer que les malheurs de la France, dans cette funeste guerre de 1870, *viennent de ce que Napoléon n'a pas voulu abandonner le Pape*. C'est faux, c'est perfide. **Cela sue la haine.**

19° Désastre de Sedan

« *Au lieu d'essayer de percer les lignes prussiennes, Napoléon III* « *se rendit au roi de Prusse avec 80.000 soldats, 10.000 chevaux* « *et 650 canons* (2 septembre 1870). »

Je ne suis pas un admirateur de Napoléon. Il s'est montré sur la fin de sa vie réellement coupable vis-à-vis de l'Eglise et l'esclave des Loges. Toutefois, dans le cas présent, je déclare qu'il ne faut pas laisser planer sur lui un soupçon de **lâcheté**. Il a commis trop de fautes réelles, n'ajoutez pas la *calomnie*.

Certains généraux proposaient une sortie en masse, pour essayer de percer les lignes prussiennes. Mais ils avouaient eux-mêmes qu'elle aurait coûté la vie à la moitié de l'armée française. C'était une boucherie de 50.000 à 60.000 hommes.

Fallait-il ainsi, pour un succès incertain, sacrifier des milliers d'hommes. Si Napoléon avait autorisé cette folie héroïque, mais inutile, vous ne trouveriez pas assez d'anathèmes pour accabler sa mémoire, et pour soulever l'indignation contre « *les tyrans altérés de sang.* »

(1) On ne saurait accuser M. Bourgeois de bienveillance pour l'Eglise.

Tant il est vrai que vous attaquez, avec un parti pris odieux, tout ce qui n'est pas la République actuelle, persécutrice de l'Eglise.

20° Mac-Mahon

« *D'autre part, la majorité de l'Assemblée, très cléricale, favorisa* « *l'Eglise de toutes ses forces et nous brouilla avec l'Italie.*

« *Cette puissance avait pris Rome en 1870, et les réactionnaires* « *de France la menaçaient de reprendre cette ville pour la rendre au* « *pape, comme en 1849.* » p. 255.

L'Italie avait pris Rome *contre tout droit*, et les catholiques protesteront toujours, avec le pape, contre ce vol qui fut un crime de *lèse-nation.*

21° Garibaldi

« *qui était venu généreusement nous offrir ses services...* » p. 251.

« *L'armée dite des Vosges, sous Garibaldi, qui, oubliant Mentana,* « *comme le siège de Rome, et ne voulant pour le moment se rappeler* « *que Magenta et Solférino, était venu nous offrir ses services, fit* « *campagne en Bourgogne où elle se maintint glorieusement jusqu'à* « *la fin de la guerre* (1). »

Quel écœurement pour nous et quelle honte pour la vraie France, de voir un historien apprendre à nos enfants le respect et la reconnaissance pour ces Révolutionnaires étrangers qui n'ont d'autres titres à cette gloire posthume que leur haine pour l'Eglise et pour la Papauté !...

Cet homme, Monsieur Aulard, ne fut qu'un fantoche, un personnage grotesque, servi par son audace et par les circonstances. Sorte de caméléon qui fait offrir ses services au pape et qui s'en va, avec *la même conviction*, se faire le champion de la Maçonnerie, et l'exécuteur de ses volontés sataniques. Ce ne fut qu'un sinistre bandit... favorisé par la chance. Il n'y a pas chez lui de gloires à chanter. Les louanges que vous lui donnez tombent à faux.

Je le montrerai en reprenant vos paroles.

1° *Garibaldi vint-il nous offrir ses services* (2) ?

Non. Après la chute de l'Empire, quelques membres avancés du gouvernement provisoire *sollicitèrent son concours*. Le nom de ce révolutionnaire était entouré d'une légende qui fit croire un instant que le salut pouvait venir de là.

(1) Cours supérieur, page 362.
(2) Aulard, page 251.

2° *Garibaldi vint-il* **généreusement** (1)?

Non, mille fois non. Garibaldi *détestait la France.*

Le 3 décembre 1872, il écrivait dans la *Riforma :* « *Lorsque,* « *en 1870, je me rangeais sous le drapeau républicain de la* « *France, j'obéissais à mes sentiments démocratiques,* **mais « avec la douleur dans l'âme, devant combattre le « noble peuple allemand** (2). »

Le 6 septembre 1874, il écrivait audacieusement : « **J'ai « désiré le triomphe des armées prussiennes** (3)... »

Peu de temps avant sa mort, à Palerme, il disait à un député de Reichstag : « *L'Allemagne a rendu un grand service à l'hu-* « *manité en abaissant ce peuple (les Français). C'est aujourd'hui* « *mon opinion* (4). »

C'est lui qui appelait la France : « *Le pays qui fournit les* « *traîneurs de sabres.* »

C'est lui encore qui, parlant de nos officiers, disait : « *C'est un* « *tas de brutes.* »

C'est lui enfin qui, pendant la Commune, fit ouvertement des vœux pour le succès de cette Révolution fratricide.

Voilà l'homme que l'on nous représente comme *ami de la France*, venant *généreusement* lui offrir son concours dans ces heures tristes de ses revers ! ! !...

C'est traiter la vérité historique avec un dédain cynique.

Non. Ce n'est pas la « *générosité de cœur* » pour la France qui lui fit accepter les avances qu'on lui faisait. S'il vint, malgré Mazzini et un grand nombre de francs-maçons italiens, c'est parce que l'audacieux chef de bande espérait être un jour nommé *dictateur* et peut-être recouvrer Nice pour l'Italie. Ces espoirs lui firent vaincre ses **répugnances** et ses **haines.**

3° « *L'armée dite des Vosges se maintint-elle glorieusement, sous* « *Garibaldi, jusqu'à la fin de la guerre...* »

Cet homme ne fut jamais un *vrai chef d'armée.* Voici ce qu'en a dit le général Pélissier :

« C'est le chaos : nul ordre, nulle combinaison. On marche au « hasard, on fonce droit devant soi, on tire des coups de fusil, « on va à la baïonnette, l'on ne fait rien ou l'on s'en va, selon

(1) Aulard, page 251.
(2) Biographie de Garibaldi. *Contemporains,* n° 128, page 14.
(3) Ibid.
(4) Ibid.

« qu'il plaît à chacun. C'est un pêle-mêle incroyable, surtout « parmi les corps francs. Sous prétexte qu'on doit être franc-« tireur et qu'on ne doit pas figurer en ligne quand la bataille « s'engage, on s'esquive (1). »

C'était un homme incapable, jaloux de nos généraux. Il ne fait rien pour aider le général Crémer après le combat de Nuits (2), reste inactif, au lieu de prêter son concours à l'armée de Bourbaki et mérite le blâme public que lui adresse Freycinet, par cette dépêche du 19 janvier.

« Je ne vous cache pas que le gouvernement est peu satisfait... « Vous n'avez donné à l'armée de Bourbaki aucun appui, et « votre présence à Dijon a été absolument sans résultats pour la « marche de l'ennemi de l'Ouest à l'Est (3)... »

Le vendredi 21, le préfet de la Côte-d'Or télégraphiait au gouvernement :

« Ici, nous avons 15 à 20.000 Garibaldiens qui semblent inac-« tifs et qui auraient pu défendre le passage de la Saône, de « Gray à Auxonne... »

Voilà cependant l'homme qu'un historien, en quelques mots calculés, présente à l'admiration des enfants de la France, comme le héros qui fit tous ses efforts pour la sauver ! ! !

Quel esprit de parti !... Quelle honte pour notre cher pays !

22° La troisième République

Ici tout est beau, radieux, grandiose... C'est le pays doré des rêves.

Mais M. Aulard aura soin, comme toujours, d'accuser le « *parti clérical,* » *l'Eglise*.

Chacune de ses paroles est la violation flagrante de la neutralité.

23° Jules Grévy

« *Vieux et ferme républicain fut porté à la présidence et le nouveau* « *régime commença à porter ses fruits.* » p. 260.

Vous ne dites rien de cette « *vente* » honteuse des croix de la

(1) Quand il apprit l'arrivée des Prussiens sur Dijon, il quitta cette ville pour se retirer à Beaune, laissant le brave colonel Fauconnet se faire tuer en défendant Dijon.

(2) Nos troupes étaient alors enthousiasmées de leur succès, et si Garibaldi avait voulu les appuyer, la face de la guerre pouvait changer.

(3) Voir biographie de Garibaldi. *Contemporains*, n° 128.

Légion d'honneur !!! Le gendre fit descendre le beau-père, vous le savez pourtant bien, de ce trône démocratique où il fait bon, parce qu'on y est bien payé... Ce « *trafic* » odieux, dans la maison même du président de la République, est une des tares de l'époque, vous le savez.

Vous nous forcez cependant à dire des choses que nous voudrions taire. Mais la vérité — que vous outragez audacieusement, — nous force à vous répondre pour la dire aux enfants...

24e Progrès de l'instruction publique

« *Pas un gouvernement n'a plus fait pour l'instruction du peuple* « *que la troisième République. Elle dépense près de deux cent millions* « *par an pour l'enseignement primaire auquel la Restauration consa-* « *crait cinquante mille francs...*

« *L'enseignement primaire est devenu* **gratuit** (1), *parce qu'il* « *faut que les pauvres puissent s'instruire ;* **obligatoire,** *parce que* « *là où tout le monde vote, tout le monde doit savoir lire et écrire ;* « **laïque,** *parce que la place de la religion est à l'église, non à* « *l'école, et que l'instituteur ne doit pas avoir la charge d'un prêtre.* »

« *La République a créé des écoles primaires supérieures, où l'on* « *reçoit une instruction plus étendue que dans les écoles communales.* » p. 261.

Oui, la République dépense beaucoup pour l'enseignement, *elle dépense trop*, si l'on considère les résultats. Tout le monde se plaint en effet du grand nombre « *d'illettrés* (2). »

M. Aulard *oublie* de nous dire que l'enseignement scolaire, gratuit, obligatoire, laïc doit être aussi « **neutre.** » Il ne doit froisser *aucune confession religieuse*. Mais est-il neutre ??...

Il n'y a qu'à lire son histoire et l'on sera convaincu que cet enseignement est impie, « **protestant.** » Il froisse *les consciences catholiques*.

(1) En 1789, certains réclamaient contre la *gratuité*. « On a décerné de « magnifiques éloges à ceux qui ont contribué à rendre gratuite l'éduca- « tion des collèges. Cette gratuité n'est pas sans danger... ». Celui qui a dit cela, c'est Daunou. (Ce Conventionnel ne vota pas la mort de Louis XVI).

(2) En 1882, la proportion des illettrés était de 14 pour cent. En 1900, elle est de 25 à 30 pour cent. Je n'invente rien. C'est M. Briand, président du Conseil qui l'a avoué. Je crois bien que M. Ferdinand Buisson a dit à peu près la même chose (Cf. *La Croix*, 21 septembre 1909).

25° Religieux

« *La République a interdit le droit d'enseigner à des* **congréga-**
« **tions religieuses,** *qui, souvent, comme celle des* **Jésuites**
« *n'existent qu'au mépris des lois, et qui ne voulant servir que le*
« *pape et sa politique, enseignent généralement à la jeunesse l'in-*
« *tolérance, la haine de la Révolution, ainsi que le mépris des lois*
« *nationales...* » p. 261.

« *Sans violer la liberté légitime, la République a, par les décrets*
« *de 1880, et surtout par la loi de 1901, interdit le droit d'ensei-*
« *gner* (1)..., » *etc.* p. 377.

Ainsi, en chassant les religieux, en leur interdisant d'enseigner, la République n'a pas violé la « *liberté légitime!* » Comprenne qui pourra....

26° Séparation de l'Eglise et de l'Etat

« *Ajoutons que pour affranchir le pouvoir civil de toute ingérence,*
« *de l'autorité religieuse, le Sénat, après la Chambre des députés,*
« *vient de voter (décembre 1906) la séparation des Eglises et de*
« *l'Etat...* » p. 262.

Oui, en supprimant brutalement le Concordat. C'était cependant un traité *bilatéral*. Il portait la signature de la France. Il obligeait également les deux parties contractantes. Or, sans même prévenir le pape, le gouvernement a déchiré le contrat. C'est injuste, c'est grossier. C'est le fait d'un mal élevé.

C'est un procédé qu'on ne trouve en aucun pays civilisé !!!... Pauvre France !!!

D'ailleurs, en disant que le gouvernement, par la séparation de l'Eglise et de l'Etat, a voulu seulement s'affranchir « *de toute* « *ingérence de l'autorité religieuse,* » M. Aulard ment. Il parle contre sa pensée avec intention de tromper. Les desseins du gouvernement étaient bien différents. Sans cela, il aurait fait la séparation dans d'autres conditions. Mais il **voulait** la ruine de l'Eglise. C'est pour cela qu'en se séparant d'elle, il a continué à s'immiscer dans ses affaires pour la voler et *lui imposer une Constitution nouvelle* qui eut été sa mort... Comme si les hommes, même un M. Briand, pouvaient refaire l'œuvre de Dieu!

Il faudrait, si l'historien était impartial, avoir le courage de dire tout cela.

(1) Cours supérieur.

« ...*Pour affranchir le gouvernement civil de toute ingérence* « *religieuse...* »

Allons donc !!... Si l'on veut vraiment *affranchir* le gouvernement de toute influence *étrangère,* qu'on le *sépare aussi et surtout* de la **Franc-Maçonnerie** qui le *domine,* le *dirige,* l'*écrase...* Alors que le gouvernement, affranchi de ce joug odieux, ne persécute plus les écoles chrétiennes, ne réservant son patronage et ses secours qu'aux seules écoles athées, et nous comprendrons qu'il a voulu s'affranchir de toute ingérence étrangère, pour gouverner en toute justice et en toute impartialité....

27° Dispersion des Religieux

« *Elle a du reste soumis toutes les Congrégations à l'autorisation de* « *l'Etat, et armé le gouvernement du droit de les dissoudre* » (lois de 1901 et de 1904). p. 262.

On sait quels moyens sournois furent employés pour atteindre ce but et réaliser cette mauvaise action qui reste une « *iniquité.* » Qu'on se reporte aux *promesses fallacieuses* de Waldeck-Rousseau....

Ah ! si seulement cette leçon pouvait éclairer les catholiques libéraux qui se laissent encore séduire par certaines promesses modernes, d'un certain hypocrite qui veut « *l'apaisement,* » en achevant d'étrangler toutes les libertes religieuses !...

28° Le Général Boulanger

« *Le Général Boulanger qui séduisit quelque temps la foule, trou-* « *bla à son tour le pays,* **avec l'appui des cléricaux...** » p. 263.

« *Ecarté du Ministère (1887), il se mit à conspirer avec les cléri-* « *caux* (1)... »

« *Aussi peu recommandable dans sa vie privée que dans sa vie* « *publique, il avait abandonné avec éclat sa famille, et ses désordres* « *l'amenèrent à finir misérablement par le suicide dans un cimetière* « *aux environs de Bruxelles.* » p. 267.

Toujours ces cléricaux !!!...

Je n'ai pas été « *boulangiste.* » Mais ce mouvement même de la nation, prête à se jeter dans les bras « *d'un militaire*

(1) Cours supérieur, p. 380.

« *obscur* (1) » pour en faire un dictateur, vous prouve bien **la lassitude du pays pour un régime persécuteur.**

C'était cela, je vous l'assure. Je m'en souviens...

Quant à ce que vous dites de la « *vie privée* » et de la mort du général Boulanger, cela prouve bien que ce fut votre *ennemi*. Vous le haïssez, parce qu'un jour, il devint « *menaçant pour la* « *République* (2). »

Mais tout de même, vous ne faites pas preuve d'honnêteté et *d'impartialité*. Il y a d'autres tombes... il y a d'autres morts aussi entourées de mystère ! ! !... et qui prouveraient que la « *vie privée* » ne fut pas absolument intacte... chez certains ! ! !...

Mais vous n'en dites rien. Ce sont vos amis ! ! !... Silence ! ! !...

29° Ralliement

« *Beaucoup de ses ennemis (la République), surtout des cléricaux,* « *découragés ou devenus plus habiles, ont déclaré se rallier à elle.* « *Mais tous n'ont peut-être pas été fort sincères dans leur conversion.* » p. 264.

Ce n'était donc pas la peine que certains, croyant bien faire, entrassent dans cette galère... Voilà comment ils sont jugés par nos ennemis. D'après M. Aulard, ce ne fut qu'une manœuvre hypocrite. Il dit expressément dans le Cours supérieur : « *La* « *République a bien fait de se tenir en garde contre ces faux amis* « *qui ne voulaient s'introduire dans la place que pour la livrer à ses* « *ennemis...* »

Tant pis pour eux !...

30° Panama

« *En 1892, à propos de quelques hommes politiques qui s'étaient* « *laissés corrompre par les entrepreneurs du canal de Panama,* « *les ennemis du gouvernement ont encore à grand bruit accablé* « *la République d'outrages et de menaces. Elle n'en a pas moins* « *triomphé aux élections générales de 1893, de 1898, de 1902 et* « *de 1906.* » p. 264.

Combien tout cela est sournois ! ! ! Dites donc franchement que ce fut *un affreux scandale*, mille fois plus affreux que celui de 1847, contre lequel vous vous élevez (p. 226) ! ! !

(1) Aulard, p. 266.

(2) Aulard. Lecture sur le Boulangisme de 33 lignes, p. 266.

Que de pauvres ouvriers ont vu s'engloutir leurs économies dans ce gouffre immonde !...

Ce fruit de leurs sueurs a servi à enrichir des parlementaires, auxquels on achetait des votes complaisants ou bien à combler les caisses d'une presse vendue. N'a-t-on pas cité un ancien ministre qui avait exigé 300.000 francs ?

31° Félix Faure

« *Enfin, après la mort subite de Félix Faure, le pouvoir passa* « *sans secousse à M. Loubet, président du Sénat.* » p. 264.

Mort subite ???

Vous auriez mieux fait de n'en pas parler. Laissez dormir en paix vos héros. Faites silence autour de leur tombe. C'est plus prudent... Il n'y a pas encore si longtemps que certain fait retentissant et mystérieux a rappelé l'attention du monde entier sur cette mort de Félix Faure que vous dites « *subite.* » Silence !...

32° Dreyfus

« *Vainement quelques agitateurs s'efforcèrent d'ameuter l'opi-* « *nion contre le nouveau président, d'augmenter par des incita-* « *tions à la guerre civile, le trouble moral causé dans tout le pays* « *par l'affaire Dreyfus et de détourner l'armée de ses devoirs. La* « *Haute-Cour, en jugeant leurs chefs (1900-1901), a mis fin à* « *de pareilles menées...* » p. 265.

« *...La République a prouvé une fois de plus qu'elle est le régime* « *de la justice en proclamant l'innocence du capitaine Dreyfus,* « *officier de religion juive, que les passions cléricales et réaction-* « *naires avaient fait condamner à tort comme traître et que la* « *plus haute juridiction du pays, la Cour de Cassation, a solen-* « *nellement réhabilité (1906).* » p. 265.

« *Dreyfus, officier de religion juive, avait été en 1894, con-* « *damné à tort, comme traître par l'effet de manœuvres abomina-* « *bles que l'esprit de cléricalisme et de réaction avait inspirées, et* « *qui se renouvelèrent, en s'aggravant (surtout en 1898 et 1899),* « *quand des hommes de cœur comme Scheurer-Kestner, le colonel* « *Picquart, Emile Zola, etc., convaincus de son innocence, eurent* « *entrepris de faire réviser son procès. Depuis, à la suite d'une* « *longue et patiente procédure, en dépit des efforts coupables* « *pour égarer de nouveau la justice, la République a prouvé qu'elle* « *est le régime du droit et de la raison : la plus haute juridiction*

« *du pays, c'est-à-dire la Cour de Cassation, a réhabilité solen-*
« *nellement Dreyfus et proclamé son innocence* (1) *(1906).* » p. 383.

Vous avez eu tort, Monsieur, de soulever de nouveau cette affaire. N'en parlez pas aux enfants. Laissez-la dormir. Il y va de l'intérêt de votre cher héros. Car, voyez-vous, malgré l'arrêt de la Cour de Cassation, cette affaire reste *au moins mystérieuse.*

Le capitaine Dreyfus a été condamné deux fois par des officiers, ses juges naturels. C'étaient des gens pleins d'honneur, de compétence et de patriotisme. Il y eut de grands débats contradictoires. Sept ministres de la guerre — tant civils que militaires — ont cru à la culpabilité de Dreyfus.

Vous avouerez qu'il vous faut une audace pour affirmer son innocence, et accuser, par le fait, ses juges d'avoir voulu faire condamner un innocent.

Vous me direz que le 12 juillet 1906, il fut réhabilité et son innocence proclamée. Ah ! Monsieur, ne me forcez pas de dire ce que je pense de cet arrêt.

Dreyfus en avait appelé à la *Cour de Cassation.* Celle-ci avait simplement le *droit* de casser l'arrêt existant, et le *devoir* de renvoyer l'accusé devant ses pairs, c'est-à-dire devant un nouveau tribunal militaire.

Ce renvoi, devant un nouveau tribunal, cessait d'être *obligatoire* dans *le seul cas* où l'annulation de l'arrêt à l'égard d'un condamné vivant, ne laissait rien subsister qui puisse être qualifié crime ou délit (article 445). »

Or, dans le cas présent, le crime de trahison subsistait toujours, même après l'annulation de l'arrêt condamnant Dreyfus car, en admettant que celui-ci ne fût pas coupable, **le fait d'une trahison en 1894 était indéniable.**

Donc la Cour **devait** renvoyer Dreyfus devant un nouveau tribunal.

Mais il était à craindre qu'il fût encore condamné. La Cour ne le voulait pas. C'est pourquoi on recourut à une petite intercalation dans l'article 445 du Code qui put permettre à la Cour *de réhabiliter sans renvoi.*

On fit dire au susdit article : « Si l'annulation de l'arrêt ne « laisse rien subsister *à la charge du condamné* qui puisse être « qualifié crime ou délit, aucun renvoi ne sera prononcé (2). »

(1) Cours supérieur, Aulard.

(2) Tous les journaux se sont alors beaucoup occupés de cette question. Je n'insiste pas. Cela m'ennuie d'être obligé de traiter un point d'histoire encore si près de nous.

Avouons qu'en changeant de place certains mots, on donne à l'article un tout autre sens. Mais vraiment ce maquillage a tout l'air... d'être fait pour le besoin d'une cause mauvaise...

Passons. N'insistons pas. Silence! Je fais remarquer simplement, Monsieur Aulard, que vous êtes bien imprudent et bien audacieux de soulever de nouveau *pour des enfants* et devant le monde une affaire qu'il vaut mieux laisser dans l'ombre et l'oubli.

33° Bienfaits de la République

« *La République nous a donné la paix, l'ordre et la liberté. Elle* « *a rétabli l'armée, les finances, et reconstitué par de formidables* « *travaux, la défense du pays.* » p. 265.

« *On voit tout ce que le régime républicain a fait pour la* « *France. Calme, forte et libre sous sa protection, on comprend* « *qu'elle n'en veuille plus d'autre.* » p. 266.

Vous entonnez, Monsieur, un hymne triomphal en l'honneur de la République. Ce n'est pas moi qui vous en ferai un reproche. Vous êtes libre dans vos prédilections.

Mais où vous êtes *criminel*, c'est de dénigrer tout le *passé*, pour faire à des enfants un pompeux éloge des temps *actuels*, sans faire allusion — sauf pour les excuser — à certains **faits historiques** qui ne sont pas cependant à la gloire de ce régime. Ce n'est plus l'*impartialité*. C'est de la *tromperie*.

Vous me direz que toutes ces choses ne doivent pas figurer dans un *manuel* destiné aux enfants. Très bien. Mais alors pourquoi avez-vous relevé avec une âpre volupté toutes les fautes et toutes les erreurs des régimes disparus, sans dire un seul mot du bien qu'ils ont fait? **Vous avez donc deux poids et deux mesures.** Vous passez sous silence les fautes de la République, et vous mettez en relief tous les faits qui prêtent à la critique — à tort ou à raison — dans les anciens régimes?

Ce n'est pas loyal.

34° Développement du Socialisme

« *L'emploi des machines très coûteuses et que les gros capitalis-* « *tes peuvent seuls se procurer, a mis les ouvriers agglomérés et* « *pour ainsi dire enrégimentés dans de grandes usines à la dis-* « *crétion des patrons. Le travail libre leur est devenu difficile, de*

« *là leur mécontentement et le mouvement socialiste qui grandit* « *depuis plus d'un demi-siècle...* » p. 284.

Vous devinerez sans peine les « *tendances* » de l'auteur.

Le *Socialisme révolutionnaire* est blâmable. Il est triste de constater qu'on l'inocule sournoisement aux enfants... Pourquoi donc pousser à la « *lutte des classes?* » Demain, elle peut devenir sanglante. Quelle honteuse besogne!...

35° Progrès de la richesse publique

« *La richesse et le bien-être se sont beaucoup accrus dans toutes* « *les classes de la société. La fortune publique s'est augmentée...* » p. 284.

Il est bien imprudent de chanter ainsi la prospérité de la France républicaine. Je lisais l'autre jour un article fort documenté où l'on prouvait que notre patrie ne vient plus qu'au quatrième rang, comme puissance économique. Naguère, elle tenait le second rang.

Restera-t-elle longtemps au quatrième?

Cela n'est pas sûr.

Les économistes en donnent deux raisons : 1° la faiblesse de la *natalité*, qui est la *plus petite du monde*; 2° l'énormité de la *dette publique, la plus forte du monde*. Mais pour M. Aulard, la vérité lui importe peu. L'essentiel, c'est de chanter son hymne triomphal en l'honneur de la République sur les ruines de la Monarchie et de la religion, qu'il voudrait écraser sous un amas d'injures...

36° Parlementarisme

« *Les Chambres qui représentent le peuple, rechercheront ce* « *qu'il est possible de faire pour lui, et les améliorations justes* « *s'accompliront, mais pacifiquement. Dans une république, où tous* « *contribuent à l'élection des députés, le peuple n'a pas le droit de* « *s'insurger pour se faire rendre justice. Il doit se fier* « *aux représentants qu'il a lui-même nommés. S'il n'en est pas* « *content, il en nommera d'autres. Mais s'il avait recours à la* « *force, il se révolterait contre lui-même et serait indigne de la* « *liberté...* » p. 285.

Si le peuple n'est pas content, avec toutes « *ces promesses* » du bon M. Aulard, c'est qu'il est bien difficile.

37° Nationalisme

« *Le pays a vu que le nationalisme qui cherche à l'abuser au* « *nom de l'idée de patrie dénaturée et odieusement exploitée, n'est* « *que le boulangisme reconstitué (sans Boulanger) par les césa*- « *riens, les royalistes,* **les cléricaux,** *c'est-à-dire, les ennemis* « *toujours impuissants de nos libres institutions...* » p. 265.

Quel pathos ! Quelle impression tout cela va-t-il laisser à l'enfant ? Pauvre enfant !...

Conclusion

J'ai fini. Ai-je tout dit ? Ai-je bien montré tout le poison contenu dans ce mauvais livre ? J'ai essayé. Mais je *sens* que ce travail est encore incomplet. Il ne peut donner qu'une idée trop générale de l'influence délétère du manuel d'Aulard. Il ne rend pas l'impression de *dégoût* que cette lecture m'a fait éprouver.

Je défie ceux qui le liront sans parti-pris de dire, en finissant, avec M. Poincaré, « qu'on y trouve seulement quelques expres- « sions regrettables... (1) »

Tout y est mauvais. C'est un tissu d'erreurs historiques, un dénigrement systématique de l'Eglise catholique, en faveur du protestantisme, c'est la boue et l'injure jetées sur tout un passé de dix-huit siècles, que l'on voudrait anéantir, pour élever sur ces ruines, le piédestal glorieux de la République persécutrice que nous subissons.

Ce livre n'est pas une Histoire. **C'est un indigne pamphlet.**

* * *

Je dédie cette Réponse, écrite loyalement, avec mon âme indignée, à nos chers enfants de Gérardmer, à qui l'on impose ce livre menteur et empoisonné. Ils trouveront dans mes lignes la **vérité**. Ce sera pour eux, je l'espère, le contre-poison de l'erreur. C'est pour eux seuls d'ailleurs, c'est pour sauver leur foi et leur âme, que je me suis penché pendant de longues heures sur mon bureau, interrogeant les vrais historiens, leur demandant cette chère *vérité*, pour l'opposer aux mensonges de M. Aulard.

Que Dieu, par le travail de sa grâce, complète dans ces jeunes âmes si chères, tout ce qui manque à ce travail.

---

(1) Discours au cercle Voltaire de Bordeaux, 28 novembre 1909.

ERRATA

« A force de se relire, on se relit mal, ou plutôt, on ne se relit « plus. On se récite à soi-même. « La mémoire va plus vite que « les yeux et ne leur laisse pas le temps de faire leur office. On « sait ce que l'on a écrit, et au lieu de regarder ce qui est « imprimé, on voit de confiance ce qui devrait l'être. C'est une « sorte de mirage. »

GUIZOT.

Il faut lire

respectés..., ligne 36, page 7.
Je ne sais pas, ligne 30, p. 21.
boudhistes, ligne 24, p. 30.
avec, ligne 16, p. 33.
du Cange, ligne 10, p. 35.
confusion, ligne 5, p. 42.
une pointe, ligne 24, p. 49.
... *révoltés, presque des schismatiques*, ligne 8, p. 50.
Vous ne nous, ligne 16, p. 56.
Tels, ligne 35, p. 56.
Traître, note (1), p. 70.
de Coligny, ligne 10, p. 76.
Barthélémy, note (2), p. 78.
. **Le** *protestant*, ligne 11, p. 93.
étaient, note (3), p. 100.
O triste mentalité, ligne 7, p. 107.
Vous nous, ligne 25, p. 110.
qu'il y eut erreur, note (4), p. 130.
D'autres historiens que, ligne 17, p. 131.
livres, note (1), page 140.
sentait, note (2), p. 147.
d'ordinaire, note (2), p. 156.
montre, ligne 3, p. 169.
Quant à, ligne 2, p. 180.
Document, note, p. 195.

D'autres erreurs auront pu encore m'échapper. Je prie le lecteur de les corriger lui-même, ainsi que les accents, la ponctuation, qui présente parfois des lacunes, mais que j'ai cru inutile de relever.

TABLE DES MATIÈRES

I. AVANT LA RÉVOLUTION

II. LA RÉVOLUTION

IMPRIMERIE OVIDE PRIN. — BALAN-SEDAN

www.ingramcontent.com/pod-product-compliance
Ingram Content Group UK Ltd.
Pitfield, Milton Keynes, MK11 3LW, UK
UKHW020323230726
13925UKWH00002B/584